무엇과 싸울 것인가

무엇과 싸울 것인가

법 위의 권력, 팬덤정치 그리고 진영과 극단을 넘어서

조응천 지음

메디치

　21대 국회의장을 마지막으로 24년간의 의정 활동을 내년 5월에 마무리하게 되었다. 국회의장 임기 2년(2020 ~ 2022)은 나의 오랜 의정 활동 기간을 흔들리지 않게 버틸 수 있게 해주었던 삼권분립과 민주주의에 대한 신념을 지키기 위한 시련의 기간이기도 했고, 정치의 본질에 대한 초심을 되돌아보게 된 소중한 시간이기도 했다.

　의장 취임 직후 원 구성 협상이 난항을 거듭하여 한 달 동안이나 국회가 공전만 거듭했다. 코로나19의 비상시기인 국가 상황에서 어쩔 수 없이 원 구성을 하며 "의장과 여야 모두 국민과 역사의 두려운 심판을 받겠다."다고 말했다. 이후 언론중재법 처리 때도, 검찰개혁법(검수완박법) 처리를 할 때도 의장으로서 내 원칙과 기준은 흔들리지 않았다.

　"국회 운영의 기본은 국민과 국익입니다. 그 어떤 것도 국민과 국익을 앞설 수 없다는 것이 의장의 확고한 신념입니다. 지금이라도 여야가 진정성을 갖고 마음을 열고 원만한 국회 운영을 위하여 최선을 다해주시기 바랍니다. 그것이 국민의 명령이라고 믿습니다."

　조응천 의원은 소신의 정치를 해온 요즘 드문 정치인이다. 조 의원은 내가 의회민주주의를 고민할 때 정치적 유불리나 진영의 입장을 떠나 때로는 법률 전문가로서 때로는 민주주의자의 입장에서 조언을 아끼지 않는 후배 의원이자 믿음직한 동료 정치인이었다. 그는 신념이 흔들리지 않는 고집스러운 원칙주의자이다.

이 책은 국민과 역사의 심판 앞에서 한 국회의원의 반성의 기록이다. 여러 정부에서 일한 경험과 8년간의 의정 활동을 통해 확고해진 조응천 의원의 법치주의, 삼권분립, 민주주의에 대한 신념이 국민과 국익을 위한 정치에 분명 도움이 될 것이라 믿는다. 지지하는 정당이나 정치인과 무관하게 혹은 이제는 더이상 정치가 아무런 도움이 되지 못한다고 생각할지라도 한 번만이라도 그의 목소리에 귀기울여 봤으면 한다.

— 박병석(국회의원. 전 국회의장)

자칫 많은 사람이 생각하듯이 정치는 권력 자체를 위해 존재하지 않는다. 권력은 수단일 뿐이다. 정치는 5천만 국민을 위해서 존재한다. 나를 위해서도, 어떤 정치인을 위해서도, 어떤 정당을 위해서도, 어떤 파벌을 위해서도 존재하지 않는다. 그래서 정치의 본령은 소신이다. 그 소신으로 국민에 대해 책임지는 것이다.

유구한 역사와 전통에 빛나는 우리 대한 국민 중의 한 사람, 조응천은 요즈음 보기 드물게 소신 있는 정치를 보여준다. 적어도 그는 자기 개인적

이익을 떠날 줄 안다. 그는 개인적으로 권력에 취할 수 있는 대통령실을 떠났다. 불의에 타협하지 않았다. 그리고 그 소신의 길을, 그는 지금도 걷고 있다. 지금, 그는 무리를 지은 붕당의 달콤함을 누릴 수 있는 민주당 핵심 세력과 거리를 두고 있다.

이 책은 그의 소신을 솔직하게 털어놓고 대화하자는 손짓이다. 5천만 국민의 미래를 열 수 있는 정책을 함께 이야기하자는 제안서다. 수단으로서의 권력이 아니라, 목적으로서의 정책을 이야기하자는 호소다. 그는 붕당이 아니라 국가와 국민이 정치의 주춧돌임을 역설한다. 정치적 올바름, 정책, 내용이 빠진 정치, 권력에 취한 정치가 무의미하다고 역설한다. 그 밖에도 외교, 국방, 권력분립, 정치체제, 법치주의, 책임정치 등에 대한 그의 소신을 펼친다.

이 책은 국민의 눈으로 정치를 본다는 것, 그런 정치적 소신이 국민과 국가에 얼마나 큰 도움이 되는지에 대한 깊은 고민의 흔적이다. 기존 정치행태를 버리고 싶다면, 새로운 정치가 어떤 것인지 살펴보고 싶다면, 정치 속에서 민주주의가 어떻게 살아나는지를 보고 싶다면, 이 책의 일독을 추천한다.

— 황도수(건국대학교 교수, 전 경실련 상임집행위원장)

무엇과 싸울 것인가

조응천 의원과는 98년 김대중 정부의 '준법서약서'로 만난 사이다. 난 당시 안동교도소에서 준법서약서가 양심의 자유 표현의 자유를 침해한다고 반대하고 있었고, 조 의원은 그것의 실무를 집행하는 법무부 검찰국 검사였다.

대구 출신 검사와 광주 출신 비전향수가 가끔 소주잔을 부딪친다. 조 의원은 우리 사회의 '다수자의 전제'에 맞서 끊임없이 표현의 자유, 알권리, 다양성, 적법절차 등 민주주의의 가치를 지키고자 고군분투한다. 우리 둘은 표현의 자유와 알권리를 위해 싸우는 동병상련의 연대감으로 소주잔을 채운다고나 할까.

조 의원은 2016년 처음 정치 시작할 때 의로운 편에 서는 게 옳은 것이고, 온당하지 않은 것을 보면 과감히 맞서겠다고 하더니 그 말에 책임지고 살아왔다. 쉽지 않은 일이다. 살아온 경로는 서로 달랐지만, 지금은 같은 길에 있다. 그런 조 의원의 곁에서 어깨동무하며 함께 서 있을 작정이다. '내가 겪은 아픔을 다른 사람이 겪게 하지 않는' 사회를 위해!

— 강용주(아나파의원 원장, 전 광주트라우마센터장)

진정한 민주주의 회복을 위한
정치혁신을 바라며

2016년, 문재인 당 대표의 영입으로 야당 국회의원이 되었다. 2017년 조기 대선의 결과로 여당 의원으로 위치가 바뀐 후로 20대 국회 내내 '청와대 정부'와 '문파'들에게 시달렸다. "2020년 4월, 제 21대 총선에서 당선되면 그때부터는 대통령보다 국회의원들의 임기가 더 길어서 더 이상 청와대나 문파들의 눈치를 보지 않고 소신껏 의정 활동을 할 수 있다."라는 선배 의원들의 말을 믿고 나름 원칙과 소신을 지키려 애썼다. 꿋꿋이 내 길을 걸어왔다.

2020년 5월 30일, 제21대 국회의 임기가 시작되었다. 그러나 선배들의 말과는 반대로 청와대는 더욱 강하게 옥죄어 왔고, 문파들의 간섭도 더욱 집요해졌다. 무엇보다 힘든 건 '국민들께서 180석을 주셨는데 이것도 해내지 못하냐?'는 안팎의 압박 그리고 그 압박에 쫓기듯 이어지는 각종 '강행처리'였다.

2022년 3월 9일, 제20대 대통령선거에서 패했다. 2021년 4월 7일, 서울·부산시장 재보궐선거에서 대패하였으나 '조국의 강'을 건너지도 않고 '내로남불'을 반성하지도 않은 채 설마설마하다가 정말 결정적인 선거에서 졌다. 대선에서 졌으니 이제는 '민주당이 반성하고 혁신하리라.' 믿고 비상대책위원까지 맡았다.

2022년 6월 1일, 제8회 전국동시지방선거에서 대패했다. 불과 석 달 전에 패배했던 우리 당 대선 후보가 지방선거와 함께 치러진 국회의원 재보궐선거에 출마하는 바람에 전국적으로 당 지지도가 폭락했던 탓이 컸다. 나를 비롯한 비대위원들은 지방선거 패배에 책임을 지고 전원 사퇴했다.

2022년 8월 28일, 전당대회에서 이재명 의원이 당 대표로 선출되었다. 대선에서 패배한 지 5개월여 만에 대선, 지선 패배의 책임은 지지 않은 채 대선 후보가 전당대회에 출전한 건 이례적인 일이었다. 대선 후보 출신 당 대표는 지선 총괄선대위원장이었다.

대선 패배 이후 당원 증가세가 가파르다는 소식이 여기저기서 들렸다. '개혁의 딸', '개념 있는 딸', 약칭 '개딸'로 불리는 신규 당원들은 '문파'와는 비견되지 않는 전투력을 보였다. 한 차원 높은 고난의 시작이었다.

안팎으로 상황은 나빠져만 가고 있었다. 법치주의는 법 기술자들의 능란한 술수에 의해 시나브로 허물어져 갔다. 법 위의 권력은 오만한 태도로 민의를 대수롭지 않게 얕잡아 보았고, 권력분립의 취지마저 비웃었다. 권력기관을 동원한 사정 통치는 시중에 '검찰공화국', '검찰 독재'라 불렸다. 그런 가운데 팬덤정치는 국가의 미래나 민생의 현안보다 진영 간 대립을 부추기며 사회적 갈등을 격화시켰다. 바야흐로 민주주의의 근간이 흔들리는 상황에까지 이르렀다.

그간 정치 현안이 있을 때마다 꾸준히 페이스북에 입장을 밝혀왔다. 그리고 2020년 초부터 월 1회씩 KBS, MBC, SBS, CBS, YTN, BBS 등 6개 라디오 방송 아침 시사 프로그램과 월 2회 TV조선 〈강적들〉에 출연하며 정치적 견해를 피력했다.

이 책은 21대 국회 의정 활동 기간 동안 SNS와 방송 프로그램에

무엇과 싸울 것인가

출연하는 기회에 작성했던 답변 자료를 중심으로 '조응천'이 꿈꾸는 민주주의, 법치주의, 공화주의, 자유주의가 어떤 것인지 정리한 것이다. 양극화된 정치를 끝장내고 대화와 타협의 정치 복원을 꿈꾸고 있다. 그리하여 국가와 민생에 도움이 되는 정치혁신을 이룰 수 있기를 아직도 바라고 있다.

2023년 12월

조응천

1장

법치주의는
어떻게 무너지는가

윤석열 대통령은 공정과 상식, 그리고 법치주의를 기치로 내세워 당선되었다. 그런데 윤 대통령이 임기를 시작한 지 1년 반이 넘어가면서 그가 말했던 법치주의가 과연 '법의 지배(rule of law)'인지 고개를 갸우뚱하게 하는 경우가 종종 있었다. 예를 들어 검찰 편중 인사 논란에 대하여 "선진국 중 미국 같은 나라를 보면 '거번먼트 어토니(government attorney, 변호사 자격을 가지고 각급 정부 법무업무를 대리하는 법조 전문가)' 경험을 가진 사람들이 정·관계에 아주 폭넓게 진출하고 있다. 그게 법치국가 아니겠나."라고 반박했다. 또한 문재인 전 대통령 사저 주위에서 벌인 보수단체 시위에 대해 "대통령 집무실 앞에서도 시위가 허가되는 판이니까 다 '법'에 따라 되지 않겠느냐."고 답했고, 화물연대 전면 무기한 총파업에 대해서도 "법과 원칙에 따라 대응하겠다."라고 밝혔다.

그러나 법치주의의 다른 표현인 '법의 지배'는 국민이 아니라 주로 위정자, 통치자에 대한 규범이다. 권력자의 자의적인 지배를 의미하는 '사람의 지배'에 대비되는 개념으로, "누구나 법에 의해서만 지배받으며 법 앞에서 모든 사람은 평등하다."고 주장하는 '법지상주의 원칙'이다. 이에 반해 윤 대통령이 말하는 법치주의는 '법에 의한 지배(rule by law)', 즉 '형식적 법치주의'에 가깝다. '공정과 상식'으로 집권하였지만 '법과 원칙'을 무기로 삼아 국민을 통치하려 하는 것 같아서 걱정이다.

이 둘은 비슷한 것 같지만 큰 차이가 있다. 전자가 더 큰 개념이고 '정치'를 포함한다. 여기에는 통합도 들어 있고, 화합도 들어 있다. 약자에 대한 배려도 물론이다. 하지만 '법과 원칙'만으로 '통치'한다면 검찰 출신 대통령의 한계라는 비판에서 벗어날 수 없다. 법을 통해서 통치하는 것은 중국식 '의법치국(依法治國)'이지 법치주의는 아니다. '법에 의한 지배'는 일제 강점기에도, 군부독재 시절에도 존재했다.

법치주의를 지키기 위해서 대통령은 단순히 법을 이용해서 통치하거나 법을 존중하는 차원을 넘어 '법에 복종'해야 한다. 대통령은 법을 지키며 정치를 하는 자리지, 법을 집행하는 자리가 아니다. 법치주의는 국민이 대통령과 정부에 요구하는 것이지, 선출된 대통령이 국민에게 강요하는 수단이 돼서는 안 된다.

검수원복,
검수완박을 무력화하라

검수완박과 정권교체

검수완박은 '검찰 수사권 완전 박탈'을 말한다. 문재인 정부의 검찰개혁 방안으로 '검찰의 수사권과 기소권을 분리하자.'는 논의에서 출발하여 지지자들이 붙인 이름이다. 2021년 1월부터 검수완박에 대한 지지자들의 요구가 거세지자 두 달 후인 3월, 당시 윤석열 검찰총장은 "검수완박은 부패완판(부패가 완전히 판치게 될 것)"이라고 반발하며 총장직을 박차고 나갔다. 결국 검수완박은 윤석열 검찰총장이 대통령 후보로 출마하면서 정계에 입문하는 직접적 계기가 되었다.

윤석열 전 검찰총장이 대통령으로 당선되고, 검찰이 한동훈 당시 사법연수원 부원장의 '채널A 기자 취재윤리 위반 사건'을 무혐의 처분하자 2022년 4월 민주당은 검수완박 법안(검찰청법과 형사소송법 개정안) 통과를 당론으로 정했다. 새 대통령이 거부권을 행사하지 못하도록 윤석열 대통령 취임 전에 서둘러 통과시키자는 것이었다. 이후 박병석 국회의장의 중재안 마련, 여야 합의, 국민의힘의 합의 파기, 본회의 필리버스터, 민주당 단독처리 수순을 따랐다.

문재인 대통령 임기 마지막 날인 2022년 5월 9일 공포된 검수완박법은 사실 '검찰 수사권 완전 박탈'과는 거리가 멀다. 검찰의 수사 범위를 기존 6대 범죄(경제·부패·선거·공무원·방위사업·대형참사)에서 2대 범죄(부패범죄, 경제범죄 등 대통령령으로 정하는 중요 범죄)로 축소했다. 이 외에 경찰이 송치한 범죄에 대해 검찰이 '동일성을 해하지 아니하는 범위 내'에서 보완 수사를 할 수 있도록 하고, 경찰의 송치 사건에 대한 별건 수사를 허용했다.

하지만 정권이 바뀌자 윤석열 정부는 그해 9월 시행을 앞둔 검수완박을 뒤집었다. 시행령인 '검사의 수사 개시 범죄 범위에 관한 규정'을 개정하여 검찰의 수사 범위를 늘렸다. 이것을 두고 '검수원복(검찰 수사권 원상복구)'이라 말한다.

검수완박 대 검수원복

검수완박법은 비록 민주당이 단독으로 처리했다고 하더라도 본회의 의결을 거쳐 공포된 법률이다. 입법자의 입법 취지는 검찰의 직접 수사 범위를 완전히 박탈하려고 했으나, 절충점으로 경제와 부패 범죄, 이 두 가지만 남겨둔 것이다.

윤석열 정부는 이런 입법 의도를 뻔히 알고 있었다. 그래서 한편으로는 '위헌'이라며 헌법재판소에 권한쟁의심판을 내고, 다른 한편으로는 모법이 합헌임을 전제로 모법을 사실상 무력화하는 시행령을 만들어 법 개정 이전으로 원위치시키는 이중 플레이를 했다.

검수원복 시행령은 법과 시행령을 정면으로 배치되게 만든다. 수사 현장, 법정 등 곳곳에서 파열음을 낼 것이다. 법률과 시행령에서 정한 검찰 수사권의 범위가 서로 다르니 변호인은 검찰의 수사가 적법한지 아닌지를 법정에서 다툴 것이고, 판사마다 인용 여부가 다를 것이다.

나는 최초의 검수완박법에 반대했다. 박병석 의장의 중재안도 마음에 안 들었다. 하지만 양당이 합의하고 의총에서 추인까지 받았기 때문에 어쩔 수 없이 찬성했다. 이 법의 입법 취지를 살리는 근본적 해법은 검수완박법 재개정밖에 없다.

하지만 내용이 마음에 안 들어도 법은 법이다. 이 법이 개정되기 전까지는 지켜져야 한다는 게 내 소신이다. 그런데 윤석열 정부는 민심에 호소하여 법률 개정의 동력을 얻으려고 하기보다 손쉬운 시행령 개정으로 우회했다. 이건 편법이고 위법이며 위헌이다.

법무부 장관의 권한쟁의심판 청구

다시 말하지만, 개정 검찰청법과 형사소송법은 '검찰 수사권 완전 박탈'이 아니라 '2차 수사권 조정법안'이다. 수사-기소 분리 원칙에 입각한 검찰개혁, 수사권 개혁이 이루어졌어야 하는데 수사권 조정으로 끝났다. 검찰의 보완 수사 기능도 그대로 남았다.

2022년 6월 한동훈 법무부 장관은 검사 6인과 공동으로 검수완박법을 두고 헌법재판소에 권한쟁의심판을 청구했다. 이미 국민의힘 의원들이 국회의장을 상대로 권한쟁의심판을 청구하여 심판 중인 상황이었다. 헌법재판소는 2019년 국회 패스트트랙 충돌 때 사법개혁특위 위원 사보임에 대한 권한쟁의 사건을 다룬 적이 있다. 헌재는 13개월 뒤 기각 결정을 통해 입법 절차에서 일부 하자가 있었다고 하더라도 국회의 자율성을 존중해 왔다.

한동훈 장관은 검수완박법의 형식과 내용, 둘 다 권한쟁의심판을 청구했다. 하지만 '편법', '꼼수'라는 비판이 있을 수는 있어도 입법 절차에 명백한 위법은 없었다. 내용도 위헌적 요소는 다 제거했다고 생각한다. 사실 '검수완박법' 원안은 일부 위헌 소지가 있었다. 내가 의원들에게 친전을 돌린 이유이기도 했고, 그래서 박병석 당시 의장도 위헌 요소를 제거한 중재안을 만들었을 것이다. 박 의장의 중재안에 대해 당시 여야가 합의하고 의총 추인까지 하였음에도 불구하고 국민의힘이 일방적으로 합의를 번복한 것은 단순한 정치적 셈법에 불과했다.

그런데 한동훈 법무부 장관은 "필요하다면 제가 (재판정에) 나갈 수도 있다."라며 직접 전면에 나섰다. 장관 임기 초부터 국회, 특히 야당과의 관계를 어떻게 맺어갈지 보여주는 사건이었다. 법무부 장관이 국회에서 통과된 법률과 직접 맞서는 초유의 사태였다.

헌법재판소 결정의 의미

헌법재판소는 2023년 3월 국민의힘 법제사법위원회 위원인 유상범, 전주혜 의원이 신청한 검수완박 중재안에 대한 권한쟁의심판과 법무부와 검찰이 신청한 권한쟁의심판 사건에 대한 결정을 선고하였다.

국민의힘 의원이 제기한 사건에 대해 국회의장의 국회의원 심의표결권 침해 여부는 기각, 법제사법위원장의 국회의원 심의표결권 침해 여부는 일부 인용하였다. 그러나 법률은 유효하다고 판단하였다. 법무부와 검찰이 청구한 사건에 대해서는 검사의 청구인 당사자 적격은 인정했으나 "검사의 권한이 침해될 가능성이 없다."는 이유로 각하되었고, 한동훈 법무부 장관은 "청구할 수 있는 당사자가 아니다."라고 판단했다. 헌재 결정의 주된 이유는 "국회 기능을 형해화할 정도는 아니며, 법사위 절차상 하자만으로 본회의 심의표결권을 침해받았다고 보기 어렵다."는 것이었다.

그런데 집권 보수 여당의 대표는 헌재 결정이 마음에 안 든다며 '민우국(민변·우리법·국제인권법) 카르텔의 반(反)헌법적 궤변'이라고 하고, 헌법재판관에 대해 '양심을 팽개친 정당 하수인'이라 비난했다. 이에 더하여 실정법 집행의 책임자인 법무부 장관은 첫째 "검사의 수사기소권은 헌법 사항이 아닌 입법 사항이라는 헌재 결정의 결론에 공감하지 않는다.", 둘째 "오히려 시행령을 지키는 게 중요해졌다.", 셋째 "재판관 9명 중 4명은 청구인 자격을 인정했다."라고 하며 헌재의 결정 취지를 대놓고 무시했다.

헌재가 "절차적 흠결에도 불구하고 개정법은 유효하다."라고 판단한 것은 삼권분립과 법적안정성을 위한 사법소극주의(judicial restraint)의 발로에 비추어 마땅한 결론이라 할 것이다. 입법부와 행정부는 그 어떤 경우에도 헌법 분쟁에 관한 최종 심판기관인 헌법재판소의 권능을 존중해야 한다. 그러지 아니하면 우리 사회와 공동체는 균열과 혼란이 불가피하다. 언제부턴가 갈등의 중재자가 되어야 할 우리 국회와 정부는 오히려 갈등의 주체가 되고 있다.

시행령을 통한 법률 뒤집기

모법의 입법 취지를 왜곡하거나, 위임 범위를 일탈하거나, 국민의 자유·권리를 제한하는 등 법률에서 규정해야 할 사안까지 행정입법을 통해 규율하려 한다면 당연히 그 행정입법은 무효로 봐야 한다.

검수완박법 입법권자의 의도는 검찰 수사권을 부패범죄와 경제범죄 2개 분야로 축소하자는 것이다. 시행령은 모법의 위임 범위 내에서 구체화해야 한다. "부패범죄, 경제범죄 등 대통령령으로 정하는 중요 범죄"라는 법률의 표현 중 '등'을 기화로 검찰의 직접 수사대상을 대폭 늘리며 "왜 깡패 수사는 못 하게 하냐?"고 항변하는 것은 법무부 장관의 의도된 무지이다. 헌법상 입법권은 국회에 있다(40조). 법무부 장관은 국회가 아니다.

윤 대통령의 시행령 정치가 이번에는 선을 넘었다. 입법자의 입법 취지, 입법 의도를 행정부가 문언에 대한 기술적 해석을 바탕으로 뒤집겠다는 것이었다. 민주당이 검수완박법을 강행한 잘못이 있으니 무리가 있더라도 시행령으로 원상회복을 시키겠다는 것이다. 하지만 엄연히 법에는 법률—시행령—시행규칙이라는 위계가 있다.

'눈에는 눈, 이에는 이', 무리수에는 무리수로 대응한다는 식인데, 대한민국의 법치가 이렇게 후퇴해도 되는 것일까? 이런 꼼수로 국회의 입법권을 무력화시킨다면 윤 대통령이 말하는 법치주의는 '법의 지배'가 아닌 '법에 의한 지배' 즉 형식적 법치주의임을 명백히 드러내는 것과 다름없다. 그건 독재자들이 하는 방식이다. 이런 식이라면 윤석열 정부가 국회의 입법권을 무력화하는 데까지 나가지는 않을 거라는 희망을 어찌 가질 수 있겠는가.

경찰국 신설,
시행령을 통한 경찰 통제

검경 수사권이 조정되고, 검수완박법이 시행됐다. 동시에 2024년 국가정보원의 대공수사권도 경찰로 이양될 예정이다. 바야흐로 '공룡 경찰'이란 우려가 나올 정도로 경찰권이 비대해졌다. 경찰이 권한을 남용하지 못하도록 제도적 견제와 균형 그리고 정치적 중립 방안을 마련할 필요가 있다.

윤석열 정부의 초대 행정안전부 장관인 이상민은 취임하자마자 장관 직속으로 경찰제도개선자문위원회를 만들고, "경찰에 대한 민주적 통제 방안을 마련하라."고 지시했다. 여기서 만든 권고안을 수용하는 형식으로 만든 조직이 '경찰국'이다. 기실 윤석열 정부는 대통령 공약인 민정수석실 폐지에 따른 후속 조치가 필요했다. 대통령실에 치안비서관도 없는 상태에서 행안부를 통해 경찰을 직접 통제하겠다는 것이다.

짧지 않은 기간 권력기관에서 근무한 경험에 비추어 볼 때 솔직히 경찰은 검찰보다 훨씬 정치권에 민감하고 취약한 조직이긴 하다. 매번 인사 때마다 난리가 난다. 대통령의 참모인 행안부 장관이 수사와 정보 기능 대부분을 장악한 거대조직 경찰을 지휘한다면 정치적 중립성 시비로 날을 지새울 게 뻔했다.

경찰의 정치적 중립 방안은 그동안 형식적으로 운영되던 경찰위원회의 관리, 감독 기능을 실질화하는 것이다. 하지만 또다시 문제가 된 것은 정답이나 대안이 아니라 풀어나가는 방식이었다.

법무부의 검찰국 대 행안부의 경찰국

법무부 장관의 검찰 지휘는 검찰국이 있어서 하는 것인가? 바꿔 말해 "법무부에 검찰국이라는 조직이 있어서 헌법과 법률에 따라 법무부 장관이 검찰을 지휘해 왔다."는 주장은 틀린 말이다. 정확히 말하면 법무부 장관의 지휘는 '검찰청법'에 따른 것일 뿐 검찰국과는 무관하다. 더 정확히 표현하자면 법무부 장관은 검찰 사무의 최고 책임자로서 일반적인 사항에 대해 검찰을 지휘할 수 있고, 구체적인 사건은 검찰총장을 통해서만 수사지휘가 가능하다.

반면 행안부 장관의 직무 범위에는 경찰이나 치안 사무란 것이 없다. 따라서 행안부 장관이 경찰을 지휘하려면 조직이 아니라 근거법을 만들어야 하며, 모법의 위임 없이 시행령(행안부직제 개정령)으로

'경찰국'을 만들고, 인사, 조직, 예산으로 통제하는 방식은 안 된다.

더구나 법무부 장관과 검찰의 관계는 법에 근거가 있어도 누가 그 자리에 있느냐에 따라 정치적 편향성 문제가 제기됐다. 경찰보다 정치적 중립과 독립이 잘 보장되었다고 여겨지는 검찰조차 누가 법무부 장관이 되고 검찰총장이 되느냐에 따라 검찰에 대한 대통령의 영향력이 달라지곤 했다. 행안부가 경찰국을 통해 경찰 인사권을 행사한다면 경찰은 구조적으로 대통령의 영향력에 더욱 취약한 상황이 될 것이다.

시행령을 통한 경찰국 신설

어느 것이 '적절한가'와 '적법한가'가 부딪힐 때는 항상 적법한 쪽을 따르는 것이 맞다.

정부조직법에 "법무부 장관은 검찰, 행형 등 사무를 관장한다."라고 명시돼 있으므로 당연히 검찰국을 둘 수 있다. 하지만 같은 법에 행안부 장관이 관장하는 사무 가운데 경찰 또는 치안에 관한 것이 일절 없고, 정부조직법에 "치안에 관한 사무를 관장하기 위하여 행정안전부 장관 소속으로 경찰청을 둔다.", "경찰청의 조직이나 직무 등에 관한 사항은 따로 법률로 정한다."라고만 되어 있다.

다른 부처는 정부조직법에 별도의 조항이 없으므로 장관이 규칙을 만들어 소속 청을 지휘할 수 있다. 그런데 검찰청과 경찰청에 대해서만은 굳이 "따로 법률로 정한다."라고 규정하고 있다. 따라서 어떤

무엇과 싸울 것인가

식으로 해석하더라도 행안부가 정부조직법을 근거로 행정입법을 해서 경찰청장을 직접 지휘할 수 있다는 결론을 도출할 수 없다. 그래서 행안부에 경찰을 통제하기 위한 조직을 두려면 정부조직법을 개정해야 한다. 행안부가 경찰청장 지휘 규칙을 제정하기 위해서도 마찬가지다.

행안부가 경찰을 통제하고 싶다면 야당을 설득하고 여론의 지지를 얻어서 '경찰'이나 '치안'을 행안부 장관의 업무 중 하나로 넣도록 법을 개정해야 한다. 지금처럼 시행령이나 시행규칙을 만들어서 처리하면 안 된다.

유권해석 주문생산하는 법제처

이완규 법제처장은 언론을 통해 "경찰국 신설의 근거가 되는 시행령은 법률의 범위 안에서 적법하고, 법제처에서는 현행법하에서 충분히 가능하다고 보고 심사했다."고 말했다. 법제처의 기능 중 하나가 '법령해석'이다. 행정부 내에서 법제처가 법령에 대한 전문적인 의견을 제시하고, 이를 '정부 유권해석'이라고 부른다. 그런데 법제처의 법령해석은 '법령의 의미 및 제정 목적에 따른 규범의 의미를 명확히 한다.'는 취지로 하는 것일 뿐 법적 효력이 없다. 따라서 분쟁이 생기면 법원에 가서 다투어야 한다. 딱 거기까지가 법제처의 권한이다.

그런 법제처가 합헌, 위헌을 판단하는 건 헌법재판소에 대한 모독이자 정권 변호인 노릇을 하는 것이다. 문재인 정부 이후 법제처가 주문자 입맛에 맞게 유권해석을 주문생산하는 정권 하수인 노릇에 재미들인 것 같아 아쉽다.

이완규 법제처장은 십여 년 전인 2011년 남부지검 부장검사 시절, 검경 수사권 조정 국면에서 "대통령령은 법률의 범위 내에서 제정돼야 한다."며 이게 '법치주의의 기본'이라며 사표를 냈다. 반면 법제처장 취임사에서는 검수완박을 염두에 둔 듯 "법치주의는 단순히 법률이 의회에서 제정됐다는 형식적인 절차로 충족되는 것이 아니다. 법률의 내용이 헌법에 합치되고 일반적인 법리나 상식에도 합당해야 한다는 실질적 법치주의가 실현돼야 한다."라고 말했다. 법률은 헌법에 합치되어야 하지만 시행령은 법률에 합치될 필요가 없다는 말인가? 그가 말하는 실질적 법치주의는 요설이다.

인사 검증까지 아우르는
왕장관의 탄생

정권이 교체되자 여러 방송 프로그램에서 물어 온 단골 질문 중 하나가 한동훈 장관에 관한 것이었다. 한동훈 장관은 검사 출신이자 윤석열 대통령의 최측근이라는 점뿐 아니라 통상 법무부 장관이 맡지 않던 다른 역할이 부각되면서 질문이 집중되었다.

첫 번째 계기는 윤 대통령의 민정수석실 폐지였다. 비록 폐지한다고 하더라도 청와대의 민정수석실에서 하던 역할과 기능을 분명 어느 곳에서는 담당해야 했다. 문재인 정부 청와대의 민정수석실에는 민정비서관, 반부패비서관, 공직기강비서관, 법무비서관이 있었다. 여기서 국민 여론 및 민심 동향 파악, 공직·사회기강 업무, 법률 문제, 민원 업무를 담당했다. 인사 검증도 민정수석실에서 맡았다.

윤석열 정부는 청와대 민정수석실에서 하던 인사 검증 기능을 법무부로 이관하였다. 그래서 나는 대통령 수석비서관 중 가장 신뢰받는 이를 '왕수석'이라 부르는 것에 빗대어 한동훈 장관을 '왕장관'이라 평했다. 법무부 장관이 민정수석 역할까지 겸했으니 말이다.

시행령과 시행규칙을 통한 인사정보관리단 신설

인사 검증을 법무부에 맡긴 정부가 말한 법률의 근거는 대통령령인 '공직 후보자 등에 관한 정보의 수집 및 관리에 관한 규정'이다. 인사혁신처장으로부터 권한을 위탁받아 법무부 장관이 행사한다는 것이다. 여기에 더해 정부는 '법무부와 그 소속기관 직제' 시행령과 시행규칙 개정을 통해서 '인사정보관리단'을 신설했다.

문제는 과연 '정부조직법 개정 없이 법무부가 인사 정보를 수집·관리하는 것이 적법한가?' 하는 것이었다. 정부조직법 제32조는 "(법무부) ① 법무부 장관은 검찰·행형·인권 옹호·출입국 관리 그 밖에 법무에 관한 사무를 관장한다."라고 규정하고 있다. 인사 검증 혹은 인사 정보 관리가 과연 '그 밖의 법무에 관한 사무'냐고 묻는다면 박근혜 정부에서 인사 검증 주무비서관으로 일해 본 경험이 있는 나로서는 자신 있게 아니라고 말할 수 있다. 왜냐하면 인사 검증 업무는 경찰, 국세청, 국무조정실, 기무사 등 각종 권력기관에서 수집해 온 존안자료를 바탕으로 해당 직위에 적합한지를 가늠하는 일종의 정성평가 업무이지 법무와는 무관한 사무이기 때문이다. 위법의 소지가 있다면 정부조직법을 개정하면 되는데 다수당인 민주당이 법 개정을 해줄 리 만무하니 또 시행령 정치를 하려 들었다.

반면 여당은 '행정권한은 필요시 타 부처에 위탁할 수 있도록 규정'된 정부조직법 제6조에 따라 인사혁신처의 인사 검증 권한 중 일부를 법무부에 위탁하는 것이므로, 별도 법률 개정은 필요하지 않고 시행령 개정으로 충분하다고 주장했다. 문재인 정부를 비롯한 과거 정부들의 민정수석실에서도 '정부조직법', '공직 후보자 등에 관한 정보의 수집 및 관리에 관한 규정'(대통령령)에 따라 인사혁신처가 대통령비서실로 위탁하는 방식으로 인사 검증 업무를 수행했으며, 이번 인사정보관리단의 업무수행 방식도 동일하다는 취지였다.

억지에 가까웠다. 대통령비서실의 업무는 대통령 보좌라는 국정 전반에 걸친 포괄적인 성격인 데 비해, 법무부의 업무는 앞서 말했듯이 검찰·행형·인권 옹호·출입국 관리 등 구체적이고 제한적 성격이다. 정부조직법 개정 없이 시행령을 통해 구체적인 부처의 업무를 다른 부처에 마음대로 주고받는 것은 위법한 방법이다. 꼭 그래야 한다면 법을 개정해야 한다.

법무부의 인사 검증이 위험한 까닭

정부조직법 위반 논란 등에도 불구하고 "미국이 그렇게 한다."라는 윤석열 대통령 한마디에 입법 예고한 그대로 '법무부와 그 소속 기관 직제' 시행령이 국무회의를 통과했다. 한동훈 장관이 인사 검증 시스템을 살펴보기 위해 FBI로 출장을 간다는 보도도 나왔다.

미국에서는 대통령이 임명하는 고위공직자 인사 검증을 백악관 법률고문실이 관장한다. FBI가 백악관의 의뢰를 받아 1차 정보를 수집한다. 하지만 법무부 장관은 평소 FBI에 대한 지휘 감독을 할 수 없다. 따라서 FBI는 사실상 독립 조직이다. FBI 특별조사팀은 인사 자료를 국세청·회계감사원 등과 교차 검증한 후 이를 백악관으로 보낸다. 이 과정에서 FBI는 객관적 사실관계만 적시할 뿐 자체 평가나 분석은 철저히 배제한다. 따라서 "미국도 법무부에서 인사 검증을 담당한다."라는 것은 실상과 다르다. 다시 말해 미국 FBI의 인사 검증은 대통령이나 법무부 장관도 간섭하지 못하고, 사실관계만 확인할 뿐 평가는 하지 않는다.

법적으로는 법률의 위임 범위를 넘어서는 시행령과 시행규칙에 근거해서 '인사정보관리단'을 만드는 것으로 판단했다. 하지만 국회로서는 어찌할 도리가 없었다. 현행 국회법 98조 2에는 "시행령이 법률의 취지 또는 내용에 합치되지 아니한다고 판단되는 경우에는 소관 중앙행정기관의 장에게 그 내용을 통보할 수 있다."라고만 되어 있을 뿐이다. 즉 현재로서는 국회가 의견을 제시할 수는 있지만 수정할 방법은 없다. 박근혜 전 대통령이 '배신의 정치'라고 맹비난한 소위 '유승민 국회법'(국회가 행정입법의 내용을 검토하고 법률에 합치되지 않으면 수정, 변경 요청)이라도 필요했다.

정무적으로는 보면 과거 청와대 민정수석실은 검찰의 인사 개입을 막기 위해 형식적으로라도 현직 검사의 청와대 파견을 제한했다.

하지만 법무부의 인사 검증은 검찰의 인사 개입을 제도화하는 것이다. 검찰의 정치화를 부추기는 꼴이다.

법무부가 정부 고위직, 공기업, 공공기관 인사 DB를 구축한다는 것은 인사 검증 대상 기관이나 공기업의 장과 감사에 대해 일상적으로 정보를 수집한다는 의미이다. 인사정보관리단의 인사 검증이 정보 수집이 되고, 정보 수집이 사찰이 되고, 사찰이 인지 수사로 넘어가는 암울한 시나리오가 그려질 수밖에 없다.

특히 현직 검사가 주도하는 최고 법관(대법관, 헌법재판관) 인사 검증이야말로 사법부 독립성을 침해할 가능성을 배제할 수 없다. 최악의 경우 한동훈 법무부 장관 직속 기구의 검증을 통과해야 대법관과 헌법재판관이 될 수 있는 구조다. 검찰에 우호적이지 않을 가능성이 있는 후보자를 배제하기 위한 편향된 검증, 임명 이후를 염두에 둔 약점 잡기식 검증이 진행될 가능성이 걱정되는 이유다.

검증 성적은 낙제점

인사정보관리단이 설치된 후 윤석열 정부의 인사 검증 논란은 끊이지 않고 있다. 정권 초 극우 유튜버 누나의 대통령실 근무 논란과 6촌 친인척 행정관 채용 논란이 있었다. 인사 논란이 제기되면 대통령실은 인정하고, 시정하고, 사과하면 끝날 일이다. 그런데 용산 대통령실은 문제를 키우는 데 대단한 재주가 있었다. 대체로 "능력이 있다.", "법적으로 문제는 없다.", "전 정부보다 낫다."라는 세 가지 대응 매뉴얼로 일관했다. 대통령실은 극우 유튜버 누나에 대해 "누나와 동생을 엮는 것은 연좌제"라고 대응했지만, 여당 천하람 혁신위원이 "남매가 함께 5.18을 폄하했다."라고 인정하자 사의를 표명했다. 친인척 논란도 마찬가지다.

과거 청와대에서는 공직기강비서실에서 대통령실 직원을 정식 채용하기 전에 약식으로라도 검증했다. 심지어 국회의원도 보좌진 채용을 할 때 4촌 이내 인척은 채용이 금지되며, 8촌 이내 인척 채용 시 국회 사무총장에게 신고하고 국회 홈페이지에 공개해야 한다. 문재인 정부 청와대도 청와대 직원을 채용할 때 가족이나 친족이 근무하고 있는지를 묻도록 내부지침을 제정했다. 그런데 윤석열 정부 대통령실은 내부지침을 제정할 계획이 없다고 했다.

국정운영의 컨트롤 타워인 대통령실은 스스로 더욱 엄격하게 옥죄어야 하는 것이 당연하다. 윤석열 정부가 국회 패싱, 시행령 논란을 무시하고 자신 있게 추진한 법무부 장관 산하 인사정보관리단의 현재까지의 성적표는 낙제점이다. 원인은 둘 중의 하나이거나 둘 다이다. 먼저 적절한 인사의 물색과 검증 의뢰, 인사 검증을 검찰 출신이 주도하는 동종교배식 인사방식이 다양성과 전문성 그리고 교차검증을 훼손하고 있기 때문일 것이다. 또 다른 가능성은 인사정보관리단의 검증 능력과 무관하게 대통령의 의중 중심으로 이루어지는 정실 인사이기 때문일 것이다.

검사로 채워지는 정부와
사정만능 통치

윤석열 대통령이 검찰 출신 인사들의 편중 인사를 합리화하기 위해 '거번먼트 어토니들이 정관계에 폭넓게 진출하는 미국이 법치국가'라고 하는 말을 듣고 내가 검사로 재직하던 시절 "능력과 국가에 대한 충성심에서 검사를 따라갈 공무원은 없다."라고 우리끼리 얘기하던 일이 떠올랐다. 검사들끼리 정신승리 하는 것은 그러든가 말든가 상관할 바 아니다. 하지만 인사권자가 되어서도 그 생각대로 인사를 하는 걸 보니 윤 대통령은 검찰지상주의자가 틀림없는 것 같다.

윤 대통령은 자기가 직접 알고 믿는 사람들 아니면 권력기관에 앉혀서는 안 된다는 생각이 확고한 것 같다. 동일집단 안에서, 그것도 현직 대통령과 끈끈한 관계를 맺어 온 측근 검사들이 조직적으로 요직을 차지하는 데서 오는 동종교배의 위험성을 무시하고 있다.

윤 대통령은 2021년 대선 출마를 선언하며 문재인 정부에 대해 "소수의 이권 카르텔이 권력을 사유화하고, 책임의식과 윤리의식이 마비된 먹이사슬을 구축하고 있다."라고 비판했다. 이제 역지사지해서 현재 검찰 출신 측근 인사들이 요직을 꿰차는 윤석열 정부의 모습을 보며 많은 국민이 '이권 카르텔', '권력 사유화'라는 단어를 떠올리지는 않을지 한 번이라도 뒤돌아보면 좋겠다.

'과거 정부는 민변 출신'이라는 발언에 깔린 인식도 문제다. 이러한 인식은 민변뿐 아니라 여러 분야에서 전문성을 키운 다양한 시민단체 출신들이 각각의 전문 영역에서 국정에 참여했던 것을 왜곡하고 있다고 생각한다. 백 보를 양보해도 '과거 정부에서 그랬으니 나도 그러겠다.'라는 뜻이 되는데 잘못은 시정해야 하는 것이지 반복해도 되는 것이 아니다.

검핵관의 득세

군인 출신 대통령 시절에는 청와대와 정부 요직에 군인들이 안 가는 곳이 없었다. 군인과는 전혀 상관없을 것 같은 보건복지부나 건설부도 군인 출신이 장관으로 임명되곤 했고, 그게 당연해 보였다. 나중에 생각해 보니 군 출신 중심 인사는 육사 선후배들에게 '한자리 내준다.'는 뜻과 함께 부처와 권력기관을 통제하려는 목적도 있었던 것 같다. 검사 출신 대통령이 검찰 출신 후배들을 대통령실 문고리와 핵심 라인에 완전히 깔아놓고, 법무부뿐만 아니라 대검, 법제처, 금융감독원, 국가정보원, 국가보훈부 등 곳곳에 특수부 직계들로 포진시켰다.

2022년 9월 대통령실은 정권 초임에도 정책기획수석직 신설과 새 홍보수석 영입, 정무 1, 2 비서관 등 비서관급 교체, 행정관급 실무진 50여 명을 물갈이했다. 대통령실 총원이 400명 남짓임을 감안하면 규모가 상당히 컸다. '장핵관(장제원 핵심 관계자)', '권핵관(권성동 핵심 관계자)' 등 윤핵관 세력을 둘러싼 논란이 벌어지자 그나마 공생하던 이들 윤핵관 세력까지 거세한 것이었다.

평생 상명하복 문화의 검찰조직에서 잔뼈가 굵은 대통령으로서는 사적 연줄에 따라 사람을 꽂고 비선 보고가 횡행하는 대통령실의 실상을 알게 된 이상 두고 보기가 힘들었을 것이다. 당분간 윤핵관과 윤핵관 라인은 숨죽이고 살 수밖에 없게 되었다. 하지만 부속실, 인사, 감찰 라인을 쥐고 있는 검핵관에 대해서는 대통령비서실장이 적극적으로 두둔하고 나설 만큼 대통령의 신임이 컸다. 그들이 검찰 출신이어서가 아니라, 폐쇄적 소수에게 정보와 권력이 집중되면 내부 견제 기능이 작동하지 않게 되어 반드시 월권과 부패가 일어난다. 이것이 권력의 속성이다. 다양한 출신의 인사를 써야 하는 이유다.

도를 넘은 검찰 카르텔, 정순신 국가수사본부장 임명

2023년 2월 윤 대통령은 남구준 국가수사본부장의 후임으로 검사 출신 정순신 변호사를 임명했다. 곧바로 아들의 학교폭력 사건이 언론에 보도됐고, 일요일 오전까지만 해도 "월요일 출근해서 설명해 드리겠다."고 기자들에게 문자를 보냈던 정 변호사는 오후에 갑자기 사퇴 의사를 밝혔다. '도저히 데리고 가기 힘들다.'는 용산의 뜻이 전해진 것 같았다. 학폭이나 아빠 찬스라는 이슈의 폭발력에는 대통령실도 어쩔 도리가 없었던 모양이다.

정순신 변호사가 국가수사본부장으로 올 거라는 얘기는 정권 첫해인 2022년부터 내 귀에 들렸다. 그가 연수원 27기 중 '윤석열 키즈'라는 얘기가 나왔다. 갑자기 임명된 게 아니란 얘기다. 사실 아들의 학폭 사건은 갑자기 알려진 일이 아니다.

정순신 변호사가 부장검사 시절, KBS에 '현역 고위 검사 자녀의 학폭 사건'이라며 보도가 되었다. 그러면 바로 감찰 라인이 출동하여 사실관계를 확인하고 지휘계통을 따라 차장—검사장—대검 담당부장—검찰총장 순으로 보고가 된다. 그 과정에서 '카더라통신'이 발동되면서 적어도 그 청에서 알 만한 사람은 다 알게 된다. 당시 정순신은 중앙지검 인권감독관으로 있었다. 중앙지검 3차장이었던 한동훈 장관이나 검사장인 윤 대통령은 모를 수가 없는 사안이었다.

또 2019년에 윤석열발 기수 파괴 인사라는 것이 화제가 된 적이 있었다. 당시 '27기 중에서 검사장을 반드시 내겠다.'라는 것이었다. 그 27기의 대상자가 바로 한동훈, 정순신, 이원석 등이라고 했다. 그런데 정순신은 아들 학폭 사건으로 검사장 승진에서 탈락하고 지방으로 갔다가 법무연수원 용인분소장을 마지막으로 옷을 벗었다. 다

알고 있었다고 봐야 한다. 윤 대통령의 책임이다.

특수검찰 강화 프로젝트

윤석열 대통령은 민정수석실을 폐지하고, 공직자 인사 검증을 법무부와 경찰에 맡겼다. 역대 정부의 고위직 인사 낙마 때마다 인사 검증 실패 책임이 청와대, 즉 대통령실로 돌아오는 것을 막기 위한 것으로 보인다. 하지만 법무부나 경찰이 대통령실 추천 우선순위나 인사권자의 의중에 알아서 맞추면 결국 인사 검증 실패의 책임은 대통령에게 돌아가게 된다.

심각하게 봐야 할 것은 법무부의 검증이다. 법무부에서 검증한다면 검찰의 정보 기능이 강화될 우려가 있었다. 대검 범죄정보기획관이 부활하고, 각급 검찰청의 정보 보고가 다시 활발해질 수밖에 없다. 검찰은 이미 고위공직자범죄수사처(공수처)의 우월적, 독점적 지위 규정을 폐지하고, 검찰의 고위공직자 부패 수사를 추진하며 공수처의 힘 빼기에 나섰다. 그런 마당에 검찰이 합법적으로 정보까지 수집하게 되면 공직사회는 결국 검찰 손아귀에 좌지우지될 것이다. '윤석열식 특수검찰 강화 프로젝트'의 출발이다.

민정수석실을 없앤 후과로 '왕장관'이 된 법무부 장관은 검찰 인사도 독점했다. 검찰 인사는 법무부 장관이 검찰총장과 협의하고, 민정수석과 상의해서 하는 건데 검찰총장 공석 상태에서 법무부 장관이 민정수석 역할까지 맡았으니 자연스럽게 한동훈 장관이 검찰 인사를 독점하는 구조가 됐다.

윤 대통령은 과거 검찰총장이 되었을 때 검찰을 특수부 중심으로 재편했다. 이제 윤석열 대통령과 한동훈 장관은 법무부-검찰을 노골적으로 특수부 중심으로 만들고 있다. 검찰 내 인지-비인지 부서 간 균형이 깨졌고, 법무부 장관이 '직접적 수사지휘'를 안 하겠다고 하지만 인사를 무기로 '간접적 수사지휘'가 노골화되고 있다.

한동훈 장관은 임명 직후 40일 동안 검찰총장 부재 상황에서도 이례적으로 세 차례나 검찰 인사를 단행했다. 임명 다음 날 검찰인사위원회도 거치지 않은 채 인사와 수사, 감찰 분야의 요직 10여 곳을 콕 집어 '윤석열 사단' 검사들로 보임했다. 두 번째 인사에선 검사장 승진자 17명 중 10여 명이 '윤석열 사단'이었다. 마지막으로 일선 검찰청에서 주요 사건의 수사팀장을 맡게 될 차장, 부장검사 등 검찰 중간 간부 700명가량에 대한 역대 최대 규모 인사를 함으로써 주요 수사의 실무 수사팀장부터 일선 지검장, 대검의 최종 수사지휘 라인까지 '윤석열 사단'으로 빼곡히 채웠다.

특히 서울중앙지검 반부패수사1, 2, 3부장으로 각각 발령 난 엄희준, 김영철, 강백신 부장검사는 모두 윤석열 대통령, 한동훈 법무부 장관과 함께 수사한 적이 있는 대표적인 윤석열 사단으로 불리는 검사들이다. 동부지검 형사6부장, 남부지검 금융범죄합수단장, 수원지검, 성남지청 특수 라인도 마찬가지였다. 윤석열 사단이 민주당 사법 리스크의 노루목을 지키고 있는 형국이었다. 나로서는 검찰발 사정정국에 대응하느라 우리 당의 모든 에너지를 소진할 수밖에 없는 것과 소모적 정쟁이 21대 국회의 남은 임기를 암운처럼 뒤덮을 것이 가장 걱정되는 지점이었다.

윤석열 후보의 '검찰개혁 원상복구'

윤석열 후보가 대선 시기 공약 중 드물게 구체적이고 자신감 있게 내놓은 공약이 바로 사법 분야 공약이었다. 자신감이 넘친 나머지 오히려 과하다 싶었다. 검찰총장에 대한 법무부 장관의 수사지휘권을 폐지하고, 검찰에 독자적인 예산편성권을 부여하는가 하면, 고위공직자범죄수사처 신설과 검경 수사권 조정으로 축소됐던 검찰의 직접 수사 범위를 다시 확대하겠다고 했다. 검찰권을 강화하는 공약이었다.

솔직히 윤 후보가 서울중앙지검장이었을 때 검찰 인지 부서는 세계 최강이었다. 제4차장검사를 신설하는 등 자고 일어나면 인지 부서가 늘어나 있는 수준이었다. 피의사실을 자유자재로 누설하여 피의자는 기소 전 단계에서 이미 중죄인 취급받기 일쑤였다. 그 중 네 명은 억울함을 이기지 못해 유명을 달리했다. 사문화 되다시피한 직권남용권리행사방해죄와 국고손실죄를 전가의 보도처럼 휘둘러 전직 대통령, 대법원장, 국정원장, 장관, 대통령비서실장, 수석비서관 등 박근혜 정권의 고관대작들을 줄줄이 구치소로 보냈다.

그런데 재판 결과는 어떤가? 차례로 무죄판결이 확정되었다. 그랬으면 수사 검사와 지휘 라인이 책임지는 게 상식이다. 그런데 그 누구도 책임졌다는 말을 들은 적이 없다. 책임지지 않는 권력은 합리적으로 축소시키는 것이 당연한 것 아닌가? 검찰 권한을 문재인 정부 이전으로 되돌려놓겠다는 게 아니라 반대로 법무부 장관의 수사지휘권을 없애고 예산편성권을 보장하겠다는 것은 검찰에 대한 견제 장치를 없애겠다는 것이다. 우려한 대로 너무 과하다.

법무부 장관의 수사지휘권은 평소에는 가급적 쓰지 말아야 하지만 반드시 갖고 있어야 할 마지막을 대비한 비상금 같은 것이다. 경찰 수사는 검찰 기소로 통제할 수 있다. 하지만 검찰 기소는 그 자체로 최종적 결정이다. 따라서 법무부 장관의 수사지휘권은 검찰에 대한 민주적 통제의 의미이다. 하지만 검찰의 정치적 중립이나 독립과 배치될 우려 또한 있다. 그래서 문재인 정부 이전까지는 극히 제한적으로 절제되어 사용되어 왔고, 앞으로도 그래야만 한다.

무사의 칼은 칼집에 있을 때 무섭지 자꾸 꺼내면 백정의 칼이 된다. 그러나 칼이 남용되어 백정의 칼이 되었다고 아예 버리자고 하는 것은 무책임한 주장이다. 이제부터라도 절제하여 다시 무사의 칼로 만들어야 한다. 칼을 없애면 검찰은 통제받지 않는 권력이 돼 버린다. 모든 국민을 '잠재적 피의자'로 바라보던 윤석열 후보의 시각이 대통령이 되어서도 바뀌지 않은 것 같다. '죄가 없으면 뭐가 문제냐. 검찰의 권한을 키우고, 검찰이 샅샅이 수사하여 기소하고, 나중에 무죄 나오면 그럼 죄가 없는 게 밝혀졌으니 됐지.' 이런 생각 아닌가?

수사받느라, 그리고 재판받느라 만신창이가 되는 국민들 생각은 하지 않는 대통령이라면 정말 두렵다.

사정만능식 통치

"수사목적 달성을 위해서 법치주의를 너무 쉽게 위반하고 있다."

"수사를 날로 먹을 것인지, 이것(수사의 편의성 강조)이 얼마나 위헌적인지 묻고 싶다."

"경마 중계를 하듯이 여론을 이용해 수사를 하는 피의사실 공표의 문제도 묻고 싶다."

2019년 윤석열 대통령이 검찰총장이 되기 직전 국회의 한 토론회에서 내가 한 말이다. 나는 검찰총장 인사청문회 직전 법제사법위원회에서 국토교통위원회로 상임위가 교체되는 바람에 인사청문회에는 참가하지 못했다. 그때만 하더라도 윤석열 총장 후보자는 서울중앙지검장으로서 적폐청산 수사를 지휘하며 당시 여권인 민주당의 열화와 같은 지지와 성원을 받고 있던 터라 괜히 저런 말을 했다가 우리 당 지지자들로부터 며칠 밥을 안 먹어도 될 만큼 실컷 욕을 먹을 게 뻔했다.

굳이 없는 말을 만들어가며 일부러 우리 정부가 추천한 검찰총장 후보자를 흠집 낼 필요는 없었다. 하지만 내가 짧지 않은 기간 동안 지켜본 윤석열 검찰총장 후보는 수사목적 달성을 위해서는 인권은 별로 고려하지 않는 스타일이었다. 적법절차도 별로 고려하지 않았다. 유무죄판결 역시도 별로 고려하지 않았다. 오로지 구속 여부와 기소 여부만 중요한 것처럼 보였다.

당시 국민들은 적폐청산에 대한 열망에, 혹은 문재인 대통령이 임명을 요청한 후보라는 기대감에 윤석열 후보자를 신뢰하며, 뜨거운 지지와 열망을 보냈다. 반대로 당시 자유한국당 청문위원들은 지금과는 정반대로 윤석열 후보자를 대통령은 고사하고 검찰총장에조차 부적격한 인물이라고 맹공격하였다. 결국 그가 대통령이 된 후에는 수사, 조사, 감사라는 사정 정치가 중요한 통치수단이 되었다.

대선에서 승리한 후 대통령직 인수위 김은혜 대변인이 민정수석실 폐지를 발표하면서 "제왕적 대통령의 폐해를 청산하겠다는 구상"이라고 밝힐 때 나는 반신반의했다. 주요 권력기관을 관장하고, 고위 공직자를 감찰하며, 대통령의 눈과 귀가 되어 필수정보를 수집하는 조직을 폐지하면 대통령은 허수아비가 될 테니까 말이다.

그러나 역시 숨겨진 대안이 있었다. 국무총리실 국무조정실(국조실)이었다. 지난 2023년 6월 킬러 문항 논란으로 윤석열 대통령의 '공정 수능' 지시가 내려지자 국조실이 나서 득달같이 교육부를 감찰했다. 오송 지하차도 참사 직후에도 국조실이 경찰과 소방, 행정중심복합도시건설청, 충북도청 등 참사 관련 기관에 대한 전격적인 감찰에 들어가는 등 민정수석실의 공백을 메우고 있었다. 결국 민정수석실의 기능 중 없어진 것은 민심수렴 기능과 친인척 관리 기능뿐이었다(공직기강과 법무는 대통령실에 여전히 남아있다).

또한 '국무조정실 감찰'은 검찰 수사로 가는 우회로로 사용되는 듯 보였다. 검수완박법, 즉 9월 시행된 개정 검찰청법에 따라 검찰은 경제, 부패 등 2대 범죄만 수사할 수 있고 대형참사에 대한 직접 수사는 불가능하다. 하지만 국무조정실 같은 국가기관이 검찰에게 수사를 의뢰한 사항은 검찰이 직접 수사할 수 있게 되어 있었다. 국조실 감찰은 용산의 지시에 따라 움직인다고 볼 수밖에 없는데, 결국 대통령실 지시-국무조정실 감찰 후 수사 의뢰-검찰의 직접 수사라는 우회 공식을 만들어낸 것이다. 대통령실이 국조실을 통해 권한만 행사하고 책임은 지지 않으려 한다는 합리적 의심이 드는 지점이다.

사정 통치는 '전방위적 이권 카르텔 규정'과 '전 부처의 검찰화'로 나타났다. '윤 대통령의 척결·엄단 지시→국민의힘의 확대·재생산→검찰·경찰·감사원·국세청·국정원의 수사·조사·감사' 수순으로 흘러간다. 윤석열 정부 정책이나 방침에 비판적인 태도를 보이는 단체나 개인을 바로 '이권 카르텔'로 몰아붙인 뒤 검찰·경찰·감사원·국세청·국정원·국조실의 수사·조사·감사를 통한 사정만능식 통치를 하는 것으로 의심할 수밖에 없다.

전 정권 지우기?
정치를 지우다!

나는 수차례 언론 인터뷰를 통해 "윤석열 정부의 국정기조는 'ABM', 즉 Anything but Moon(문재인만 빼고 다)이냐?"고 비판했다. 이 말은 미국의 트럼프 대통령이 취임 이후에 오바마 정부 정책 흔적 지우기인 'ABO(Anything but Obama)'를 빗댄 말이다.

5년마다 정부가 바뀌는데, 최근에는 새 정부가 들어서면 제일 먼저 하는 일이 직전 정부 흔적 지우기다. 내가 여러 정부에 관여하며 느낀 것은 '나라를 망하게 하려고 일하는 정부는 없다.'는 것이다. 어느 정부든 대한민국이 잘 되게 하려고 죽을힘을 다했다. 결과와는 별개로 그 마음만큼은 믿어줘야 한다.

그런데 앞선 정부에 대해선 과소평가가 아니라 아예 폄훼한다. 이중 잣대를 갖고 '이전 정부는 모두 악'이고 '자기 정부는 선'이라고 평

무엇과 싸울 것인가

가하는 것이다. 체제가 다르거나 이민족이 쳐들어와서 지배하는 게 아니지 않은가? 전 정부에서 출세했다고 배척하는 것도 바람직하지 않다. 그러면 쓸 사람이 없다. 잘한 것은 제대로 평가해서 계승 발전시켜야 한다.

윤석열 대통령은 판문점 북송 사건, 서해 공무원 피격 사건, 태양광정책, 문재인 정부 부동산 통계 감사, 전현희·한상혁 찍어내기 감사 등에서 볼 수 있듯이 문재인 정부에서 주요 정책을 추진한 공무원과 고위직을 몰아내고 주요 정책을 폐기함으로써 국정운영의 동력을 얻으려 하였다. 더 나은 대한민국을 위해 집권한 것이라고 했지만 여전히 과거와 싸우면서 전 정부의 과오는 그대로 답습하고 오히려 퇴행하고 있다.

적폐청산은 '이권 카르텔'로, 친일 기득권은 '반국가세력'으로 대체되었다. 문재인 정부에서 칼을 휘둘렀던 특수부 검사는 감찰, 감사원, 검찰 등 '모든 사정기관'으로 대체되었다. '청와대 정부'는 '용산정부'로 이름만 바뀌며 여전히 만기친람식으로 통치하고, 청와대 '왕수석'은 '왕장관'과 '실세차관'으로 대체되었다. 윤 대통령은 문재인 정부가 민변 출신 인사들을 기용한다고 비판했지만, 그 자리에는 검찰 출신 인사들로 가득 찼다.

대대적인 사정은 김영삼 정부의 하나회 숙청처럼 국민이 공감하는 대의명분, 시대정신을 깔고 있어야 명분이 선다. 문재인 정부의 적폐청산은 초반에는 국민의 지지를 받았지만, 결국 특수부 검사를 칼로 삼은 정치보복으로 귀결되어 비판받았다.

산업통상자원부 블랙리스트 의혹

정권이 교체되자 검찰은 문재인 정부 시절 산업통상자원부의 인사권 남용 의혹, 소위 블랙리스트 의혹에 대한 수사를 본격화했다. 2022년 5월 윤 대통령 임기가 시작되자마자 백운규 전 산자부 장관에 대한 압수수색과 구속영장 청구, 민주당 박상혁 의원에 대한 소환조사가 이어졌다.

그동안 윤석열 정부의 인사를 보았을 때 어느 정도 예상되었던 일이었다. 특수부 출신들을 대통령실과 정부 요직에 중용하고, 한동훈 장관이 특수부 중심의 검찰 간부 인사를 하면서 예상했던 일이다. 박상혁 의원의 경우 당시 실무자에 불과한 청와대 행정관 출신으로 참고인 신분임에도 단독보도 형식으로 언론에 노출했다. "정치보복 하지 않겠다."던 윤 대통령의 약속과 "법과 원칙에 따라 집행한다."는 윤 대통령의 원칙은 병립하지 못했다.

산자부 블랙리스트 사건 수사는 문재인 청와대를 겨누고 있었다. 직권남용, 직무유기를 무기로 적폐청산을 즐기다 보면 임기가 끝난 5년 후 똑같은 일을 당하게 될 것이 분명하다. 한상혁 방송통신위원장과 전현희 국민권익위원장이 새 정부 국무회의에서 배제됐고, 특히 전현희 권익위원장은 사퇴하란 압박을 받았고, 급기야 감사원의 표적감사까지 받아야 했다.

정권교체 후 매번 반복되는 그림이다. 우리나라도 미국처럼 대통령이 임명할 수 있는 정무직 리스트를 담은 인사 지침서, 즉 '플럼 북(plum book)'을 발간하고 그 지침대로 인사를 할 필요가 있다. 여기에는 각종 직책의 임명 방식, 급여, 임기 등이 담겨있는데 대통령선거가 있는 12월 미국 상하원이 인사관리처의 지원을 받아 책자로 펴낸다고 한다.

검수완박 시행 전에 이루어진 검찰 인사

문재인 정부의 마지막 검찰총장이었던 김오수 총장은 검수완박 입법이 되자 2022년 4월 사퇴하였다. 이후 9월 이원석 검찰총장이 임명되기 전까지 5개월간 검찰의 수장자리는 공석이었다.

검찰청법에 따르면 법무부 장관은 검사의 임명과 보직을 대통령에게 제청할 때 검찰총장의 의견을 들어야 한다. 검찰총장의 의사를 인사에 반영하라는 것은 검찰 인사를 정권 마음대로 하는 것을 막아 검찰의 중립성을 높이자는 취지다. 하지만 윤석열 대통령은 검찰총장 지명을 미루고 있었고, 한동훈 법무부 장관은 7월 중순이 돼서야 총장 인사에 필요한 후보추천위원회를 구성했다.

그사이 비정상적인 검찰총장 장기 공석 상태에서 세 차례에 걸쳐 한동훈 장관 주도로 대검 차장과 서울중앙지검장, 대검 공공수사부장을 비롯한 주요 수사지휘 라인부터 실무진까지 이른바 '윤석열 사단' 검사들로 전광석화처럼 검찰 인사를 했다.

검찰총장 후보 추천과 지명, 국회 인사청문회 일정에만 한 달 이상 걸린다. 야당이 윤석열 정부가 지명한 검찰총장 후보를 순순히 취임시켜 줄 리도 만무했다. 현실적으로 검찰총장 취임까지 최소 두 달은 잡아야 하는데 절차에 맞춰 검찰총장을 선임하고 핵심 사건을 맡을 검찰 인사를 한 뒤 수사를 본격화하기엔 물리적 시간상 역부족이라고 판단한 모양이었다.

2022년 9월 10일 검수완박법이 시행되기 전에 주요 수사를 마무리하겠다는 전략이었다. 서해 공무원 피격 사건, 탈북어민 북송 사건뿐만 아니라 두 달 내에 대장동 개발·로비 특혜, 산업부 블랙리스트 의혹, 월성 원전 경제성 평가 조작, 청와대 울산시장 선거 개입·하명수사, 성남FC 불법 후원금 등 전 정권 관련 수사를 어느 정도 마무리하기 위한 것으로 보였다. 본격적인 사정정국의 시작을 알리는 것이었다. 지지율 추락을 만회하는 방식으로 선택한 것은 고물가, 고금리, 고환율 환경에서의 민생, 정책 아젠다가 아니라 '전 정권 적폐청산'이라는 돌파구였다.

국가정보원과 해양경찰청, 감사원의 권력바라기

2019년 2명의 탈북어민 북송 사건이 있었다. 정권이 바뀌자 문재인 정권에서는 탈북어민을 앞장서서 북송시켰던 통일부와 국가정보원이 판문점 북송 사진 10장을 공개하고, 다음날 검찰은 국정원에 대한 대대적 압수수색을 했다. 누가 봐도 전 정권을 겨냥한 것이었다.

국정원이 자체 조사를 거쳐 서해 공무원 피살 사건과 탈북어민 북송 사건으로 직접 박지원, 서훈 두 전직 국정원장을 고발한 것부터가 이례적이다. 지지율 추락으로 인한 위기 상황을 사정정국으로 돌파하려는 의도가 명백했다. 서해에서 북한에 의해 피격된 공무원이 월북하려고 했다고 주장한 해양경찰청은 정권이 바뀌자 월북 의도를 찾지 못했다고 사과하는 사태도 발생했다.

감사원의 변신은 놀라울 정도다. 정권이 바뀌자 방송통신위원회와 국민권익위원회 등에 대한 감사로 인한 감사원의 '정치 편향' 논란이 거센 상황에서 신재생에너지 사업과 코로나19 백신 수급 등 문재인 정부의 핵심 정책 사안을 집중 감사 대상으로 삼았다. 기획재정부는 과도한 세수 유입을 초래한 세수 추계 실패 원인을, 행안부는 현 정부 출범 직후 불거진 치안감 인사 번복 사태와 맞물려 정기감사를 받았다. 국방부와 해경에 대해서는 서해 공무원 피격 사건 당시 대응을 정밀히 조사했고, 신설 기관인 고위공직자범죄수사처에 대한 기관감사도 추가했다. 감사원은 통상 신설 기관은 자리를 잡을 때까지 최소 2년여 동안은 감사를 하지 않는데 출범한 지 1년도 안 된 공수처에 대한 기관감사는 이례적이었다.

전 정권의 내밀한 속사정을 들여다보는 데는 수사보다는 감사가 더 유용한 도구다. 검찰의 강제수사는 강력하긴 하지만 요란하고, 고비 때마다 법원의 허가를 받아야 한다. 게다가 기간을 칼 같이 지켜야 하는 등 까다로운 형사소송법 절차에 따라야 하는 문제가 있다.

반면 감사원 감사는 물렁물렁한 것 같지만 피감기관에 진을 치고 눌러앉아 뭐가 나올 때까지 계속 자료를 들여다봐도 되고 법원의 영장도 필요 없다. 정권 차원의 새로운 기법을 개발한 것 같았다.

그 중심에는 유병호 사무총장이 있었다. '월성1호기 재감사'를 가장 앞세우고, 2006년 바다이야기, 2008년 직불금 사태 해결, 2017~2018년 수리온 보강 감사 등을 업적으로 나열한 자신의 성공 '노하우'를 구성원 전원에게 공유하면서 "송사리·피라미급 사건엔 관심도 갖지 말라. 고래를 사냥하라."고 강조한 인물이다.

그동안 감사원이 역대 정권하에서도 하명감사나 수시보고 문제로 논란이 있었지만 이렇게 언론의 전면에 나선 적이 있었나 싶었다. 유병호 사무총장은 국민들이 이름을 기억하는 최초의 감사원 사무총장이 될 기세였다. 사정기관이 신문의 1면을 장식하는 것 자체가 국가가 비정상적으로 돌아가고 있다는 방증이다. 감사원 사무총장이 이름을 날리는 국가는 정상이 아니라는 뜻이다.

공무원은 정권이 아니라 국민에게 충성해야 한다. 이것이 민주공화정의 원리다. 관료가 정권이 바뀔 때마다 새 정부에 충성을 다하는 모습을 보며 "영혼 없는 관료가 나라를 망치고 있다."는 한탄을 5년마다 한 번씩 반복하고 있다.

사정 통치로 지지율을 올릴 수 있을까

윤 대통령은 국민의힘, 검찰, 경찰, 감사원, 국가정보원 등을 총동

원해서 문재인 대통령과 민주당을 색깔론과 사정으로 몰아붙이고 있었다. 그런다고 떨어진 지지율이 올라갈까? 오히려 더 떨어질 수 있다는 게 내 생각이다. 윤 대통령이 싸우려고 달려드는 상대는 전임 대통령이나 야당이 아니라 민심이기 때문이다.

그렇다고 문재인 정권을 돌이켜보면 민주당 또한 현 정권의 '적폐청산'에 대해 비난할 자격이 없다. 더구나 윤석열 대통령은 자신이 받은 탄압의 반작용으로 '공정과 상식', '법과 원칙', 두 가지 기치를 들고 정권을 잡았다. 민주당 스스로 적장에게 명분을 갖다 바친 꼴이었다.

멈출 줄 모르던 문재인 정부의 적폐청산은 제도개혁의 시기 또한 놓치고 말았다. 수사-기소를 분리하는 검찰개혁도 그때 했어야 했고, 정권 초 그나마 지지율이 높을 때 오래 걸리는 개혁과제들을 추진 했어야 했다. 임기 초 대통령이 집중해야 할 곳은 사정이 아니라 민생 그리고 오래 걸리는 개혁과제들의 추진이다. 교육개혁, 연금개혁, 양극화, 저출생-고령화, 기후 위기 등 해야 할 메가 이슈들이 너무 많다. 적폐청산같이 지지층으로부터 환호받는 과제에 몰두하다가 결국 국가적 개혁과제는 아무것도 손을 대지 못한다면 나중에 분명 좋지 않은 평가를 받는다는 것을 역사가 증명하고 있다.

윤석열 정부의 사정통치는 다수 시민이 공감하는 대의와 명분, 시대정신과 동떨어져 있다. '탈북어민 북송 사건'은 어떠한가? 기껏해야 보수와 진보, 여권과 야권을 갈라치는 정파적 이슈일 뿐이다.

더구나 윤 대통령은 일찌감치 검찰직할체제를 구축해 검찰을 앞세운 '선검(先檢) 정치'를 하겠다는 의도를 노골적으로 드러냈다. 전 정권 수사에 대해 여론조사도 '정치보복'이라는 응답이 '정당한 수사'라는 응답보다 다소 높게 나왔다. 정치적 의도를 의심받는 사정은 성공할 수 없다. 윤석열 정부의 사정정국은 시작부터 실패하고 있었다.

그러나 근본적인 문제는 다른 데 있다. 검사와 대통령은 다르다. 대통령은 책임을 묻는 자리가 아니라 '책임을 지는 자리'다. 질문하는 자리가 아니라 '답을 하는 자리'이다. 지금 시민들이 묻는 것은 '윤 대통령의 생각은 무엇인가?' 하는 것이다. 그런데 윤 대통령은 그에 대해서는 답하지 않고 전 정권 탓만 하는 것 아닌가! 윤석열 정부에 진심으로 하고 싶은 조언이다.

화물연대 파업과
노사 법치주의

―――――――――

2022년 11월 화물연대는 안전운임제를 두고 파업에 들어갔다. 국토교통부는 노조와 대화를 하고 싶어하는 것 같았다. 국토부가 정권 교체 전인 2월에 이미 '안전운임제 일몰제 관련 연구 용역 보고서'를 받고서도 '일몰제 폐지는 국회 입법 사항'이라는 이유로 사실상 사태를 방치한 잘못도 있었다. 연구 용역 보고서가 안전운임제 연장에 무게를 두고 있어 새 정부 출범 이후 '이러지도 저러지도 못한 채 시간만 허비한 것 아니냐?'는 지적이 있었다.

파업 며칠 만에 정부는 시멘트 분야 운송 거부자를 대상으로 업무개시명령을 발동했다. 업무개시명령을 받은 화물차주가 업무에 복귀하지 않으면 행정처분과 형사처벌을 받게 된다. 법이 만들어진 이후 업무개시명령이 처음 발동된 것이다. 이어서 경제부총리, 법무부 장관, 국토부 장관, 행안부 장관, 노동부 장관, 산업부 장관 등 관계부처 장관들이 함께 나서 강경대응대책을 발표했다.

지지율 반등과 민주노총

화물연대의 파업은 결국 실패했다. 파업에 대한 강경대응 이후 대통령의 지지율은 소폭 상승했다. 보수층의 결집 효과인지 중도층의 지지를 받은 것인지는 불분명하다. 화물연대로 대변되는 민주노총에 대한 중도층의 비호감에 일부 어필한 점이 있는 것 같았다. 윤석열 정부는 노조에 대한 강경대응이 지지율 반등으로 이어진 것이라 여겼고, 노동개혁의 추진방안으로 노조에 대한 강공 드라이브를 이어가고 있다. 그러나 민주노총의 비호감에 대한 반작용이 우연히 중도층에 어필한 것을 윤 대통령에 대한 호감이라고 생각하면 착각이다.

윤석열 대통령은 화물연대의 파업에 대해 "북핵 위협과 마찬가지."라고 말했다. 화물연대가 아무리 싫더라도 북핵에 비유하는 건 국민통합자라는 국가원수의 역할은 포기한 것 아닌가 하는 생각이 들 정도였다. 여당 대변인이 발표한 "북한을 대변하는 민노총, 차라리 '민로총'으로 이름을 바꿔라."는 논평도 부적절하기는 마찬가지다.

노사 법치주의

대통령이 시도 때도 없이 법과 원칙을 강조하며 "정치 파업의 악순환을 반드시 끊어내겠다."고 하니 덩달아 장관들과 여당 의원들의 발언 수위가 점점 올라갔다. 대통령의 태도를 보며 검찰총장의 아우라가 자꾸 떠올랐다.

화물연대가 다소 무리한 요구를 한다고 하더라도 대화로 풀어야 한다. 전쟁 중에도 적과 만나 휴전 조건을 논의하지 않던가? 극단적으로 말하자면 대화를 거부하는 자가 '민주주의의 적'이다. 대통령이 말하는 노사 법치주의란 무엇인가? 대통령의 발언과 태도는 '파업 그 자체가 불법'이라고 생각하는 것 같다. 대통령이 단체행동권 자체를 부정하는 것은 아닌지 의구심이 들 정도다. 국가조찬기도회에 참석해서조차 화물연대 파업에 대해 "법과 원칙이 바로 서는 나라를 만들기 위해 최선을 다하겠다."라고 말했다.

화물연대 파업에 대해 법치주의를 말하려면 파업을 비난하고 공격할 것이 아니라 정부의 대응이 '법대로 한다.'라는 형식적 법치주의를 넘어 노-사 쌍방에 균형 잡힌 태도를 견지하며 헌법적 가치를 지키는 정당성까지 포함해야 한다. 윤 대통령의 노사 법치주의의 근거는 '업무개시명령이 법률상 근거'가 있다는 것뿐이다. 반면 '노조의 단체행동권은 헌법이 보장하는 기본권'이다.

헌법이 보장하는 기본권인 단체행동권을 이런 식으로 무시하는 것은 검찰총장이라면 모를까 대통령으로서 균형 잡힌 태도는 아니다. 또한 검찰총장의 언어와 대통령의 언어는 달라야 한다. 국민을 범죄자 혹은 잠재적 범죄자와 그렇지 않은 자로 나누고, 후자를 콘크리트 지지층으로 다지는 국정운영 방식으로는 절대 성공하지 못한다고 충고하고 싶다. 이점은 우리 현대사가 증명하고 있지 않은가. 이로 인해 정권이 실패하는 건 어쩔 수 없다손 치더라도 그 실패의 가장 큰 피해는 국민에게 돌아간다는 점을 새겨듣길 바란다.

2장

정치의 부재와
민주주의의 위기

국민이 정치, 특히 국회에 대한 신뢰를 버린 지 이미 오래다. 오죽하면 정치개혁 과제를 말할 때 빠지지 않는 것이 국회의원 숫자를 줄이자는 것이겠는가. 난 정치개혁 과제에서 국회의원 정수 조정은 본질을 흐리는 가짜 의제 중 하나라고 생각한다. 의원 수를 줄인다고 국회의원들이 일을 열심히 하거나 입법, 예산 심의, 행정부 견제 같은 국회의 역할을 더 잘할 수 있는 것은 아니다. 국회의원의 특권 혹은 특혜를 줄이자는 것과 국회의원을 줄이자는 것은 다른 의미이다.

국회에 대한 불신은 한편으로는 삼권분립의 한 축으로서 입법부의 권한을 포기한 것에서, 다른 한편으로는 사회적 갈등의 해결자로서 대의제 민주정의 기능을 소홀히 한 데서 비롯되었다고 생각한다. 어느 당이 되었든 대통령제하의 여당이 되는 순간 그 당은 행정부와 혼연일체가 되어 입법부의 역할을 외면하곤 했다. 행정부를 견제하기는커녕 무조건 두둔하고 방어한다. 반대로 야당은 행정부와 싸우는 것인지 상대 당과 싸우는 것인지 구분도 안 되는 맹목적 반대 투쟁을 한다. 처지가 바뀔 때마다 서로 '악의적 발목 잡기'라거나 '대통령실 출장소'라는 비난을 반복한다.

'창'의 야당, '방패'의 여당이라는 고정관념이 굳어지고 나면 정작 국회에서 대화와 협상은 사라지고, 갈등 해결의 기능은 증발한다. 여당은 대통령의 눈치를 보며 그 영향력의 우산 속에 입을 다물고, 야당은 여의도보다 광장으로 나가기를 일삼는다. 문제를 해결하려 하기보다 문제를 더 확산시키고, 여의도의 갈등을 국민 전체의 갈등으로 만들어 버린다.

국회의원 임기 4년은 위임받은 권력에 따라 책임정치를 하라는 뜻이라고 생각한다. 국회의원의 권한은 대통령이나 당 대표로부터 나오는 것이 아니다. 하물며 '태극기 부대'나 '개딸'과 같은 강성 지지층에서 나오는 것은 더더욱 아니다. 그 권한은 유권자 전체의 선택과 위임의 결과이고, 그들의 현재와 미래를 위해 일하라는 명령이다.

방향을 잘못 잡고서야 아무리 열심히 달린들 원하는 성과를 얻을 수 없다. 지금의 정치가 그렇다. 정치의 부재가 민주주의를 얼마나 위태롭게 만드는지 돌아보는 것은 정치가 제 역할을 되찾길 바라는 마음에서다.

동물국회와
식물국회를 넘어

국회가 본회의장에서 몸싸움과 폭력, 날치기 통과로 비난받을 때 항상 따라붙던 여론의 평가는 '동물국회'였다. 다수당은 의석수로 밀어붙이고, 소수당은 회의장을 점거하고 의결을 막기 위해 의장석 주변을 막아섰다. 이 과정에서 물리적 충돌은 불가피했고, 그때마다 TV를 통해 볼썽사나운 모습이 전 국민에게 생중계되었다. '동물국회'는 정치에 대한 혐오, 의회정치에 대한 불신의 이유가 되었다.

2012년 4월, 제19대 국회의원 총선에서 당시 여당이었던 새누리당은 과반을 겨우 넘긴 152명의 당선자를 배출했다. 이후 선진통일당과의 합당으로 의석수를 늘리긴 했지만 여야가 균형을 맞춘 선거결과는 '동물국회'를 극복할 국회선진화법 도입의 토대가 되었다. 결국 국회의장의 본회의 직권상정을 제한하고, 안건조정제, 패스트트랙, 필리버스터 등을 도입하는 국회법 개정안이 18대 국회 마지막인 2012년 5월에 통과되고, 19대 국회는 '선진국회'의 기대를 안고 출범하였다.

하지만 19대 국회는 임기 내내 예상치 못한 평가로 비난을 받았다. 바로 '식물국회'이다. 국회선진화법에 따라 여당 혹은 다수당이 이전과 같이 속도감 있게 입법을 추진할 수 없었고, 여야 협상은 필수불가결한 요소가 되었다. 다수가 아닌 소수에 의해 좌우된다고 '소수결'이라는 용어도 등장하고, 야당의 반대로 아무것도 추진할 수 없다는 푸념이 여당에서 흘러나왔다. 결국 19대 국회는 야당의 테러방지법 반대를 위한 필리버스터로 막을 내렸다.

한편 국회선진화법으로 도입된 패스트트랙은 20대 국회 막판인 2019년 4월 선거제도 개편을 두고 벌어진 여야 간 충돌로 '동물국회' 재현의 원인이 되었다. 이날의 충돌은 현재진행형이다. 여러 전현직 의원들의 재판은 아직 끝날 기미가 보이지 않는다. 결과적으로 국회 안팎에서 '동물국회'를 막기 위한 여러 제도적 보완이 필요하다는 의견이 제기되었다. 여전히 국민들은 여야를 막론하고 국회에 대해 비판적 시선을 거두지 않고 있다.

국회 권능의 기본을 입법이라고 볼 때 재선 의원으로서 조금은 억울한 측면이 있다. 국회의 법안 처리 실적은 18대 6,178건, 19대 7,429건, 20대 8,799건으로 동물, 식물, 동물을 반복하는 과정에서도 꾸준히 증가하였다. 21대 국회도 2023년 11월 현재까지 7,518건의 법안을 처리하였고, 거의 모든 법안은 여야 합의로 통과되었다.

그런데도 '왜 우리 국회는 국민에게서 외면받을까?' 하는 질문에 대해 선뜻 답을 내놓기 어렵다. 새롭게 국회가 구성될 때마다 더 많은 입법을 하고 있고, 여야 합의로 통과되는 법안 대부분은 여야 이견이 없는 소위 '민생 법안'이다. 민생 법안이란 중립적으로 정의하면 '무쟁점 법안'이라는 뜻으로, 민생에 꼭 필요한 법안이라거나 도움이 되는 법안만을 의미하는 것은 아니다. 여야는 쟁점이 생기면 보통 미루는 게 일반적이었고, '더 많은 법안'과 '합의 가능한 최대한의 법안 처리'로 해법을 찾았다. 그 과정에서 국회의원들은 법안 발의 경쟁을 하고, 법안 발의 건수로 '우수의원' 평가를 받았다. 실적 위주의 합의 처리를 위해 오랜 기간의 심사와 논쟁, 협상과 양보가 필요한 법안은 뒷전으로 밀리고, 국민 실생활과 큰 상관이 없거나 별 의미가 없는 법안들이 주로 발의되고, 상정, 심사, 가결되었다.

동물국회와 식물국회의 반복이라는 비판 속에서 국회는 더 이상 타협과 절충, 양보라는 어려운 길을 외면하면 안 된다. '더 많은 입법' 보다 '더 좋은 입법'을 해야 한다는 국회미래연구원 보고서는 그런 점에서 해답의 실마리를 준다. 168석의 제1야당은 힘으로 밀어붙이려는 유혹에서, 111석의 여당은 야당 주도의 의결을 막는 척하다가 대통령에게 거부권을 건의하는 것이 존재 이유라는 믿음에서 벗어나야 한다. 오랜 시간이 걸리더라도 여야는 합의안을 만들기 위해 노력해야 한다. 비록 조금 부족하거나 양측 강성 지지층의 비난을 자초

할지라도 반 보라도 전진하는 안이라면 마다하지 말아야 한다. 서로에 대한 무조건 반사적 비방이 아니라 미래를 제시하며, 희망을 무기로, 때로는 언쟁하고 때로는 타협하는 여야관계, 이것이 내가 기대하여 마지않는 그리고 반드시 성취하고자 하는 국회의 활로이다.

'일하는 국회'는 원칙에 따른 국회 운영이 만든다

21대 국회의원으로 당선된 직후인 2020년 5월 19일, 더불어민주당 주도의 '일하는 국회 어떻게 만들 것인가' 토론회에서 발제를 맡으며 가장 크게 외쳤던 구호가 "일하는 국회는 원칙에 따른 국회 운영이 만든다!"이다. '일 잘하는 국회'가 아닌, '일하는 국회'를 추진한다는 점에서 좀 어폐가 있긴 하지만, 재선 의원으로서 첫 활동은 21대 국회를 보다 생산성 높은 국회로 만들기 위한 일이었다.

나는 상원으로 군림하는 법사위 체계·자구 심사권 개선 방안을 비롯하여 심도 있고 효율적인 위원회 심사를 위한 다수결 원칙, 법안 심의의 선입선출, 회의 일자 명기 등을 주장하였다. 특히 국회 운영에 있어서 '국회법'은 온데간데없고, 국회법 곳곳에 숨어있는 '다만'이나 '~~에도 불구하고' 같은 단서 조항이 마치 원칙처럼 여겨지는, '꼬리가 몸통을 흔드는 상황'을 꼬집으며 단서조항이 아니라 '국회법 본문' 정신에 따를 것을 강조했다.

토론회 직후 민주당 내에 '일하는 국회 추진단'이 구성되었다. 총 7차례의 내부 회의를 통해 일하는 국회를 만들기 위한 구체적 방안에 대해 논의했다. 그 결과 추진단과 국회 입법조사처 주최로 2020년 6월 '일하는 국회를 위한 국회 개혁과제' 토론회를 열었다. 나는 또 한 번 발제를 맡아 그간의 논의 사항을 보고했다. 당시 발제의 주요 내용은 다음과 같다.

하나, 법사위 체계·자구 심사권은 폐지하며 국회의장 산하에 체계·자구 검토기구를 설치하여 각 상임위에서 체계·자구를 직접 심사

둘, 365일 일하는 상시 국회 실현 및 휴회 기간 명시(하계: 7월 15일 ~8월 15일 / 동계: 12월 11일~12월 31일)

셋, 본회의, 상임위, 소위 개회 일자 및 시간 명기

넷, 각 상임위마다 복수 법안소위를 설치하도록 하고 법안 선입선출, 다수결 원칙을 확립하여 효율성 및 심도 있는 법안 심사

다섯, 국정감사는 정기회(9월 1일) 이전에 종료하도록 하고, 정기회 기간에는 예산과 법안 심사에 집중

여섯, 윤리위원회는 법제사법위원회에서 분리한 사법위원회와 통합하여 상설화하고, 국회의장 산하에 '윤리조사위원회' 신설

일곱, 4개의 연관 부처별 예산소위를 구성하여 심의하고 이후 조정소위에서 최종 예산안을 조정하며 모든 심사 과정의 회의록 공개

대의민주주의하에서 입법부의 '공적 책임'은 어디보다 드높아야한다. 공적 책임은 도외시한 채 당리당략이나 사리사욕에만 매몰되는 행태는 이제는 끝내야 한다. '프로세스 혁신가'를 지향하는 사람으로서 국회법과 시스템에 의한 국회 운영이 될 수 있도록 최선을 다하겠다는 것이 21대 국회 임기 초의 결심이었다.

일하는 국회의 걸림돌, 법사위

20대 국회 임기 중 약 3년을 법사위 위원으로 활동했다. 법사위에 있는 기간 동안 입에 달고 살았던 말이 바로 "이러다 암 걸리겠다."라는 말이다.

현행 법사위의 가장 큰 문제는 국회법에 규정되어 있는 체계와 자구에 대한 심사를 넘어 타 상임위 소관 법안의 본질적인 내용까지 간섭하는 등 상원으로 군림하며 타 상임위 위원들의 입법권을 침해한다. 상임위를 통과한 법안이 본회의에 상정되기 위해서는 반드시 법사위의 심사를 거쳐야 하는데 '체계·자구 심사권'이라는 법사위의 권한 때문에 '게이트 키퍼(gate keeper)' 역할을 해야 할 법사위원장 자리가 '게이트 블로커(gate blocker, 법안의 무덤, 법안 통과의 걸림돌)'로 작용한 지 오래다.

법사위는 정책보다 정쟁이 난무하는 곳으로 상정 안건 협의부터가 난항이다. 오직 당리당략에 의해 법안을 발목 잡는 일이 부지기수이고, 체계·자구 심사를 명목으로 타 상임위 기관장을 불러놓고 일종의 '군기 잡기식'의 현안 질의를 하기도 한다. 다시 말해 국회의원들이 정당의 이해득실에만 매몰되어 가장 선봉에서 싸우는 곳이 법사위다. 나뿐 아니라 많은 의원이 자괴감을 느꼈을 것이다. 표창원, 이철희 전 의원이 21대 총선에서 불출마를 선언한 것도 같은 맥락일 것으로 생각한다.

법사위 회의를 지켜보면 정부 부처 장관들을 대상으로 현안 질의를 하는 대정부 질문이나 예산결산특별위원회 종합정책 질의가 시도 때도 없이 열리는 꼴이다. 1년 내내 회의를 진행해도 민생과 직결된 법안 처리는 오불관언이고 당리당략에 따라 현안 질의만 탐닉하다가 사소한 말싸움 끝에 정회를 거듭하기 일쑤이다. 혹 떼려다가 혹 붙이는 꼴이다. 17명의 법사위원이 1개 부처 장관을 상대로 현안 질의를 하면 각각 주 질의 7분으로 119분, 보충 질의 3분으로 51분, 이것만으로도 3시간이 그냥 지나간다.

사정이 이렇다 보니, 서로 법사위원장 자리를 차지하기 위한 다툼은 항상 원 구성 협상을 어렵게 만드는 걸림돌이 된다. 여당은 야당이 위원장을 맡을 경우 국정수행을 위해 필수적인 법안의 입법이 가로막히리라는 것이 이유고, 야당은 정부 여당의 독주를 견제하기 위해 자신들이 위원장을 맡아야 한다는 논리를 내세운다. 법사위의 체계·자구 심사 권한을 약화하면 해결될 일을 어느 당도 선뜻 나서지 않았다. 그저 위원장을 어느 당이 가져갈지를 두고 원 구성 때마다 치열한 싸움을 반복할 뿐이다.

법사위 문제를 방치하는 것은 정권을 빼앗겼을 때 상대 당을 견제하는 안전장치로서 법사위의 월권을 유지하려는 양당 모두의 속셈이 일치하기 때문이다. 결국 거대 양당의 공통된 이해관계가 일하는 국회의 걸림돌인 셈이다.

이재명 방탄의 오명을 쓴 '일하는 국회'

미국 의회는 1년을 회기로 하여 연중 개회하고, 특별한 시기에만 '지역구 활동 기간' 등을 정해서 휴회한다. 반면 우리 국회는 특별히 회기를 정해서 개회한다. 회기를 정하는 우리 국회의 문화는 사실 '국회가 일을 덜 하길 바라는' 권위주의 정권에서 비롯되었다. 전두환 정권 시절인 5공화국 헌법에서는 국회의 정기회는 90일, 임시회는 30일을 넘지 못하고, 연간 150일을 넘지 못하도록 규정했다. 1987년 개헌으로 150일 제한 규정이 사라지고 현재의 모습을 갖추게 되었다.

재선 당선 후 내가 처음 한 게 바로 '일하는 국회법' 성안을 주도한 것이었다. 민주당은 1호 당론 법안으로 국회법 개정안을 발의했다. 그 결과 국회법 개정으로 1월과 7월, 8월 초를 제외하고 일 년 내내 국회가 문을 열도록 바뀌었다.

행정부는 연중무휴인 만큼, 국회도 항상 '회기 중'이라는 게 너무 당연하다. 문제는 '문만 열고' 있는 국회가 곧 '상시국회'는 아니라는 것이다. 상시국회의 취지는 국회법에서 정해진 대로 상임위와 본회의를 수시로 열어야 한다는 것이다. 1년 내내 국회 회기가 계속되어도 본회의가 열리지 않는다면 '사실상' 국회 문은 닫힌 것과 진배없다.

2022년 정기국회 회기가 12월 9일 종료되었지만, 그 다음 날인 10일부터 국회는 임시회를 열었다. 2023년 상반기 내내 국회는 항시 '회기 중'이었지만 이 기간에 열린 본회의 일수는 26일에 불과했다. 이재명 대표의 사법 리스크 부각 후 의사일정도 합의되지 않은 채 하루도 빠짐없이 열린 임시회로 인해 '방탄' 논란에 빠졌던 것이 사실이다. '일하는 국회'라는 당초 내 의도와는 달리 방탄국회로 가는 고속도로를 만들어준 게 아닌가 반성할 수밖에 없는 대목이다.

아무리 사법 리스크를 회피하기 위한 임시회 소집이라고 하더라도 시급한 민생 입법을 처리하기 위해 상임위와 법안소위를 열어 여야가 머리를 맞대는 모습을 보였더라면 이렇게까지 국회가 불신을 받지는 않았을 것이다. 그러기 위해선 아쉬운 쪽이 먼저 손을 내밀고 상대가 받지 않을 수 없을 정도의 양보안을 제시하여 임시회가 가동될 수 있도록 움직였어야 했다. 매번 임시회만 소집하면 할 일 다 한 것처럼 반복하니 '방탄' 오명을 자처한 것이나 다름없다.

대통령실의
당권 개입

체리따봉

정당민주주의의 위기는 정권교체 후 여당인 국민의힘에서 시작되었다. 윤석열 대통령과 권성동 의원 간에 주고받은 텔레그램 메시지가 노출된 사건이 있었다. 이른바 '체리따봉!' 사건이다. 언론에 버젓이 노출된 메시지에 대해 권 의원은 "사적인 문자가 본의 아니게 유출됐기 때문에 그 내용과 관련한 질문에 대해선 제가 확인하지 않는 것이 원칙"이라며 "제 프라이버시도 보호받아야 한다."고 말했다.

공인의 사적영역은 권한의 크기에 반비례한다. 대통령과 여당 대표직무대행 간의 사적 대화라니! 대통령과 여당 대표직무대행, 의전서열 1위와 7위. 이런 이들에게 사적영역은 거의 없다 해도 과언이 아니다. 더구나 여당 내부문제에 대한 대화는 사적 대화가 아니다. 대통령과 여당 대표직무대행이 업무 시간에 '내부 총질' 등 경박한 표현을 써가며 '문자질'과 '뒷담화'를 한 자체로 국민에게 사과할 일인데, 오히려 유감이다? 이런 걸 '적반하장'이라 표현하고 싶다. 이 나라 최고 공인들이 공적영역에서 주고받은 경박한 문자질을 알고도 모른 척 지나가면 언론이 아니었다.

결국 권 대표직무대행이 머리 숙여 사과했다. 실수를 연발하는 권 대표직무대행의 리더십에 의문을 제기하는 목소리가 증폭됐다. 원내대표 취임 이후 벌써 세 번째 사과였다. 앞서 검수완박 중재안을 번복한 건과 대통령실 사적 채용 논란 해명 과정에서 '7급 9급 공무원 임금이 최저임금 수준'이라 운운하여 공분을 유발한 건에 대해 사과한 적이 있었다. 여기에 이준석 대표에 대한 윤리위 징계에 윤 대통령 의중이 영향을 미쳤다는 의혹까지 불러오면서 대통령과 당을 어려움에 빠뜨린 책임론이 제기됐다.

하지만 윤 대통령은 권 직무대행을 내치는 한이 있더라도 이준석 대표가 돌아오는 꼴은 못 보겠다는 태도로 일관했다. 당을 비상대책위원회 체제로 전환하기 위해 배현진, 조수진, 윤영석 최고위원들이 차례차례 사퇴하는 것을 보면서 '보이는 손'이 작동하는 걸 느꼈다. 체리따봉 텔레그램으로 노출된 윤 대통령의 본심은 여당 대표를 '내부총질'로 폄훼하는 협량함이었다.

윤석열 대통령은 급기야 이준석 전 대표로부터 게임의 룰을 어긴 영화 〈글레디에이터〉의 비열한 황제 '콤모두스'로 비유되기에 이르렀다. 이 전 대표는 이전에도 윤 대통령을 "이 ×× 저 ××"라고 막말하는 욕쟁이에 '수입산 쇠고기를 한우로 속여 파는'(양두구육의 현대판) 푸줏간 주인으로 비유했다. 대선 전에는 '정치 신인'이니 '자체 발광체 아닌 반사체'라고 하는 등 그래도 완곡한 표현을 했지만, 대통령이 된 이후에는 직격을 한 것이다.

결국 이준석 전 국민의힘 대표는 2022년 7월 '성접대 의혹 무마를 위한 증거인멸교사 의혹 및 품위 유지 위반'으로 당원권 정지 6개월의 징계를 받았다. 이 전 대표가 당 비대위의 효력정지 가처분을 인용해 달라며 8월 법원에 제출한 탄원서에는 윤석열 대통령을 '신군부', '절대자'로 칭했다. 윤 대통령이 당을 파멸로 몰아가는 위험한 존재임을 강조한 것으로 보인다. 대표직에서 물러나면 자신에 대한 당 윤리위 징계와 경찰 수사를 무마해 주겠다는 제안을 받았다는 폭로도 곁들였다. 결국 여당의 직전 대표와 현직 대통령의 갈등이 극에 다다랐던 것이다. 그렇게 그때 돌아올 수 없는 강을 건넌 것인지도 모른다.

이 전 대표의 독설은 윤 대통령만을 겨냥하는 게 아니었다. 자신의 비대위 효력정지 가처분 신청을 비판하는 세력들에 대해 "나쁜 사람들은 모두 때려잡아야 한다."라고 했고, 일부 윤리위원과 '윤핵관'을 향해서는 '대포차·대포폰 정치'라고 비난했다. 이에 윤리위를 비롯한 당 일각에선 이 전 대표에 대한 추가 징계로 대응할 태세였다. 바야흐로 양측이 전면전으로 치달아갔다.

따지고 보면, 여권에서 벌어지는 이 모든 상황은 한낱 내부 권력 쟁탈전일 뿐이며, 자기들끼리 지지든 볶든 상관할 바는 아니다. 문제는 그 피해가 고스란히 국민에게 돌아간다는 것이다. 이는 곧 국정을 성실하게 수행할 것이라는 믿음으로 자신들에게 행정부의 권력을 위임한 국민에 대한 배신 행위와도 다르지 않았다.

정치적 수사를 징계하다

결국 이준석 전 대표는 9월에 '양구두육', '신군부'라는 발언으로 당을 비난하고, 1차 징계처분에 반발해 법원에 가처분을 신청하며 당론에 불복했다는 이유로 1년의 추가 징계를 받았다. 추가 징계는 국민의힘 의원들의 의원총회 요구가 반영된 모양새였다. 정진석 비대위마저 가처분결정에 속수무책일 수 있으니, 아예 이 대표를 제명하여 가처분의 소익(訴益)을 없애려 하는 게 아닌가 할 정도였다.

이양희 국민의힘 윤리위원장은 "윤리위 규정 20조 1호와 3호, 윤리 규칙 제4조 1항, 2항에 근거했다."라고 밝혔다. 20조 1호는 '당에 극히 유해한 행위를 하였을 때'로, 사실상 이 전 대표를 제명하겠다는 의지를 우회적으로 밝힌 것 아니냐는 해석이 나왔다.

이준석 대표도 SNS에 올린 글에서 '양두구육', '신군부' 등 표현을 징계사유로 삼은 데 대해 "UN에서 인권 관련 활동을 평생 해오신 위원장에게 UN 인권 규범 제19조를 바친다."라고 반발했다. 유엔 인권 규범 제19조는 "모든 사람은 의견과 표현의 자유를 가질 권리가 있다."이다.

이 대표는 징계처분 후 비대위 출범 전까지는 지방을 순회하다가, 당이 주호영 비대위를 출범시켜 대표직에서 축출하려 하는 구체적 행동에 돌입하자 이에 반발하여 신군부 등의 발언을 한 것이었다. 이 대표는 당에서 쫓겨날 상황에 처했을지라도 아무 반발도 하지 말고 그냥 수용했어야 했을까? 최소한의 자위적 수단인 레토릭의 영역까지 시비를 걸어 징계한다면 과연 살아남을 정치인이 있을까? 설마설마하였지만 국민의힘은 과단성 있게 정당민주주의에 또 다른 의미의 한 획을 긋는 결단을 밀어붙였다. 앞으로 국민의힘 내부 징계양정은 고차방정식을 푸는 것보다 더 어려운 판례를 머리에 이게 되었다.

2023년 2월 국민의힘 당 대표 선거

이준석 대표의 입을 막은 후 치러진 국민의힘 전당대회는 용산의 당권 장악 시나리오대로 흘러갔다. 유승민, 나경원, 안철수 순으로 전교 1, 2, 3등 하던 유력 후보들이 퇴학이나 전학 당하는 식으로 차례로 밀려났다.

각종 여론조사 결과에서 유 전 의원이 차기 당 대표 지지도 1위로 나오고, 유 전 의원의 발언 강도와 횟수가 점점 증가하고 있었다. 하지만 유승민 대표는 절대 안 된다는 게 용산이나 핵관들의 뜻으로 보였다. 유승민 전 의원을 '늙은 이준석', '배신자'로 규정하고 국민 3:

당원 7의 당헌을 1:9나 당원 100%로 개정할 태세였다. 정상적으로 잘 굴러가고 있는 당을 마음대로 비상 상황으로 단정하고, 또 당헌까지 개정하여 하루아침에 멀쩡한 대표를 몰아낸 당 아니었던가?

그래도 만약 유승민이 대표가 되면 개정된 당헌에 따라 '선출직 최고위원과 청년 최고위원 중 4인 이상이 사퇴'하여 인위적으로 지도부 궐위를 만들고 비상 상황이라는 이유로 유 전 의원을 다시 대표에서 몰아낼 태세였다. 유 전 의원은 결국 못 버티고 불출마를 선언했다. 민주당도 그렇지만 국민의힘은 더욱더 원심력이 약하다. 더구나 정권 초에 분당이나 신당 창당은 무모하다 못해 상상조차 불가능하다. 함께할 세력도 마땅치 않았다. 어쩔 수 없는 선택이 전당대회 보이콧 선언이었을 테다.

이 상황에서 대통령이 저출산고령사회위원회 부위원장으로 임명한 나경원 전 의원이 부상했다. 저출산고령사회위원회는 당연직 위원들이 장관급이라 부위원장은 통상 부총리급으로 예우한다. 유 전 의원이 치고 올라오는 상황에서 친윤 후보를 띄워 1:1 상황을 만들고 싶은 게 용산의 뜻처럼 보였다. 그런데 나 전 의원은 기회가 있을 때마다 저출산고령사회위원회 부위원장은 비상근직이라고 강조하여 당 대표 출마를 암시하는 발언을 거듭하다가 결국 대통령실과 정면충돌했다.

나 전 의원이 장관급 이상 자리인 저출산고령사회위원회 부위원장과 기후환경대사 등 두 개의 감투를 받았는데 여당 대표 출마를 위해 3개월 만에 그만둔다면 대통령 인사권을 희화화한다고 생각했을 것이다. 또한 지금 대통령이 원하는 여당 대표는 총선 공천에서 대통령의 뜻을 쉽게 관철할 수 있어야 하는데, 나경원 전 의원으로는 안심하지 못하는 것 같았다.

아무리 친윤이 아니라 해도 대통령실은 나 부위원장이 제안한 저출산 대책을 '새빨간 거짓말'이라고 몰아붙였다. 당황한 나 부위원장이 사표를 제출하였음에도 의원면직 대신 해임 처분을 하기까지 했다. 거기에 대해 김대기 비서실장이 "나경원 해임, 대통령의 정확한 진상 파악에 따른 결정"이라며 "그간 처신 대통령이 어찌 생각할지 나경원 본인이 알 것"이라고 한 것은 매우 이례적이고 폭력적이다. '당 대표 출마를 강행하면 그간 당신이 어찌했는지 다 까발릴 수도 있다.'라는 일종의 협박으로 비칠 수도 있었다.

아니나 다를까 여당 의원들도 용산을 거들고 나섰다. SNS에 나경원 전 의원에 대한 공개 비판 성명을 낸 의원들 명단 외에 참여하지 않은 의원들 명단이 따로 돌고 있었다. 소위 '공개적 좌표 찍기'가 국민의힘에서도 일상화되는 것 같았는데, 민주당의 전국단위 선거 패배에 앞서 보였던 여러 악성 징후 중 하나도 '좌표 찍기'였다.

대통령은 당무에 관여하지 않는다는데 여당 전당대회에 대통령실이 이렇게 나서도 되는 것일까? 나경원 전 의원은 마음이 복잡했을 것이다. 집권 초기의 대통령과 맞서 싸울 결기가 있을지 없을지는 모르겠지만, 그렇다고 그대로 물러나면 정치생명이 끝날지도 모르는

데 당무에 관여 안 한다는 대통령은 벼랑 끝까지 모질게 밀어붙였던 것이었다. 나 전 의원은 마지못해 윤심을 앞세운 김기현 대표의 뒤로 자취를 감추고 말았다.

1:1 상황에 선 친윤 후보

결국 국민의힘 당 대표 선거는 김기현, 안철수, 천하람 후보의 대결로 치러졌다.

자칭 타칭 유일한 친윤 후보인 김기현 후보의 메시지는 이랬다.

"현재 권력과 미래 권력이 부딪치면 차마 입에 올리기도 싫은 탄핵이 우려된다."

"거대 야당이 폭주하면서 이상민 행안부 장관의 탄핵소추안을 가결시켰는데 결국 윤석열 대통령을 겨눈 예행 연습이란 것을 잘 알고 있다."

"거대 야당이 독주하는 의회 환경에서 여당 대표까지 자기 정치를 위해 부화뇌동한다면 어렵게 세운 윤 정부가 위기에 처할 수 있다."

김기현 후보가 하고 싶은 말은 결국 안철수 후보는 4년 후 대선 출마를 염두에 둔 '미래권력'이므로 여당 대표로서 윤 정부의 성공보다는 자기 정치에 몰두하고 야당과 부화뇌동할 것이니 윤 대통령을 탄핵하지 말란 법이 없지 않으냐는 것이었다. 취임 1년밖에 되지 않은 윤 대통령을 지키려면 김기현을 찍어달라는 주장을 하기 위해 국민의힘의 트라우마인 탄핵까지 거침없이 언급하며 안철수 불가론을 설파했다.

전당대회 기간 중 용산은 '팥쥐 엄마'였다. 팥쥐와 콩쥐를 대하는 태도가 너무 달랐다. 윤 대통령이 직접 나서서 안철수 후보의 '윤안연대' 발언 등을 문제 삼았다. 당 대표 경선에서 대통령을 언급해도 되는 면허는 김기현 후보만 가진 것 같았다. '아무 말 하지 않으면 아무 일도 생기지 않는다.' 아무 말 하지 않고 선거운동을 어떻게 하란 말인가? 계모가 팥쥐만 잔치에 데려가면서 콩쥐에겐 밑 빠진 독에 물을 길어와 채우고, 곡식도 찧고 베도 짜놓으라고 시키는 것과 같아 보였다. 대선 후보 단일화의 당사자였고, 대통령직 인수위원장까지 맡았던 안철수 후보는 콩쥐에 불과했던 셈이다.

태극기 부대의 그림자

김기현 대표와 함께 당선된 태영호, 김재원 두 명의 최고위원이 부적절한 언행으로 한꺼번에 윤리위에 불려가는 초유의 사태가 벌어졌다. 최고위원에 대해 당원권을 정지하겠다는 볼썽사나운 모습이 연출됐다. 결국 추가 소명 필요를 이유로 시간을 주고 자진사퇴 등 정치적 해법을 유도했다.

설마했지만, 국민의힘 윤리위는 크게 기대할 게 없다는 이준석 대표의 말이 사실이었다. 징계 양정 기준이 비위행위의 정도가 아니라 공천과 당 운영을 염두에 둔 용산의 결심에 있다는 점이 드러난 것이다. 이번 사태를 통해 '대통령실 공천 개입'의 꼬리가 살짝 드러났고, 징계 과정을 통해 당무 개입의 그림자도 스쳐 지나가듯 보였다.

그다음 순서는 5선 국회의원, 당 대표를 두 번 역임한 홍준표 대구시장이었다. 홍 시장은 이준석 대표 파동 끝에 출범한 정진석 비대위 체제의 조속한 안정화를 위해 상임고문직을 수락한 상태였다. 그는 전광훈 목사를 국민의힘에서 축출하고 김재원 최고위원은 징계를 내려야 한다고 했다. 만약 김 최고위원에 대한 징계를 하지 않는다면 다음 총선은 힘들어질 것이라고 하면서 김기현 지도부를 비판하는 등 주요 현안에 대해 활발하게 의견을 개진하다가 미운털이 박혔다.

국민의힘 당규에 따르면 당 대표가 당 원로, 사회지도급 인사 중에서 최고위 협의를 거쳐 위촉하는 상임고문은 '당무에 관한 당 대표에 대한 자문뿐 아니라 주요 현안에 관한 여론 전달 및 의견 개진 역할'을 담당한다. 국민의힘은 당규에 따라 주요 현안에 대해 활발하게 의견을 개진한 홍 시장을 상임고문에서 해촉했다.

당심 100% 전대 룰로 탄생한 김기현 지도부의 한계를 보여주는 필연적 결과였고, 김종인 비대위원장과 이준석 대표가 겨우 눌러놓은 태극기 부대의 화려한 부활을 웅변적으로 보여주는 것이었다. 반사체 김기현 체제의 앞날은 처음부터 불투명했고, 자체 동력이 없음을 확인시켜줬다. 정당민주주의야 어찌 되든 말든 윤심을 받든 당심 100%로 선출된 친윤 단일체제 지도부의 한계다.

야당을 피하는
대통령

────────────

　　윤석열 대통령의 야당 기피증은 대통령직 인수위원회 시절부터 시작됐다. 대선에서 불과 0.73% 차이 신승. 172석의 거대 야당이 버티고 있는 국회. 애초부터 대화와 협치 없이 원만한 국정운영은 불가능한 환경이었다. 그러나 인수위 1개월간 보여준 윤석열 당선인의 모습은 통합과 협치와는 거리가 멀었다.

　　윤핵관이나 윤 당선인과 이런저런 인연이 있는 사람들만 발탁하기 시작했다. 대선 직후 치러진 지방선거에는 여당의 유력한 경기도지사 후보로 거론되던 유승민 후보를 저격하러 대통령직 인수위 김은혜 대변인이 사직하고 입후보하기도 했다. 당선인의 의중이 실렸거나 최소한 양해 없이는 불가능한 일이었다. 인수위의 정책 메시지에도 '통합'은 빠져 있었다. 부동산·탈원전·소득주도성장·여가부 폐지 등 문재인 정부 정책의 '뒤집기'만 강조했다. 결과적으로 인수위 기간 역대 최저의 지지율을 기록했다.

이런 와중에 우리 민주당은 검수완박 시즌 2에 몰두했다. 처절한 반성과 쇄신 그리고 민생에 전념하면 지방선거에서 의외의 승리가 가능했음에도 '새 정부가 들어서면 거부권을 행사할 것이 분명하니 문재인 정부 임기 중 모든 절차를 완료해야 한다.'는 강경파의 주장에 맥없이 끌려다니는 모습이 답답하기 짝이 없었다.

소통을 약속했지만

윤석열 대통령에게 바라는 소통은 국가적 현안, 국민적 관심사를 자주, 솔직하게 알려달라는 것이었다. 예능적 재능을 보여달라는 게 아닌데 임기 초 보여준 소통은 대통령 부부의 인간적인, 소탈한 이미지를 만들어내는 PI(President Identity, 대통령 이미지) 소통, 일방적 소통이었다. 이런 방식은 반짝 지지율 상승에 도움이 될지는 몰라도 지속적이진 않다. 그리고 오늘날까지의 결과가 그걸 증명하고 있다.

대선 승리가 확정된 날, 당선 인사 기자회견에서 윤 당선자는 "국민을 위한 정치, 민생을 살리고, 국익을 우선하는 정치는 대통령과 여당의 노력만으로는 불가능합니다. 의회와 소통하고 야당과 협치하겠습니다. 국정 현안을 놓고 국민들과 진솔하게 소통하겠습니다."라고 말씀하셨다. 취임 직후 임시국회 추경예산 시정연설에서는 "대한민국에서는 각자 지향하는 정치적 가치는 다르지만 공동의 위기를 극복하기 위해 기꺼이 손을 잡았던 처칠과 애틀리의 파트너십이 그 어느 때보다 필요합니다."라고 강조했고, 나를 비롯한 많은 의원들은 조금이나마 기대를 했다.

하지만 용산은 다자회담이라도 이재명 대표를 만나려고 하지 않았다. 국정의 최종 책임을 지는 정부 여당이 언제까지나 절대다수 야당과의 대화를 회피할 수 있을 것인가? 또 그렇게 해서 국정을 제대로 이끌어갈 수 있기는 한 것인가? 후보 시절과 당선 직후 야당과 협치하겠다는 말씀은 구두선이었단 말인가? 왜 야당 대표를 한 번도 만나지 않나? 중범죄인이기 때문에 만나지 못하겠다는 건가? 그러면 국가보안법상 반국가단체 수괴인 김정은은 앞으로 영원히 만날 수 없다는 말씀인가? 정치를 하는 게 아니라 수사를 하는 검사로 남고 싶은가? 취임 후 1년 반이 지나도 변함이 없으니 답답한 질문들이 한가득이다.

영수간 만남이 힘들다면 정부 여당의 고위당정을 확대하는 형태로 낮은 단위의 여야상설협의체라도 구성하여 민생 현안에 함께 대응하려고 해야 한다. 사안별로 정부에선 총리실과 관계 장관, 여의도에서는 원내대표와 정책위 의장 정도가 참석하는 실무상설협의체라도 만들어서 우선 소통과 협치를 시도해야 하지 않겠는가? 너무 늦으면 국민들의 원성만 높아갈 것이다.

대통령의 두 가지 지위

110여 석을 가진 소수 여당으로 국정운영이 제대로 될 수는 없다. 절대다수 야당과 좋은 관계를 유지하며 협조를 요청하는 게 윤 대통령의 급선무가 아닌가 싶은데 대통령은 여전히 검찰총장의 태도에서 벗어나지 못하고 있다. 세상을 피아와 선악으로 구분하여 우리 편, 착한 편이라 여기는 그룹하고만 어울리는 것 아닌가?

대통령은 '행정부의 수반'과 '국가원수'라는 두 가지 지위를 동시에 지니고 있다. 왜 대통령께 존칭을 사용하고 깍듯이 예의를 차리겠나? 국가원수라서 그런 것 아닌가. 행정부 수반으로서는 여당 당파성을 보일 수 있다. 하지만 국가원수로서는 특정 정파를 떠나 국민을 통합할 책무를 가진다. 협치와 통합을 외면하는 대통령은 행정부 수반 역할에만 몰두하고 정작 국가원수의 역할은 포기한 것이다.

문자행동?
문자폭탄!

───────────

2021년 4월 노컷뉴스는 "문파보고서"라는 제목의 기획기사를 보도했다. 그중에는 문파(강성 열혈지지층) 6인과 심층 인터뷰를 정리한 기사도 있었다.

"저희는 노무현 대통령님 같은 비극이 발생하지 않도록 수단과 방법을 가리지 않고 도울 뿐입니다."

"문자행동(문자폭탄) 말고는 저희가 도울 방법이 별로 없다."

"문프(문 대통령)를 지키려면 민주당 정권이 연장돼야 어느 정도 가능하다."

민주당 정권이 연장되려면 당연히 대통령선거에서 민주당 후보가 승리해야 한다. 대선에서 승리하려면 우리 후보가 상대 후보보다 더 많은 표를 얻어야만 한다. 다른 방법은? 없다!

문파가 전 국민의 반수 이상이라면 문파의 뜻을 따르는 것이 제대로 된 국정운영이고 바람직한 선거전략이라 할 수 있다. 그렇지 않다면 다수 국민의 뜻을 살피는 것이 국정수행에 대한 국민의 지지를 담보하고 선거에서도 이기는 방법이다.

2021년 5월, 당시 민주당은 전당대회를 앞두고 있었다. 전당대회 직전 치러진 서울·부산시장 재보궐선거에서 대패했음에도 불구하고, 전당대회에 나선 후보들은 과도하게 문파들만 신경을 쓰고 있었다. 문파들 눈 밖에 나면 당선권에서 멀어지기 때문에 우선 당선되고 봐야 할 것 아니냐는 이야기도 들렸다. 나는 SNS를 통해 문파에게 "여러분들이 문자행동을 하면 할수록, 그리고 여러분들의 강력한 힘에 위축되는 의원들이 많으면 많을수록 재집권의 꿈은 점점 멀어져 갈 것"이라고 호소했다.

그러나 검찰개혁을 기치로 내걸고 강성 문파의 전폭적 지지를 등에 업은 김용민 후보가 최다득표로 최고위원에 당선되었다. 정말 아이러니하게도 문파 중 일부는 '뮴파'로 변신해 2022년 대선에서 윤석열 후보의 지지를 선언했다. 문자폭탄이 어디로 튈지는 아무도 장담 못 한다.

친문은, 민주당은 원팀이다

민주당이 여당이었던 시기 "당신은 친문이냐?"는 질문을 종종 받았다. 난 민주당 의원이라면 문재인 대통령이 성공한 대통령으로 역사에 남기를 원하고, 우리 정부가 성공한 정부가 되기를 원하는 바람은 모두 똑같으므로 '다 같은 친문이 아니냐?'고 반문하곤 했다.

다만 '어떻게 성공할 것이냐?' 하는 그 방법론에 있어서는 차이가 분명히 있었다. 강성 지지층들은 그 차이의 존재 자체를 인정하고 싶지 않았던 것 같다. 차이를 인정하지 않다 보니 조금 다른 방법을 얘기한다 싶으면 문자폭탄이 날아왔다.

얼마 지나지 않아 맷집이 약한 의원들은 위축되고 목소리가 줄어들었다. 당내 다양성은 사라졌다. 그리고 당 지도부나 많은 의원들은 문파들의 과다한 정치 관여를 자신들의 정치적 자양분으로 삼고 오히려 문자폭탄을 옹호했다. 사실 욕먹기 좋아하는 사람은 아무도 없다.

어느 당을 막론하고 현역 의원이면 대부분 다음 총선을 생각하지 않을 수 없는 것이 솔직한 현실이다. 대개 경선에 들어간다고 가정을 했을 때 경선은 권리당원 50%, 또 안심번호 국민여론조사 50%로 한다. 국민여론조사 또한 대개 민주당 지지 성향의 정치 고관여층들이 응한다고 봤을 때는 대개 당심이 거의 여론조사까지 반영이 된다.

2021년 말 기준으로 볼 때 민주당 당원은 한 400만 명 되고 권리당원이 한 70만 명 정도였다. 민주당 지지층의 여론은 대체로 권리

당원 중심으로 당심이 만들어지고, 이게 우리 당론 결정에 관여하는 구조다. 하지만 현실은 한 2,000~3,000명 되는 강성 지지층들이 너무나 적극적으로 관여해서 70만 명의 목소리가 여기에 다 묻혀 버렸다.

김용민 의원은 김대중 전 대통령께서 "담벼락에 대고 욕이라도 해라."라고 하신 말씀을 근거로 문자행동을 옹호했다. 김대중 전 대통령께서 2009년도 돌아가시기 직전 6.15 선언 9주년 행사에서 그 말씀을 하신 것은 사실이다. 당시 노무현 대통령께서 돌아가신 직후에 "이명박 정부가 독재를 하고 있다."고 하시면서 "독재를 하고 있는 정부에 대해서 항거를 해야 된다. 이 정부에 대해서 공개적으로 옳은 소리로 비판을 해야 되고, 그렇게 못한 사람은 투표를 해서, 또 집회에 나가고, 작게는 인터넷에 글을 올리고, 하다못해 담벼락을 쳐다보고 욕을 할 수도 있다."라고 말씀하셨다. 잘못된 길로 가고 있는 정부에 대해서 어떤 식으로든 비판하고 목소리를 내라는 뜻이지, 자기 당 소속 의원들한테 문자폭탄을 보내고 위축시키라는 뜻은 아니었다.

문자의 내용도 문제다. 적극적 의사 표현이라고 말하기에는 그 내용이 수위를 넘어도 한참 넘은 것들이 많다. 인신공격이나 욕설, 가족에 대한 비난, 심지어는 협박까지 포함된다. 처음 겪는 의원들은 머뭇머뭇하는 정도가 아니라 공포를 느낄 정도이다. 이러면 수시로 자신도 모르게 자기검열 하게 되고, 결국 말과 글을 줄이게 된다.

나는 이제껏 수많은 문자폭탄을 받으면서도 그 상황을 악용하는 정치인들을 비판한 적은 있지만, 문자폭탄을 보내는 당원들이나 지지자들을 비판하거나 비난한 적은 없다. 적극적 의사 표현은 표현의 자유 영역에 해당한다고 생각하기 때문이다.

하지만 타인의 자유를 통제하거나 강제하는 정도에까지 이른다면 더 이상 표현의 자유라고 할 수 없다는 게 내 생각이다. 게다가 팬덤이 당의 주류와 결합하고, 주류세력 또한 팬덤의 폭력적 행동을 정치적 목적으로 이용하려 든다면 이는 또 하나의 파시즘을 용인하는 것이고, 필연적으로 당내 민주주의에 타격을 입힌다는 점에서 결코 가벼이 볼 수 없는 문제이다.

문자폭탄과 싸우다

국회의원 임기 내내 당원 혹은 지지자들로부터 "탈당하라."는 문자를 꽤 많이 받았다. 나도 사람인지라 아직도 욕설이나 육두문자가 섞인 메시지를 보면 순간적으로 '이건 또 뭐지?'라는 정도의 생각이 들긴 한다. 하지만 워낙 오랫동안 많은 메시지를 받으며 굳은살이 박일 정도로 단련되어 있어서 그런지 이젠 '그런가 보다.' 하고 다음 메시지로 넘어가곤 한다. 문자폭탄에 퍽 민감하거나 일상생활에 지장을 받는 등의 불만이 있어서 문제를 제기하는 건 아니라는 뜻이다.

2021년 4월 7일에 실시된 재보궐선거에서 우리 당 박영선 후보는 서울에서 190만여 표를 얻었다. 불과 그 1년 전인 4.15 총선에서 민주당 후보들이 서울에서 얻은 표들을 합산한 305만 표에서 무려 115만표가 줄었다. 박영선 후보의 득표율 39.1%는 21대 총선 서울지역 더불어시민당과 열린민주당의 정당 득표율의 합산인 39.08%와 거의 일치한다. 즉 고정 지지층만 박영선 후보를 찍었다는 이야기다.

당 안팎의 누구도 선거 결과를 박영선 후보의 책임으로 돌리지 못했다. 1년 사이 엄청난 민심이반이 있었음을 눈으로 확인했기 때문이다. 문자폭탄에 대해서 문제를 제기해야겠다고 생각한 결정적인 계기였다. 이대로 가다가는 2022년 대선에서 결코 승리를 장담할 수 없다는 절박감이 그때부터 들었다.

민심이 돌아선 이유

불과 1년 사이에 우리 당에서 민심이 떠난 이유는 무엇일까? 바로 '무능과 위선' 때문이다. 국민들은 언제부턴가 우리가 크게 유능하지 않고, 또한 도덕적인 양하지만 위선이라는 걸 알아차리신 것 같았다. 그러나 전국적 선거 국면과 맞물린 국가적 중대사나 위기 상황에서 발휘된 효능감 때문에 잠시 위선에 대해 눈감아주신 것에 불과했다.

코로나19 위기 상황에서 치러진 총선이 그 경우이다. 국민들은 항상 비정상적이던 남북관계가 정상화되면 좋겠다는 희망과 전대미문의 팬데믹 초기 상황에서 선진국 대비 K-방역의 성취를 높이 평가하면서 우리에게 잠시 시간을 주셨다.

무능이야 해결할 수 있다 쳐도 문제는 위선이었다. 남들이 우리를 향해 귀에 못이 박이게 말하던 그 '내로남불' 말이다. 스스로 공정한 척하면서 우리 안의 불공정에 대하여 솔직하게 드러내놓고 반성하지 못했다. 내 눈의 대들보는 두고 남의 눈에 있는 티끌만 탓했던 것이다.

강성 지지자들의 문자행동은 우리 진영의 불공정을 드러내놓고 반성하는 것을 터부시하고 눈치 보게 만들었다. 혹시 그럴 기미가 보이면 좌표를 찍고 문자폭탄을 날려 기어이 입을 다물게 했다. 당의 지도부는 한술 더 떠서 미사여구로 우리의 불공정을 감추려 하고 문자폭탄을 두둔했다. 그렇게 당은 원팀, 원보이스가 되어갔다. 그 결과가 '민심과 당심의 괴리'이고 '민심의 이반'이었다.

문자폭탄 논쟁 과정에서도 내로남불과 이중 잣대는 있었다. "긁어 부스럼 만들지 말라." 정도는 양반이다. "뭐가 문제냐?"를 넘어 아예 문자폭탄이 "좋은 일이다!"라고, 옹호했다. 문자폭탄을 "표현의 자유"라거나 "감내하는 것은 선출직의 책임"이라고 두둔하는 분 중에는 자신에 대한 비판적 칼럼에 대해서 소송으로 대응한 사람도 있었다. 역시 '내가 하면 로맨스이고 남이 하면 불륜'인 모양이다.

초선 5적과 정당민주주의

2021년 4.7 재보궐선거 패배 후 당내 초선 의원 5명(오영환·이소영·전용기·장경태·장철민)이 조국 사태를 거론하자 강성 지지자들이 이들을 을사오적에 빗대어 '초선 5적'이라고 부르며 문자폭탄을 보냈다. 여기에 대해 일부 중진 의원들을 제외하고 지도부나 당시 전당대회 출마자들은 모른 척했다.

정치에 관심이 있는 사람들이 정당을 결성하거나 입당을 하고, 당원이 된 그들이 민주적으로 그 정당의 의사결정에 참여하여 이념과 정책을 수립하는 것이 정당민주주의다. 그리고 당원들이 그 이념과 정책을 적극적으로 대중에게 설득하고 지도부와 정치 엘리트를 선출하며, 선출된 이들은 당의 이념과 정책에 부합하는 정치 활동을 하여 선거를 통해 그에 따른 정치적 책임을 지는 것이 이상적인 작동원리다. 이렇듯 당원의 뜻에 따라 정당이 움직이는 것은 민주주의의 기본이고 핵심이며 우리의 민주주의가 궁극적으로 나아갈 방향이다.

하지만 정당민주주의가 제대로 작동하기 위해서는 정치가 '극소수의 사람'이 아니라 '시스템, 즉 다수의 당원에 의해 합의된 이념'에 의하여 움직여야 한다. 그런데 민주주의 역사가 짧고 압축성장한 우리나라의 거대 양당은 시스템보다는 지도자에 초점이 맞춰져 있는 것이 현실이다. 그 결과 여당은 대통령의 의중에 따라 법을 만들고 움직이는 집단, 야당은 기를 쓰고 이를 막는 집단으로 치부될 때가 많다.

시스템에 의해 움직이지 않는 정당에서 정당민주주의는 제대로 작동할 리 만무하다. 내 기억으로는 민주당은 국민들께서 내로남불이라고 지적하는 지점들, 예를 들면 조국 전 장관이나 윤미향 의원에 대하여 당원들의 뜻을 폭넓게 물어 본 적이 없다. 하물며 의총이라도 열어서 의원들의 뜻을 물어 본 기억도 자신할 수 없다. 그저 이미 결정되어진 뜻이 있었을 뿐이다. 그리고 그 뜻에 따라 관성처럼 따라갈 뿐이었다. 그 뜻에 부합되지 않는 것으로 추측되는 언행은 문자폭탄으로 조기에 진압되어 묻혀 버렸다.

결국 누군가의 말처럼 무지개 색깔처럼 다양한 70만 권리당원의 성향과 의사는 제대로 한번 수렴되지도 못한 채 2,000~3,000명의 강성 권리당원의 열정과 목소리에 묻혀 원보이스로 변형되고 말았다.

문자폭탄 속에서 정당민주주의는 고장 났다. 정당민주주의가 제대로 작동하지 않는 정당에서 열혈 당원들의 적극적 문자행동은 당심 형성 과정에서 과잉대표될 가능성이 매우 높다. 그러면 효능감을 상실한 다수는 점차 침묵하게 된다. 결국 당심이 왜곡되고 마침내 민심과 괴리되기에 이른다. 여기까지가 민주당이 지나온 길이다.

개딸,
강성 지지층의 새로운 이름

대선 패배 후 이재명 대표를 지지하는 강성 지지층이 새로운 이름을 얻었다. 대선 막바지 국민의힘의 여성비하 발언 등에 대한 반작용으로 여초 사이트 등에서 여성 강성 지지층이 생겨나며 스스로 '개혁의 딸', 일명 '개딸'이라 부른 것이 확장되었다.

개딸의 문자폭탄 십자포화는 전재수 의원과 신현영 의원도 예외는 아니었다. 대선 직후 이재명 대표가 방산 주식을 보유한 것에 대해 전재수 의원은 "(대선 패배 이후) 이 대표를 지지했던 많은 사람들이 뉴스도 못 보고 있는데 혼자 주식을 거래한 점은 분명히 실망스러운 측면이 있다."라고 발언했고, 신현영 의원도 "오해를 할 만한 주식을 소유하고 있었다는 것에 대해서는 부적절했다라고 생각한다."고 발언했다. '재명이네 마을' 등 이 대표 지지 온라인 커뮤니티에서 전

의원의 휴대전화 번호를 공유하며 문자행동에 나섰다. 이들은 커뮤니티에 전 의원에게 보낸 문자 메시지 내용을 공유하며, "이름값처럼 재수 없는 짓만 골라서 한다." "웬 반역행위냐."는 비판을 쏟아냈다. 신 의원에 대해서도 "여자 전재수"라며 "철 지난 여름 수박들이 설쳐 댄다."라고 비판했다. 여기서 '수박'은 겉은 파랗고 속은 빨간, 즉 겉으로는 민주당인 척하지만 실제로는 국민의힘과 같은 편이라는 의미로, 강성 지지층에서 비명계 인사들에게 주로 쓴 혐오 표현이다.

내가 보기엔 이재명 대표 지지자들로서는 평소 전재수, 신현영 의원에 대해 '수박' 같은 발언을 하지 않으리라는 신뢰가 있었기 때문에 방산 주식에 대한 발언으로 인한 상실감도 그만큼 컸었던 것 같다. 하지만 민주정당에 절대 비판하면 안 되는 성역이 존재한다는 말인가? 민주정당 내에 다양한 의견이 존재하는 것이 자연스러운 것 아닌가? 지난 대선과 지선 패배 원인 중 하나가 일사불란함, 원팀, 원보이스라고 생각한다. 문파에 이은 개딸. 한 번은 실수라고 할 수 있으나, 두 번째부터는 고의라고 할 수밖에 없다.

당내 민주주의에서 강성 지지층의 문제점을 제기하고, 이재명 대표에게 개딸들과의 결별을 요구하는 목소리에 대해 김남국 의원은 "'개딸'은 여당에서 만든 프레임… 의원들보다 더 당에 헌신한 분들"이라며 옹호하였다. 민주정당의 생명은 다양성이고, 언론·표현의 자유를 침해해서는 안 된다. 자기검열이나 상호불신도 용납할 수 없다. 그래서 더 큰 문제는 강성 지지층보다 여기에 영합하여 정치적 이익

무엇과 싸울 것인가

을 도모하려는 정치인들이다.

과거 자유한국당은 태극기 부대에 열광하다 모든 선거에서 판판이 패배했다. 징계나 출당으로는 부족했다. 판세를 뒤집기 위해 김종인 비대위원장과 이준석 대표는 태극기 부대를 무시하고 투명인간 취급했다. 광주 묘역에 가서 무릎 사죄를 하고, 박근혜 대통령 탄핵을 인정했다. 여기에 더해 자당 정치인들의 강경 우파 유튜버 방송 출연을 금지시켰다. 그리고 나서야 대선과 지선에서 승기를 잡을 수 있었다는 점을 잊지 말아야 한다.

전당원투표제와 당원중심주의

2022년 8월 전당대회를 통해 이재명 지도부가 구성됐다. 전당대회 과정에서 당헌 80조 논쟁이 시작되더니 갑자기 전당원투표제 문제가 불거졌다. 당이 강성 당원의 과잉대표화로 인해 당 대표, 최고위원까지 비슷한 사람들로만 선출되는 구조가 고착되고, 결국 당 내에는 단일한 목소리만 울려퍼져 당 전체가 경직화, 강성화되는 게 아니냐, 당심과 민심이 더욱 괴리되는 것 아닌가 하는 우려가 높아지는 상황이었다.

당의 최고의사결정기구를 전당대회에서 전당원투표제로 변경하는 것을 공론화 과정 전혀 없이 당무위를 거친 후 중앙위원회 직전에 언론보도를 통해 접하게 됐다. "권리당원 전원투표는 전국대의원대회 의결보다 우선하는 당의 최고 의사결정 방법이다. 120만 권리당원 중 1%가 청구해 적격심사를 거친 뒤, 다시 권리당원 10%가 발의해 실시하는데 중앙위원회나 대의원회의를 거칠 필요 없이 전당원투표로 당헌, 당규를 개정하고, 당의 주요 정책을 결정할 수 있다."라는 내용이었다.

결국 지도부와 강성 당원이 서로 교감하며 얼마든지 당을 좌지우지할 수 있게 되었다. 마치 대한민국에 대통령과 행정부만 있으면 되고 국회는 필요 없다는 식이다. 국회의 역할은 수시로 국민투표를 실시해 대신하면 된다는 것이다. 결국 민심과 점점 멀어지는 '갈라파고스 민주당'을 만들겠다는 것이다.

이런 밀실 결정은 인정하기 어려웠다. 그래서 중앙위 인준을 연기해서라도 공론화 과정을 거쳐야 한다고 주장했다. 어대명(어차피 당 대표는 이재명) 전당대회로 국민들과 당원들의 관심이 저조한 상황에서 민주당 전당대회를 한 번쯤 돌아볼 수 있는 계기가 되길, 또 무기력해진 당내 민주주의에도 숨 쉴 공간이 열리길 기대했다. 중앙위원회에서 토론하고, 반대하고, 다양한 대안을 내놓을 수 있는 숙의의 과정을 거치길 요구했다.

숙의가 빠진 직접 민주주의의 위험성을 경고해야 했다. 대의민주주의, 공화제, 모두 금과옥조다. 모든 것을 직접투표로 결정하는 직접 민주주의만이 최고의 민주주의 제도인가? 그러면 왜 우리는 많은 비용과 시간을 들여 5년마다 대통령을 뽑고, 4년마다 국회의원을 뽑는가? 대의제 민주주의는 동서양을 떠나 오랜 역사 동안 많은 이들이

피를 바쳐 만들어낸 보편적 제도이다.

국민, 민중, 인민을 앞세우며 통치를 해왔던 수많은 독재와 전체주의를 인류는 기억하고 있다. 히틀러, 피노체트, 리콴유, 박정희 등 시대와 지역을 불문하고 역사에 등장했던 독재체제들 가운데 국민투표를 앞장세운 사례를 찾는 것은 어렵지 않다.

독일은 국민투표제를 채택하지 않고 있다. 독재자 히틀러의 국민투표제 악용 경험 때문이다. 1933년 히틀러와 나치는 독일의 국제연맹 탈퇴안을 국민투표로 통과시켰고, 1934년 신임투표 형식의 국민투표에서 승리하여 총통에 취임, 그길로 전체주의체제로 치달았다. 어떤 제도가 국민주권을 잘 실현해낼 수 있는가를 끊임없이 고민해야 한다.

"국가의 일은 국민이, 당의 일은 당원이 결정한다." 이 슬로건 뒤에 많은 위험이 숨어있다. 당원이 중심이라고 하는 정당에는 결국 '당 중심'만이, 국민이 중심이라는 국가에는 '유일 지도자'만이 남게 된다는 역사의 교훈이 있다.

또한 전당원투표의 결과가 당심-민심의 괴리로 이어질 가능성이 높다는 것은 아주 가까운 시기에 이미 우리는 경험한 바 있다. 지난 총선의 비례위성정당과 4.7 재보선의 서울, 부산시장 후보 공천이 그 사례이다. 당원투표의 형식을 빌려 당헌·당규를 바꾸고 당의 방침을 뒤집었다. 그 결과는 모두가 다 아는 바다. 이후 민주당은 줄곧 내리막길을 걷고 있다.

레드라인을 넘은 강성 팬덤

2023년 4월 이낙연 전 대표의 장인상이 있었다. 이재명 대표가 장례식장에 조문을 가자 이낙연 팬덤에서 "개딸들 시켜서 이낙연 출당 조치시키라는 사람이 여기를 어떻게, 무슨 낯짝으로 조문을 온다는 것이냐!"는 큰소리가 나왔다. 반대로 이재명 대표가 이낙연 전 대표 출당과 영구제명 청원을 만류하자 이 대표에게도 욕설 문자가 날라왔다는 설이 있었다. 자신들 뜻과 다를 경우 이재명 대표도 예외가 될 수 없다. 훌리건들의 행태는 이제 갈 데까지 간 듯 보였다. 어떻게든 확실히 끊지 않으면 전광훈 목사의 태극기 부대가 재연될 것이다.

당내 다양성이 사라진 지 오래다. 오직 남은 것은 '단일대오', '내부총질', '당론', '수박 척결'뿐이다. 진영논리로 무장한 강성 팬덤과 이에 편승한 정치인들만 득세했다. 대화와 타협은 사라졌다. 그래서 민주당은 소리 없이 지켜보고 있는 국민들에게 더 믿음을 주고 있는가? 박스권에 갇힌 지지율은 언제 오르려고 아직도 그대로인가? 이런 현상을 눈앞에서 바라보면서도 지금 스스로가 민주당을 위한 길을 걷고 있다고 확신하는가?

도덕적이지 않고 민주적이지 않은 민주당에 누가 눈길을 주겠는가? 말로만 김대중, 노무현을 외치지 말고 '김대중 정신, 노무현 정신'을 실천해야 한다. 그것은 바로 강성 팬덤과의 절연 선언, 팬덤 옹호 발언 금지, 강성 유튜브 출연 금지, 팬덤 편승 정치인에 대한 공천 불이익이 될 것이다.

비명계와 언론에서 이런 요구를 지속해서 하면 이재명 대표는 간헐적으로 강성 지지층에 자제를 요구하곤 했다. 하지만 여전히 개딸의 든든한 후원자는 이재명 대표다. 2022년 대선 시기 개딸들에 대해 "세계사적인 의미가 있는 새로운 정치행태"라고 칭하고, 지지자들에게 직접 '댓글 선점'의 필요성을 역설했다. '댓글 정화 작업'을 하라고 독려하기도 하고, 새벽 1시에 자신의 SNS에 감사 인사를 올리기도 했다.

당의 주류가 이런 식으로 비주류를 억압한 적은 없었다. 더구나 정치적 목적을 달성하기 위하여 팬덤과 영합하는 형태를 지속한다면 당내 민주주의는 괴멸적 타격을 받고 만다. 지금이라도 이재명 대표는 폭력적 댓글에 대해 단호한 입장을 표명하고 징계 등 조치를 취함과 아울러 '재명이네 마을' 이장직을 내려놓아야 한다.

개딸과 시민적 공화주의

이재명 대표는 줄곧 "당원이 주인인 민주당"을 강조했다. 이 대표는 나를 비롯한 일부 의원들의 '당심과 민심의 괴리'라는 지적에 거꾸로 "당심과 여심(여의도 정치인 마음)의 괴리는 극복해야 할 과제"라고 반박했다. '의원 욕하는 플랫폼'을 만들어 의원들의 순위를 매겨보자고 제안하기도 하는 등 당원들과 다른 목소리를 내는 국회의원을 개혁 대상으로 여긴 것이다.

이 대표의 생각은 정치사상적으로는 마이클 샌델의 '시민적 공화주의'와 비슷하다. 샌델이 제시한 '시민적 공화주의'는 미국 정치에서 샌더스와 트럼프의 돌풍에서 착안한 것이다. 부의 양극화가 심화하고 있는 상황에서 '시민들이 정치와 경제 세력을 통제할 힘을 가지자.'는 것이며, 미국 사회의 문제를 '민주주의에 대한 불만'이라고 표현했다.

정치가 제대로 역할을 못 하고 있고 양극화가 심화하고 있는 현실은 한국 사회도 마찬가지다. 하지만 샌델의 '시민적 공화주의'에 대한 대표적인 비판이 '전체주의의 위험성'이라는 점도 잊지 말아야 한다. 숙의민주주의가 전제되지 않은 시민참여, 시민적 공화제가 내포한 위험을 말하는 것이다.

샌델이 착안한 미국의 트럼프 사례에서 볼 수 있듯이, 대통령 당선 이후 보여준 미국 정치는 퇴행이었다. 여의도 정치인이 부족하다고, 여의도 정치가 불만족스럽다고 여의도를 경시하고 혐오하고 조롱하는 것은 결국 공화주의 자체를 위태롭게 할 것이다.

무엇과 싸울 것인가

당헌 80조,
국민과의 약속

앞서도 밝혔지만 2022년 8월 전당대회에서 이재명 후보의 당 대표 선출이 유력해진 상황에서 강성 당원들로부터 당헌 80조 개정 요구가 나왔다.

> 당헌 제80조 제1항: 사무총장은 뇌물과 불법 정치자금 수수 등 부정부패와 관련한 법 위반 혐의로 기소된 각급 당직자의 직무를 기소와 동시에 정지하고 각급 윤리심판원에 조사를 요청할 수 있다.
>
> 당헌 제80조 제3항: 제1항의 '처분을 받은 자' 중 정치 탄압 등 부당한 이유가 있다고 인정되는 경우에는 중앙당 윤리심판원의 의결을 거쳐 징계처분을 취소 또는 정지할 수 있다. 이 경

우 윤리심판원은 30일 이내에 심사·의결한다.

처음 민주당 당원청원 시스템에 한 당원이 올린 제안에 대해 강성 지지층과 친명계 의원들이 화답하였다. 최고위원 후보로 나선 장경태 의원은 "검찰로부터 당을 지키려면 당헌 80조 개정이 반드시 필요하다."고 주장했다.

당헌 80조의 의미

'당헌 80조'가 언제, 왜 만들어졌는지 알면서 그런 주장을 하면 자기부정이다. 이 조항은 2015년 '야당'이던 새정치민주연합 시절 김상곤 위원장, 조국 위원 등으로 구성한 혁신위에서 '원스트라이크 아웃'으로 대표되는 반부패 혁신안의 상징으로 만든 것을 당시 당 대표였던 문재인 전 대통령이 전격적으로 통과시킨 것이다. 야당 때 만든 것을 야당이 되었다는 이유로 없애겠다는 것은 어이없는 일이다. 그러면 문재인과 조국이 민주당을 검찰 손에 맡기겠다고 그런 당헌 개정을 한 것이란 말인가?

민주당은 민심을 거스르는 당헌 개정을 했다가 역풍을 제대로 맞았다. 박원순·오거돈 시장의 성 비위 문제로 서울시장과 부산시장을 재선출하는 2021년 4.7 재보선 때 "귀책사유가 민주당에 있으면 후보를 안 낸다."는 당헌을 개정하여 후보를 냈다가 참패했다. 대선·총선·지방선거를 연전연승하다 처음으로 졌고, 이후 대선·지방선거에서 내리 패했다.

당헌 80조 개정은 민심에 반하는 일이고, 내로남불의 계보를 하나 더 잇는 것이다. 이런 주장을 하려면 차라리 대놓고 "이재명을 지키자!"라고 하는 게 더 솔직한 처신이다.

당헌 80조 개정은 위인설법(爲人設法)

결연히 반대했다. "부패혐의로 기소된 각급 당직자의 직무를 기소와 동시에 정지하고 각급 윤리심판원에 조사를 요청할 수 있다."라는 규정은 보다시피 임의규정이다. 외부인으로 구성된 윤리심판원에서 조사하는 데 뭐가 얼마나 걱정인지 도대체 알 수가 없었다. 당헌 80조 개정은 민주당 스스로 부정부패에 대한 기준선을 대폭 낮추겠다는 시도였다.

검찰 수사가 당에 위협이 될 것이라는 우려가 있다. 하지만 박지원, 서훈 두 분이 관련된 서해 피격 사건과 같이 검찰의 도마 위에 올라가는 대부분의 사건이 뇌물이나 불법 정치자금 수수 같은 부패범죄는 아니지 않나? 기존 당헌 80조를 적용하더라도 별반 걱정할 필요가 없을 것 아닌가? 그러나 2022년 8월 우상호 비대위는 절충안을 만들어 일부 개정을 하기에 이르렀다.

기소시 당직 정지는 유지했지만, 검찰의 기소가 부당한 정치 탄압인지 판단하는 주체를 기존 '윤리심판원'이 아닌 '당무위원회'의 결로 바꿨다. 당무위원회는 당 대표가 의장이고, 당 대표가 선임하

는 당직자(정책위의장 등)들이 절대다수를 구성하기 때문에 당 외부인
사가 독립적으로 판단하는 윤리심판원에 비하여 당 대표의 의중이
끼어들 여지가 높다. 검찰의 기소가 부당한 정치 탄압인지 여부의 판
단을 당 대표가 좌지우지하겠다는 것이다.

이재명 대표 기소와 당헌 80조

2023년 3월 대장동 및 성남FC 사건으로 이재명 대표가 기소되
자 당헌 80조 문제가 다시 제기되었다. 이 대표 기소 직후 지도부는
긴급 최고위원회를 열어 당시 검찰의 기소가 정치 탄압이므로 '당직
정지 조항 예외에 해당한다.'고 결론을 내렸다. 당헌 80조 3항에 따
라 유권해석의 건을 당무위 안건으로 부의하고, 당무위에서 당직 정
지 예외 결정을 하는 속도전이었다. 당헌 80조 논란이 나오는 걸 원
천 차단하려는 의도로 보였다. 당헌에 따르면 '사무총장의 직무 정
지 처분 + 윤리심판원 조사'가 선행한 후에 당무위에서 예외 결정을
의결했어야만 했다. 분명 당헌상 절차 위배 소지가 있었다.

당헌상 절차 위배가 아니냐는 기자들의 질문에 대해 김의겸 대변
인은 "범죄 혐의가 있고 없고의 문제가 아니라 검찰이 정치 탄압 의
도를 갖고 있느냐, 아니냐가 훨씬 더 중요하다."라고 설명했다. 혐의가
없음에도 야당이라는 이유만으로 부당하게 기소한 경우가 정치 탄
압이 아닌가? 상식적으로 이해할 수 없었다. 검찰의 의도만으로 예
외 적용을 하겠다니 그 이후 벌어질 일들은 다시 내로남불의 확장판

이 될 것이 뻔해 보였다.

아니나 다를까 부패범죄 혐의로 검찰의 수사를 받는, 심지어 기소된 이후에도 여러 민주당 의원들은 '정치 탄압'이라고 주장했다. 사무총장은 당헌 80조 적용 여부를 더 이상 검토하려 들지 않았다.

체포동의안 기명투표와
강제 당론의 함정

전당대회 돈 봉투 사건, 김남국 의원 코인 논란 등이 터지고 나서 2023년 5월 14일 민주당은 쇄신의총을 열었다. 4.7 재보궐, 대선, 지선까지 내리 3연패를 하고도 평가와 반성이 없었고, 그에 따랐어야 할 혁신을 외면했다는 반성과 함께 재창당의 각오로 국민께 혁신을 약속했다. 혁신은 철저히 국민의 상식과 눈높이에서 국민을 중심에 두고 이뤄져야 한다는 공감대를 이뤘다.

그런데 친명계는 난데없이 '현역 의원 기득권 혁파'야말로 혁신이라고 주장하기 시작했다. 그러면서 대의원제 폐지 등을 요구하는 등당의 주인 논쟁을 본격적으로 걸어오는 것이었다. 이 문제는 전당대회 룰과 직결되어 당권의 향방을 가늠하는 핵심 사안이다. '국민들은 민주당에 떡 줄 생각도 하지 않는데…'라는 생각이 절로 들었다.

동상이몽 속에 김은경 혁신위원회가 출범했다. 시작부터 삐걱거렸다. 김은경 위원장은 임명 직후부터 "돈 봉투가 검찰 작품일지도 모른다."고 말하여 쇄신의총과 혁신위의 의의를 토대부터 흔들었다. 혁신위가 도입된 이유가 무엇일까? 돈 봉투 사건과 코인 논란 등 거듭되는 도덕성 악재에 이재명 지도부가 제 역할을 못 했기 때문이었다. 그런데 김은경 위원장은 제1성으로 현역 국회의원으로 대표되는 기득권 체계를 혁파하여 참신하고 유능한 인재를 등용하는 공정하고 투명한 공천 시스템을 구축하겠다고 발표했다. 아울러 당내 분열과 혐오를 조장하고 혁신의 동력을 저해하는 모든 시도와 연행에 대해 일체의 관용을 베풀지 않을 것이라 일갈했다. 기득권 친명 지도부의 시각과 싱크로율 100%의 입장이었다.

국회의원의 당내 기득권이 공고해서, 공천 시스템에 문제가 있어서 당의 도덕성이 이 모양이란 말인가? 그런 것들에 대해서 국민들은 아무 관심도 없다. 기득권이 문제라면 대의원제를 건드릴 것이 아니라 현역 의원들이 당연직 지역위원장직을 내려놓으면 원천적으로 해결될 일이다. 결국 김은경 혁신위는 방탄국회, 돈 봉투 사건, 코인거래 등 도덕성 위기와 당내 민주주의 악화 등 대표에게 집중되는 쇄신 압력을 대신 처리해줄 감압장치의 역할을 했을 뿐이다.

혁신위 1호 결정, 불체포특권 포기

김은경 혁신위는 혁신안으로 국회의원 불체포특권 포기, 꼼수탈당 근절 등을 발표했다. 하지만 이것이 민주당 위기의 근본 원인은 아니었다. 질병의 근본 원인은 놔두고 지엽말단적인 증상만 신경 쓰니 병이 나을 수 있겠는가?

그나마 이재명 최고위는 혁신위 1호 혁신안인 불체포특권 포기 요구의 수용 여부 결정을 의원총회로 넘겼다. 원래 혁신위 결정은 최고위에서 의결해야 하고, 당헌·당규 개정사항이면 중앙위 의결까지 거쳐야 한다. 그런데 최고위가 처리할 사항을 왜 의총으로 넘겼는지 이해할 수 없었다.

불체포특권 포기 요구를 의총에서 거부하면 의원들은 방탄옹호 세력이 되고, 찬성하면 강성 당원들의 문자폭탄 세례를 피할 도리가 없는 난감한 상황이었다. 어느 쪽이든 현역 의원들은 기득권 세력이 되게끔 되어 있었다.

앞으로도 이 대표를 비롯한 지도부는 혁신위 결정을 최고위를 건너뛰고 의총으로 넘길 것인가? 아니면 선택적으로 최고위에서 채택하고 부결할 것만 의총으로 넘길 것인가? 최고위에서 우선 채택 여부를 결정하고 의총에 보고하거나 추인을 받는 게 맞았다. 혁신위의 위상을 단적으로 보여주는 장면 같아서 씁쓸했다.

체포동의안 기명투표 제안

김은경 혁신위에서 촉발된 또다른 논란은 이재명 대표의 두 번째 영장 청구를 앞두고 터졌다. 2023년 1월 첫 번째 체포동의안 부결 후

무엇과 싸울 것인가

7월의 일이다. '쌍방울 대북송금 사건' 등으로 두 번째 체포동의안이 국회로 넘어오는 건 거의 기정사실이었다. 다만, 그 시점이 8월일지 9월일지가 분분한 상태였다.

김은경 혁신위가 불체포특권 포기에 더해 논쟁과 분란에 불을 붙였다. '국회의원 체포동의안 기명투표'를 제안했던 것이었다. 6월 임시국회 교섭단체 대표연설에서 호기롭게 '불체포특권 포기'를 천명했던 이재명 대표까지 기명투표가 책임정치라는 측면에 부합한다고 거들며 논란에 불을 당겼다.

애초 체포동의안 기명투표 주장은 자기 당 소속이라도 범죄 혐의가 있는 국회의원은 절대로 봐주지 말자는 취지였다. 기명투표를 하면 제 식구 감싸기 같은 과거의 오명에서 벗어날 수 있다는 논리이기 때문이다. 그러나 이 대표의 체포동의안 송부를 앞두고 기명투표제 도입을 주장하는 것은 체포동의안을 부결시키기 위한 방탄국회라는 비난을 받기에 충분한 상황이었다. 더구나 첫 번째 체포동의안 표결의 결과는 과반이 찬성하지 않아 부결이었지만, 가(可) 표가 부(否) 표보다 1표 더 많은 상황에서 나온 주장이었다.

이재명 대표의 체포동의안 표결을 기명투표로 했다가는 개딸들의 동쌀에 남아날 의원은 강성 수박들 말고는 별로 없을 터였다. 시점의 문제를 떼어놓고도 체포동의안을 기명투표로 하려면 '정치 훌리건'을 철저히 무시하고 '강제 당론'제도를 없애는 것부터 먼저 추진했어야 했다.

국회법은 "의원은 국민의 대표자로서 소속 정당의 의사에 기속되지 아니하고 양심에 따라 투표한다."라고 되어 있다. 의원 각자가 소신에 따라 투표하고 정치적 부담과 책임을 지면 된다는 뜻이다. 그런데 현실적으로는 강제 당론에 반하는 기표를 하면 당장 징계부터 들어온다.

지금은 미국 공화당마저 'MAGA(Make America Great Again, 트럼프 대통령의 슬로건)'에 의해 망가지는 민주주의의 위기 상황이다. 제왕적 대통령제인 우리나라에서의 물 샐 틈 없는 강제 당론은 적대적 양당제에 정치 훌리건까지 더해지면서 여당은 정부 견제라는 입법부 고유 기능은 포기하고 대통령 사수대 역할만 하고, 야당은 대안세력의 입지보다는 상대방 끌어내리기에 집중할 수밖에 없는 구조를 만들어 정치를 질식시키고 있다.

문제는 방탄국회

김은경 혁신위가 출범한 지 이틀 만에 '1호 혁신안'이라며 발표한 것이 '불체포특권 포기 서약서' 요구였다. 그런데 3주가 지나도록 당 차원에서 추가 논의조차 이뤄지지 않아 민주당 의원들이 혁신 의지가 없다고 비쳐지는 것이 부담이 됐다. 그래서 여러 의원들과 함께 당론으로 추인하자는 선언에 동참했다. '정당한 영장 청구'라는 조건을 붙이는 것에 찬성하지는 않지만 절박함은 공감했다.

절대왕조 때는 목숨을 내건 반정(反正) 말고는 정권교체가 불가했다. 정권을 빼앗겨도 신상에 불이익이 없도록 고안된 것이 선거제 도인데 대선에서 졌다고 이렇게 야당만 골라 패는 대통령, 검찰, 감사원은 처음 봤다. 그 상황에서 입장을 바꿔 생각해 보면 야당의 마지막 보호장치가 불체포특권이라 생각하는 게 과한 것은 아니다.

개인적으로 무분별한 불체포특권의 행사는 반대한다. 특히 불체포특권 행사를 위한 임시회 소집은 절대 반대한다. 잘못된 것은 불체포특권제도 그 자체가 아니라 불체포특권이 작동하도록 안건도 없이 일단 임시국회를 소집하는 '방탄국회'이기 때문이다. 국회의원의 불체포특권은 국민의 대표인 국회의원의 의정 활동을 보장하기 위해 헌법이 정한 제도로서 개헌 이외의 방법으로는 포기가 불가능하다. 국회의원의 불체포특권 포기 요구나 선언은 일종의 '반정치주의 포퓰리즘'이다.

'불체포특권이 문제다.'라고 몰아가는 것은 정치개혁이라는 명분으로 정치에 대한 국민의 정서적 반감을 자극해서 반사이익을 보려는 꼼수에 불과하다. 개헌할 것이 아니라면 제도적 개선으로 접근해야 한다. 예를 들면 현행범 외에도 장기 5년 이상의 범죄는 예외를 두거나, 투표방식을 기명으로 바꾸는 방안, 체포동의안 심사를 담당하는 전문 기구를 구성하는 방안 등을 검토할 수 있다. 하지만 이러한 대안을 구사하기보다 일사분란한 불체포특권 포기 요구는 자칫 헌법이 정한 대의 정치의 안정성을 위협하는 것이라 할 수 있다. 이래저래 대의민주주의가 고생이 많다.

언론중재법,
개혁의 실현이 우선이다

2021년 5월 전당대회에서 송영길 의원이 당 대표로 선출되었다. '처럼회'를 비롯한 민주당 강경 개혁파는 검찰개혁을 우선순위로 밀어붙이려 했다. 하지만 송영길 대표가 미온적 태도로 일관하는 바람에 기존의 검찰개혁특별위원회는 재편되지도 못하고 지지부진했다.

대신 검찰개혁과 더불어 2대 과제로 꼽혔던 언론개혁을 우선 개혁과제로 삼아 5월 말 미디어혁신특별위원회를 만들고 물꼬를 틀어 드라이브를 걸었다. 4.7 재보궐선거의 패인 중 하나가 언론 탓이라는 잘못된 인식에 더해 이른바 조국 부녀 삽화 사건이 불에 기름을 부었던 탓이다.

이후 당내 공론화 과정도 거치지 않은 채 언론의 허위, 조작 보도에 대해 징벌적 손해배상 책임을 지게 하는 언론중재법 개정이 전격적으로 진행됐다. 이러니 "정권을 잡고도 자신의 집단이 기득권의 희생자라는 피해의식. 적(敵)으로 상정한 검찰과 언론에 대한 법률적, 도덕적 한계를 벗어나는 행위를 정당화한다."는 비판을 피할 수 없었다.

나도 언론에 불만이 많다

'언론중재법'을 두고 고민이 많았다. 소관 상임위 사안도 아닌 데다 '코로나19' 4차 대유행과 자영업자의 어려움 등 산적한 민생 현안을 두고 말을 거드는 게 맞는지 잠시 고민했다. 하지만 민주주의의 필수불가결한 기본권인 표현의 자유 및 주권재민의 전제인 알권리와 직접 관련이 있는 중요한 법률이기 때문에 견해를 밝히는 게 마땅하다고 생각했다. 결국 내키지는 않지만 참전했다.

일제 강점기는 말할 필요도 없고 민주화 시대 이후로도 우리 언론은 말 그대로 영욕의 역사를 써 내려왔다. 잠깐 개인적 경험만 반추해 봐도 권력의 일방적 흠집 내기를 그대로 받아쓰는 언론에 분노한 기억과 할 말은 하는 '소신파'로 조명해주는 언론에 감사한 기억이 엇갈린다. 솔직히 말하면 불만이 훨씬 더 많다. 논조에 대한 불만은 말할 것도 없거니와 '~ 알려졌다', '~ 전해졌다', '~ 밝혀졌다', '~ 점쳐진다' 등 수동태로 점철된 기사들에 숨이 턱턱 막히기 일쑤였다.

특별히 언론중재법 보도 과정에서는 그 불만이 극에 달했다. 국회 출입기자들은 언론중재법이 알권리, 표현의 자유 등 기본권과 직결된 중요한 법임에도 불구하고 여야 간 줄다리기 정도로 보도했다. 솔직히 실망했다. 이 법이 통과되면 앞으로 기자들을 만나도 아무 말도 못 해준다. 언론이 고의 중과실이 없음을 입증하려면 취재 목적, 경위를 밝히는 과정에서 자연스럽게 취재원도 밝혀야 할 상황에 부닥칠 것이기 때문이다.

언론개혁은 당연히 필요하다. 언론의 자성, 언론 소비자의 질타, 제도적 개선 이 세 가지가 조화롭게 선순환되어야 한다. 그래야 더 좋은 언론을 만들 수 있다. 더 좋은 언론이 무엇이냐에 대해 각자 생각이 다르겠지만, 우리는 언론개혁이 근본적인 표현의 자유, 힘 있는 집단과 사람들에 대한 감시 역량을 훼손해선 안 된다는 공감을 가지고 있다. 하지만 안타깝게도 민주당이 추진하던 '언론중재법'은 이런 공감대를 훼손하고 있었다.

언론중재법 개정안의 문제점

사실이 아닌 언론보도로 인해 피해를 당하는 국민들의 구제를 위한 언론개혁은 필요하다. 하지만 언론중재법 개정안의 일부 조항은 사회에 긍정적 영향을 미치는 언론보도까지 위축시킬 위험이 분명 존재했다.

개정안은 '고의 또는 중과실로 인한 허위·조작 보도에 대한 징벌적 손해배상'과 '고의 또는 중과실 추정' 특칙을 담고 있었다. 비록 심의과정에서 현직 고위공직자 및 선출직 공무원, 대기업 관련인 등 주요 사회권력층은 징벌적 손해배상의 청구 가능 대상에서 제외했지만, 전직이나 친인척, 비선 실세 등 측근은 여전히 대상에 포함되어 있었다. 이 문제는 사회권력에 대한 비판, 감시 기능의 약화, 국민의 알권리 침해로 이어져 결국 민주주의 발전에 큰 걸림돌로 작용할 가능성이 컸다.

또한 '고의 또는 중과실 추정' 조항도 문제가 있었다. 어떤 행위로부터 행위자의 '고의 또는 중과실'을 추정하여 이에 따른 법률 효과를 부여하기 위해서는 그 행위와 행위자의 '고의 또는 중과실' 사이의 명확한 인과관계 등이 존재하는 경우에만 관련성 요건이 충족된다. 징벌적 손해액을 규정하는 경우 더욱 신중해야 한다. 그런데 피해자 관점에서만 규정하고 있거나 기사 내용을 인용하면서 새로운 사실을 주장하거나 비판하는 것을 제약하고 있어 언론의 자유를 침해할 가능성이 있었다.

어떠한 개혁도 민주주의의 앞자리에 설 수 없다

내가 민주당에 입당한 2016년 2월쯤 정치권의 가장 큰 이슈는 당시 여당이던 새누리당이 밀어붙이던 테러방지법이었다. 이에 대해 19대 국회 민주당 의원들은 눈물의 육탄 필리버스터로 맞섰다.

당시에도 여권은 "테러를 막자는 법인데 왜 반대하느냐?", "자유민주주의와 국가안보를 지키기 위한 법이다."라고 주장하며 야당 의원들을 몰아붙였다. 그러나 그 법에 들어있는 독소조항들이 문제였고, 수적 우위를 믿고 오만에 빠져 있던 당시 여권의 밀어붙이기 행태는 더 큰 문제였다.

'국가안보가 중요하냐 중요하지 않냐?'고 물어 보면 '중요하다.'라고 대답하는 사람들이 다수일 것이다. '한국 언론이 문제가 많냐 그렇지 않냐?'고 물어 봐도 '문제가 많다.'라고 대답하는 사람이 다수인 것과 마찬가지인 이치다. 안보가 중요하지만 민주주의를 훼손해선 안 된다. 민주주의를 지키기 위해 안보가 필요하기 때문이다. 언론이 문제가 많지만 표현의 자유와 권력 감시 역량, 그리고 국민의 알권리를 훼손해선 안 된다. 그것이 민주주의의 근간이기 때문이다.

언론의 자유와 알권리는 민주주의의 대들보

검찰개혁의 유일한 해법이 조속한 공수처 설치가 아니었듯이 서둘러 추진하는 언론중재법이 언론개혁의 유일한 해법이 될 수 없었다. 법 개정을 서둘러 강행하다가 자칫 민주주의를 지탱하는 대들보 하나를 또 건드릴까 두려웠다.

다행히 2021년 8월 문체위, 법사위에서 민주당 단독으로 통과시킨 언론중재법이 본회의에 회부된 상태에서 한 달 만에 철회됐다. 여기에는 문재인 대통령의 거부권 행사 이야기까지 들릴 정도로 청와대의 부정적인 입장이 영향을 끼쳤다. 검찰개혁 때는 정의당, 일부 언론, 시민사회단체 등 우리 당의 든든한 우군이 있었으나 이번 언론중재법은 완전 고립무원 지경이었다. 거기다 국제인권단체까지 참전을 하니 한 발 뺀 것이다.

　속도보다 중요한 것은 절차와 방향이다. 언론중재법을 통해 목표로 했던 취지가 이뤄질 수 있도록 사실적시 명예훼손죄의 비범죄화, 공영언론과 언론유관단체의 지배구조 개선 등 기존 민주당의 언론 관련 정책들이 있다. 여기에 유튜브 같은 1인 미디어에 대한 규제 등 현안도 함께 검토해야 한다. 언론의 자유와 알권리는 '민주주의의 대들보'다. 우리의 목표는 개혁의 추진 그 자체나 '개혁 대상'의 척결이 아니라 오직 '개혁의 실현'이어야 한다.

3장

권력분립의 위기와
법 위의 권력

대통령 직선제가 도입된 1987년 체제 이후 현재까지 우리 국회는 대체로 '여소야대' 상황이었다. 임기 내내 '여대야소' 국회는 이명박 대통령 때 딱 한 번뿐이었다. 18대 총선은 대통령선거 직후 치러진 탓도 있었고, 당시 불었던 '뉴타운' 열풍, 낮은 투표율 등이 과반 여당을 만들었다. 이후 8년간 여대야소 정국이 이어지다가 2016년 20대 총선에서 야당인 더불어민주당이 제1당을 차지하면서 박근혜 대통령은 임기 중 다시 여소야대 정국을 맞이했다.

우리나라 대통령제에서 국회의 '여소야대'는 이제 특별한 상황이 아니라 일상적 환경이다. 그만큼 대통령이 국회와 어떻게 관계를 맺을 것인지, 특히 야당과 어떻게 소통하는지에 따라 국정운영의 방향과 속도가 결정된다. 장관을 포함한 국무위원들도 마찬가지다. 내각제가 아님에도 여당 국회의원이 장관으로 입각하는 것이 일상화됐지만 국무위원의 국회에 대한 태도가 여당 일변도라면 상임위의 파행은 물론이고, 작은 법안 처리조차 쉽지 않다.

윤석열 정부의 여소야대 정국은 빙하기와 다름없다. 대통령은 야당 대표와의 만남을 끝끝내 거부하고, 야당이 주도하여 통과시킨 법률에는 거부권을 행사한다. 정부 주도의 입법이 어렵다고 판단되면 시행령을 통해 법률을 우회하여 통치한다. '스타 장관'들은 야당과 잘 싸우는 것이 미덕이고, 정무적 책임 같은 것은 아예 염두에 두지 않는다.

행정부는 입법부 경시를 넘어 사법부의 판결을 무시하는 데까지 나아갔다. 결국 권력기관 간 상호 견제와 균형이라는 삼권분립의 통치원리를 흔들고 있다. 이러면 국가권력의 집중과 남용이라는 결과가 뒤따라올 뿐이다.

무엇과 싸울 것인가

시행령이
뭐길래

"저 사람은 법 없이도 살 사람이야."

도덕적 가치를 지키며 공동체에 대한 배려를 잊지 않는 사람에게 우리가 종종 하는 말이다. 어릴 적부터 도덕과 준법정신을 배우며 자랐지만, 현실은 그 누구도 법의 촘촘한 그물망을 벗어나기 어렵다.

대한민국에는 헌법이 있고, 2023년 11월 1일 현재 1,608개의 법률이 있다. 여기에 더해 대통령령, 총리령, 부령 같은 시행령, 시행규칙이 3,666개나 된다. 지자체 조례나 규칙 같은 자치법규는 14만 개가 넘는다. 국민의 입장에서는 모두 지키지 않으면 불이익이 따르는 '법령'이다. 국민의 삶에 영향을 미치는 순으로 보면 오히려 법률보다는 시행령이, 시행령보다는 시행규칙이 더 중요하다. 소위 '현장'은 법률이 아니라 시행령이나 시행규칙에 따라 움직이기 때문이다.

국회의원은 헌법 제40조에 따라 법을 만든다. 정확히는 '법률'만 만든다. 그러나 현대사회가 세분화됨에 따라 국회가 행정 절차와 집행 영역의 구체적인 부분까지 일일이 규정하기 어렵고 신속하고 탄력적으로 대응하기 어려운 현실적 여건 때문에 행정입법을 허용하고 있다. 대통령에게는 '대통령령'(헌법 제75조)을, 국무총리에게는 '총리령'(헌법 제95조)을, 행정 각부의 장에게는 '부령'(헌법 제95조)을 발할 수 있는 권한이다. 그러나 국회가 위임한 범위 내에서만 가능하다는 명확한 전제조건이 있다. 즉 행정입법은 국회의 고유한 입법권에서 파생되어 행정부에 제한적으로 부여된 권한이다.

정부완박과 위헌, 발목 꺾기

윤석열 대통령 임기 시작 후 얼마 지나지 않은 2022년 6월 13일 아침, 대통령의 '출근길 한 마디'로 인해 국회의원으로 재임해 온 기간 중 가장 많은 기자들에게서 전화를 받았다.

기자: "국회법 개정안. 어떻게 생각하시는지, 거부권 행사하실 거라는 관측이 좀 나오고 있는데 어떻게 보시는지요?"

윤석열 대통령: "글쎄 뭐, 어떤 법률안인지 한번 봐야 되는데, 뭐 언론에 나온 것과 같이 시행령에 대해서 수정요구권 갖는 거는, 그건 위헌 소지가 많다고 보고 있고요. 왜냐하면 시행령의 내용

이 예를 들어서 법률의 취지에 반한다. 그러면 국회에서는 법률을 더 구체화하거나 개정해서 시행령이 법률의 효력에 위배되면 그것은 무효화시킬 수 있지 않습니까? 그런 방식으로 가는 건 모르겠지만, 시행령이라는 것은 대통령이 정하는 거고, 그 시행령의 문제를 해결하는 방법은 헌법에 정해져 있는 방식과 절차에 따르면 된다고 생각합니다."

당시 나는 '입법권을 무력화시키는 시행령의 국회 통제'를 내용으로 하는 국회법 개정안을 준비하고 있었다. '갑자기', '무슨 의도를 가지고' 법안 발의를 준비한 게 아니라 6년간 의정 활동을 하면서 심각하다고 느꼈던 문제를 바탕으로 한 것이다. 게다가 대통령선거, 지방선거의 대장정을 마치고 겨우 시간적 여유가 생겨서 법안을 마련했던 것이다.

그런데 생각지 못한 지점에서 논란이 불거졌다. 법안 발의도 안한 상태에서 국민의힘 권성동 원내대표가 강하게 반발하고, 곧바로 윤석열 대통령이 직접 나서 '위헌 소지'를 지적했다. 법안이 공개도안 됐는데 정부 여당은 '정부완박', '위헌', '발목 꺾기' 등 프레임을씌웠다. 공직자 인사 검증을 법무부로 넘기기 위해 시행령으로 인사정보관리단을 신설한다는 지적 이후에 발의되었다는 것과 2015년 박근혜 대통령이 이 법으로 인해 유승민 당시 새누리당 원내대표를 배신의 정치로 낙인찍어 내친 사건과도 무관치 않을 것이다.

시행령과 열차 기관실 내 CCTV

법안을 발의하기 1년 전인 2021년 국토교통위 국정감사장에서의 일이다. 아래는 한국철도공사를 상대로 한 감사에서 내가 실제 질의한 내용이다.

2014년 7월, 안타까운 사고가 발생했습니다. 문곡–태백역 간 탈선 사고로 인해 101명의 사상자가 발생한 이 사고는 운행 중 기관사의 카카오톡 사용으로 발생한 인재였습니다. 이후 열차 사고 발생 시 사고 상황 파악 및 증거자료 확보 등을 위해 기관실 내 CCTV 설치를 의무화하도록 '철도안전법'이 개정되었습니다. 철도안전법 개정 이후 현장에서는 실제 어떻게 운영되고 있는지 확인해 보았습니다. 놀랍게도 코레일과 SR 모두 기관실 내 CCTV 설치·운영을 제대로 하고 있지 않았습니다.

비밀은 시행령에 있었습니다. 기관실 내 운행정보기록 장치가 있을 경우, 영상기록 장치는 설치하지 않아도 된다는 예외 조항을 시행령에 규정하였기 때문입니다. 즉 '철도안전법'은 영상기록 장치의 설치·운영 예외 사유를 시행령에 위임한 바 없음에도 '철도안전법 시행령'으로 모법을 무력화시킨 것입니다.

국감장에서 나는 '철도안전법 시행령'이 모법의 위임 범위를 벗어난 위법한 행정입법으로서 입법권을 침해한 처사임을 지적했다. 국토부에 즉시 시정할 것을 요구하였고, 국토부도 그렇게 하겠다고 답변하였다. 그럼에도 불구하고 아직도 동 시행령은 그대로 방치되고 있다.

통제 수단 없는 시행령 정치

행정부가 국회의 입법권을 침해한 경우라고 할지라도 현행 국회법에 따르면 "대통령령과 총리령은 국회 본회의 의결로, 부령은 상임위원회의 통보로 단순히 처리 의견을 정부에 권고할 수 있을 뿐"(국회법 제98조의 2)이고, 정부가 이를 수용하지 않거나 회피하면 마땅히 강제할 수단이 없다.

헌법이 규정하고 있는 국회의 법률 제정 권한은 대한민국 민주주의와 삼권분립의 근간이다. 동시에 헌법에서 규정하고 있듯이 대통령령은 법률에 종속되고, 총리령 및 부령은 법률 및 대통령령에 종속되는 하위법령으로서, 행정입법은 국회가 부여한 위임 범위를 일탈할 수 없다는 명확한 한계를 가지고 있다.

그럼에도 불구하고 행정부가 법 취지를 왜곡하거나, 위임 범위를 일탈하거나, 국민의 자유·권리를 제한하는 등 법률에서 규정해야 할 사안까지 행정입법을 통해 규율하면 국회는 입법권을 가진 헌법기관으로서 행정입법의 내용을 통제할 의무를 다해야 한다. 그러나 현재는 위에서 본 바와 같이 마땅히 강제할 수단이 없다.

그래서 국회법 개정안을 발의했다. 대통령령·총리령 및 부령 등 행정입법이 법률의 취지 또는 내용에 합치되지 않는다고 판단되는 경우 국회 상임위원회는 소관 중앙행정기관의 장에게 수정·변경을 요청할 수 있도록 하고, 이 경우 중앙행정기관의 장은 요청받은 사항을 처리하고, 그 결과를 소관 상임위원회에 보고하도록 하는 내용이었다.

정부완박 대 입법완박

민주주의가 확립된 각국의 경우 대개 국회가 행정부에 위임해준 권한을 국회가 다시 거두어들일 수도 있다. 위임 범위를 일탈하면 국회 차원에서 통제할 수 있고, 또한 그러한 권한을 상임위원회에 부여할 수도 있도록 제도화하고 있다.

독일의 경우 법규명령을 제정함에 있어서 의회가 동의, 수정, 거부, 폐지 요구 등 다양한 방법으로 행정입법에 관여할 수 있는 권한을 두고 있다. 독일 연방헌법재판소도 이러한 통제제도에 대하여 합헌 판단으로 뒷받침하고 있다.

그런 의미에서 삼권분립 원칙을 준수하고 국회의 입법권을 실질적으로 보장하고자 하는 법안을 두고 '정부완박'이라는 주장은 이해하기 어렵다. 오히려 국민의 대표인 국회가 제정한 법률에서 위임한 범위를 넘어서는 행정입법만으로 국가를 운영하려는 것이야말로 '입법완박' 아닌가?

앞서 말했듯이 내가 발의한 국회법 개정안은 씁쓸한 정치적 역사가 있는 법안이다. 2015년 5월, 박근혜 대통령이 거부권을 행사한 소위 '유승민 국회법'이 그 출발이다. 박 대통령의 거부권 행사 후 헌법 학계에서는 국회의 행정입법 통제권에 대한 많은 연구와 논의가 있었고, 대개 '합헌'으로 결론이 났다. 입법권을 무력화시키는 시행령에 대한 국회의 통제가 필요하다는 것은 어느 정권에서든 논란의 여지는 없다.

국회법 개정은 극한 대결을 피하기 위한 장치

국회법 개정안이 논란의 한가운데에 서게 된 이유 중 하나는 '검찰청법'과 '형사소송법' 탓이다. 민주당은 소위 '검수완박' 법안을 통과시켰고, 윤석열 정부는 시행령을 통해 '검수원복'시켰다. 내가 발의한 국회법을 두고 '윤석열 정부를 견제하는' 또는 '단순히 행정부를 통제하기' 위한 목적이라고 여기는 것은 지극히 협소한 생각이다.

국민의 대표기관이자 고유한 입법권을 가진 국회는 행정부가 행정입법을 올바르게 하고 있는지 확인하고 통제해야 할 의무가 있다. 그런데 행정부가 행정입법 권한을 남용하여 모법을 무력화시키는 시행령, 시행규칙을 남발한다면 윤 대통령의 말씀처럼 국회는 법률 개정을 통해 시행령을 무효화하는 방식으로 행정부의 행정입법 범위를 축소할 수밖에 없다.

그러나 이 방식은 오히려 행정입법의 도입 취지에 반할 뿐 아니라 입법부와 행정부의 대결을 초래할 수밖에 없다. 결국 행정부 독주로 인한 피해는 고스란히 국민들에게 돌아가게 된다. 국회법 개정은 그 대결을 피하기 위한 장치다. 그런 의미에서 국회의 입법권과 행정부의 행정입법권한의 균형을 만드는 것이었다.

국회법 개정, 당론 추진을 반대하다

국회법 개정안이 검수완박의 한가운데서 정쟁의 소재가 되자 원내 지도부는 당론으로 추진하면 어떻겠냐는 의사를 물어 왔다. 나는 조용히 내 법안을 당론으로 추진하지 말았으면 한다고 의견을 전했다. 반드시 통과시키고 싶은 법안이지만 당론 법안으로 추진하는 것은 반대했다.

우리 헌법은 국회법상 헌법기관인 국회의원에 대하여 국가이익을 우선하여 양심에 따라 직무를 행할 것을 명하고 있다(제46조 제2항). 또한 나는 국회법 114조의 2, "국회의원은 국민의 대표자로서 소속 정당의 의사에 기속되지 않고 양심에 따라 투표한다."를 항상 강조해 왔다. 그래서 국회의원의 표결 행위를 당에서 강제하는, 당에서 찬반을 정하는 것은 헌법과 국회법에 어긋나는 것이므로 원칙적으로 반대한다. 백 번을 양보하여 부득이한 경우라 할지라도 강제 당론 표결은 극도로 제한적으로 행사되어야 한다는 입장이다.

더구나 행정입법 통제에 관한 국회법 개정안은 여야가 갈등할 사안이 아니다. 오히려 입법부와 행정부 사이의 문제다. 앞서도 밝혔지만 국회가 행정부에 위임해준 권한의 통제에 관한 이슈를 다룬다. 토론회를 하고, 전문가들 의견도 청취하고, 법안 상정 이후에 상임위에서 충분히 토론하고 수정할 부분이 있으면 수정해 가면서 법안을 심의하면 된다.

그런 까닭에 이 법안을 여야 대치전선에서 정쟁의 소재로 삼지 말았으면 했다. 국회법 개정안을 발의한 이유는 국회의 입법권 회복이기 때문이다. 그러니 당론으로 추진해서 단독처리하는 것은 생각도 하지 않았다.

이후 이 법안은 국회 운영위원회에서 단 한 차례 심의가 됐다. 당론 추진까지 고려하던 민주당 원내 지도부는 "여당은 반대하지요?"라고 한 마디 묻고, 여당 원내 지도부는 "계속 논의하자."고 답하며 1분 만에 심사를 마쳤다. 현재 운영위 국회운영개선소위에 계류되어 있는 국회법 개정안은 지금 상황으로는 임기 말 폐기가 될 운명이다. 삼권분립의 문제가 또 하나의 정쟁의 소재로만 소비되는 것 같아 안타까울 따름이다.

한없이 가벼운
대통령의 거부권

2023년 5월 윤석열 대통령은 간호법 제정안에 거부권(재의요구권)을 행사했다. 윤 대통령은 대선 후보이던 2022년 1월 대한간호협회와의 간담회 자리에서 "간호법 숙원이 이뤄지도록 저도, 국민의힘 의원들도 최선을 다하겠다."라고 약속하였다. 발언 직후 원희룡 당시 대선캠프 정책본부장은 "후보께서 직접 약속하셨다. 정책본부장으로서 공식 발언이다."라고 말하며 간호법 제정이 공약임을 재확인하였다.

간호법은 세계 90여 개국에서 제정된 법으로서 국회 소관 상임위인 보건복지위원회에서 여야 합의로 조정안을 만들었다. 보건복지부 주최 보건의료단체 설명회도 거친 법안이다. 그럼에도 간호법을 두고 정부 여당은 '의료체계 붕괴법'이라는 등 '간호법은 대선 공약

무엇과 싸울 것인가

이 아니'라는 등 대통령이 후보 시절 공언한 약속마저 부정하더니 결국 대통령은 거부권을 행사했다.

거부로 끝나 버린 재의요구권

윤 대통령은 간호법 말고도 민주당이 본회의에서 단독처리한 양곡관리법 개정안에 대해서도 거부권을 행사했다. 거부권 행사 직후 국민의힘 조수진 최고위원이 '양곡관리법'의 대안으로 "밥 한 공기 다 비우기 운동을 하겠다."라고 발언하여 많은 이들의 비웃음을 샀다.

양곡관리법 문제가 개인의 쌀 소비 진작, 밥 더 먹기로 해결될 수 있는 것인가? 국수, 짜장면, 빵 먹지 말고, 다이어트도 하지 말고, 하루 세 끼마다 밥 한 공기를 싹 다 먹기만 하면 양곡관리법 문제가 풀린단 말인가? 여당 지도부의 인식이 이 정도니 대통령의 거부권 행사마저 박한 평가를 받을 수밖에 없었다.

양곡관리법 문제는 단순히 쌀 소비를 넘어 농업의 미래, 식량안보, FTA 등 대외관계에 이르기까지 다층적으로 고려해야 할 사안이다. 대통령은 아무 설명이나 설득 작업 없이 포퓰리즘 법안이라고 단칼에 자르고, 여당은 밥이나 열심히 먹자고 하니 국민들은 그나마 있던 밥맛도 떨어질 판 아닌가? 거부권이라는 극약처방을 썼으니 국정 책임이 있는 정부 여당이 먼저 실질적인 대안을 내놓고 야당의 협력을 구해야 하는 것이 순서이다.

흔히 말하는 거부권은 헌법상 대통령의 재의요구권이다. 헌법상 권한이고 법문 그대로 대통령이 재의, 즉 '다시 한번 논의하라.' 요구를 했으니 국회는 후속 절차에 들어가는 것이 맞고(재의결이 가능한지 여부는 별도로 하고), 야당인 민주당으로서는 우선 재의결하겠다고 할 수밖에 없다. 대통령이 거부했으니 승복한다고 할 수는 없는 일 아닌가.

그래서 중요한 것이 후속 조치이다. 거부권은 국회 입법권에 대한 행정부의 중대한 예외적 견제 장치이므로 가능한 자제하는 게 옳다. 부득이 행사할 경우에도 납득할 수 있는 이유와 대안을 함께 제시해야 한다. 다시 말해 제대로 된 정부 여당이라면 거부권 행사로 끝낼 게 아니라, 법 취지를 살리면서도 부족한 점을 보완해 실질적으로 농민의 고통을 덜 방안을 함께 제시해야 한다. 먼저 실질적인 대안을 내놓고 대화와 양보를 통해 야당의 협력을 구하는 것이 거부권 행사 후 취했어야 할 후속 조치였다.

여야의 갈등 공식이 되어 버린 헌법상 견제 수단

대통령의 거부권 행사를 정당화하는 여당의 주장에는 민주당의 법안강행, 단독처리에 대항할 수 있는 유일한 수단이라는 논리가 자리 잡고 있다. '거대 야당의 입법독재'를 막기 위해 대통령은 거부권을 행사해야 한다는 것이다.

하지만 실제 법안강행의 배경에 가장 큰 책임은 대통령 그리고 여당 지도부에 있다. 김정은은 만날 수 있다고 하면서 제1당 대표는 한 사코 피하는 이유가 무엇인가? 여야 지도부 그리고 대통령이 수시로 만나고 대화하다 보면 이해의 폭도 넓어지고 타협하여 결론을 도출 할 가능성도 커진다. 임기 1년 반이 지났지만 지금도 협치의 가능성 은 남아있다.

적대적 여야관계에서 대통령의 재의요구권은 '야당의 단독처리 →대통령의 거부권'이라는 국회 입법 절차의 일상적인 과정 중 하나 가 되어 버렸다. 대통령의 거부권이 반복되면 윤석열 대통령에게는 불통 이미지를 준다. 반면 민주당에게는 고스란히 힘 자랑, 근육 자 랑 이미지가 남는다.

여당은 다음 총선전략을 '기껏 대통령 뽑아놨는데 거대 야당 힘 자랑 때문에 아무것도 못 한다. 윤석열 정부가 일할 수 있도록 다음 총선에서 여당에 압도적 지지를 보내달라.'는 식의 '야당 심판론'으로 몰아가고 싶어 한다. 결국 헌법상 대통령의 권한을 총선용 수단, 여야 갈등의 과정 중 하나로 전락시켰다.

너무 가벼워진 대통령의 권한

역대 대통령의 법률안 거부권 행사는 모두 67건이다. 그중 대부 분은 이승만 대통령(43회)이 행사했다. 그다음으로 박정희 대통령 7회, 노태우 대통령 7회, 노무현 대통령 6회, 이명박 대통령 1회, 박근 혜 대통령 2회 순이다. 김영삼·김대중·문재인 대통령은 임기 중 거부권을 행사한 적이 없다. 이러다가 윤석열 대통령은 이승만 대통령 다음으로 거부권을 남발하는 대통령이 될 기세다. 결국 윤석열 대통령에게는 불명예만 그리고 국민에게는 자괴감만이 남게 될 것이다.

입법부의 탄핵소추권, 대통령의 재의요구권, 즉 거부권과 같은 헌법기관 간 상호견제를 위해 만들어놓은 헌법상 견제 수단들은 수시로 행사하라고 마련한 것이 아니다. 비상한 상황에서 타 헌법기관과의 관계가 상당 부분 경색될 각오를 하고 행사해야 하는 최후의 수단이다. 법률안 거부권은 삼권분립에서 대통령이 행정부의 수장(정부수반)으로서 입법부를 견제하는 가장 강력한 수단에 해당한다는 점에서 한없이 무겁다. 따라서 조자룡 헌 칼 쓰듯 아무 때나 마구 휘두를 수 있는 권한이 아니다. 이 점을 간과하지 말길 바란다.

정치인보다
더 정치적인 장관들

인수위 시절 윤석열 당선인 측은 "법무부와 행정안전부 장관에 정치인 출신은 절대 안 된다."라고 했다. 그러더니 정치인보다 더 정치적인 핵심 측근을 발탁했다. 한동훈 장관과 이상민 장관이다. 물론 그들이 정치인 출신은 아니었다.

지명 직후 한동훈 법무부 장관 후보자는 "(검수완박) 법안의 처리 시도는 반드시 저지돼야 한다. 방안은 차차 생각하겠다."라고 말했다. 통상 국무위원 후보자는 "청문회에서 말씀드리겠다."라며 말을 아끼는 모습만 보다가 현안마다 대놓고 풀스윙하는 모습을 접하니, 처음엔 낯설었고 이내 불편해졌다. 국무위원은 국회의 법안 처리 시도를 저지하거나 국회가 통과시킨 법안을 원점으로 되돌릴 권한을 위임받은 바 없다. 입법부와 투쟁하겠다는 건가? 후보자 신분으로 검수완박을 어떻게 저지하겠다는 것인가? 입으로 저지할 수 있는 일인가?

정치인 출신 장관도 이러면 안 된다. 정치인보다 더 정치적인 장관의 탄생이었다.

법무부 장관 한동훈

윤석열 당선인은 대선 기간 중 한동훈 후보자에 대해 '문 정권의 피해를 보고 거의 독립운동처럼 해온 사람'이라고 평가했다. "검찰총장, 중앙지검장에 기용할 거냐?"는 질문에 대해 "내가 중용하겠다는 얘기가 아니라 검찰 인사가 정상화되면 중요한 자리에 갈 것"이라고 말했는데, 결과적으로 그때 그 말은 거짓이었다. 검찰 인사가 정상화되기도 전에 모두의 예상을 깨고 가능한 최고의 자리에 중용한 것이다. 윤석열식 '아는 사람 인사'의 전형이었다. 여기에서는 여러 가지 포석이 숨어있었다.

첫째, 검수완박 이후 6대 중대범죄 수사의 공백을 메울 거라는 '한국형 FBI'이다. 이수진 의원 법안에 의하면 '특수수사청'은 법무부 산하이다. 물론 구체적 지휘는 못 한다고 하지만 최종 감독책임자는 법무부 장관이다.

둘째, 상설특검법에 따라 법무부 장관은 직권으로 상설특검을 발동할 수 있다. 한동훈 장관이 결심하면 윤석열 대통령이 임명하는 수사와 기소권을 모두 가진 특별검사가 한 장관이 지정한 사건을 수사하게 된다. 예를 들면 대장동 사건의 특검도 가능하다. 상설특검을 통해 검수완박을 일부 무력화시킬 수 있다.

셋째, 김오수 총장 등 친야 성향 총장, 고·지검장들의 줄사퇴와 윤석열 라인의 복귀이다. 한동훈 장관은 연수원 27기, 검찰총장은 20기, 고검장급은 23~26기, 일선 수사를 담당하는 검사장급은 25~27기다. 20명 가까운 선배 검사들이 후배가 장관으로 오는 상황에 직면하게 된다. 판사 출신 후배 장관과는 다른 의미로 용퇴 압박이다.

넷째, 민정수석실의 폐지다. 법무부와 경찰의 인사 검증, 대통령실과 검찰 간 업무 조율 기능도 마음이 맞는 윤석열 대통령과 한동훈 장관이 직접 맡는다. 즉 한동훈 장관은 왕수석 역할을 겸직하는 셈이다.

정치인 장관의 인사청문회

인사청문회는 후보자의 도덕성과 자질을 검증하는 자리이다. 후보자의 정치적 견해를 발표하는 자리가 아니다. 더구나 법무부 장관 후보자는 국회의 입법을 우선 존중하는 태도를 보이고, 정말 부정적인 입장을 가지고 있을 때에도 '중장기적 검토가 필요하다.'라거나 '신중한 검토가 필요하다.'라는 식의 표현을 써온 것이 그동안의 관행이었다.

실정법을 수호해야 할 법무부 장관이 국회에서 통과되고 대통령이 공포한 법률에 대해 공개적으로 부정적인 입장을 표명한다면 그 법률을 집행하는 공무원들은 어떻게 처신해야 한단 말인가? 그건 마치 '법을 지키지 말라.'는 사인을 주는 것과 마찬가지이다. 법무부 장관은 "악법도 법이다(Dura lex, sed lex)."라고 해야 하는 자리이다. 그렇기 때문에 그동안 그러한 관행을 따랐던 것이다.

통상 관가에서는 공무원들이 정치인 장관을 은근히 환영한다고 한다. 힘 있는 장관이 와서 부처의 숙원사업이나 영향력을 키울 수 있는 기대 때문이다. 하지만 부처를 정치의 한복판으로 몰고 들어가면 공무원들이 일을 제대로 할 수 있겠는가?

너무나도 닮은 두 정치인 법무부 장관

다음 ○○○에 들어갈 이름을 맞춰 보시오.

① "○○○ 법무부 장관의 안하무인, 내로남불 막말 행진이 이어지고 있다. 법무부 장관인가? 무법부 장관인가? 지금까지 이런 장관은 없었다."

② "'한마디도 지지 않겠다.'라고 외치는 듯한 ○○○ 법무부 장관의 답변 태도는 마치 '미운 일곱 살' 같았다."

정답은 ①번 추미애, ②번 한동훈이다.

①번은 2020년 7월 27일 최형두 당시 미래통합당 원내대변인의 논평이고, ②번은 2022년 8월 23일 박홍근 더불어민주당 원내대표

의 원내대책회의 모두발언이다. 둘 사이에는 2년의 시차가 존재하고, 말하는 사람과 비판 대상이 다르지만 놀라울 만큼 똑같다.

추미애 장관 시절을 돌이켜보자.

임기 초반부터 야당과 수시로 충돌했다. 신천지 압수수색과 관련해 법사위원들이 질책을 쏟아내자 팔짱을 낀 채 불쾌한 표정으로 들었고, 자신을 제지할 때도 꿋꿋이 발언을 이어 갔다. 아들의 병역 비리 의혹을 제기하는 윤한홍 의원을 두고 "소설을 쓰시네."라고 혼잣말했고, 세 번이나 "법무부 장관님."이라고 부르는 김도읍 의원에게 "듣고 있다."라고만 답했다.

대정부 질문, 예산결산특별위원회 회의라고 다르지 않았다. 주호영 당시 국민의힘 원내대표는 대정부 질문과 관련해 "추미애 장관의 답변 태도는 차마 눈 뜨고 볼 수 없을 정도의 오만과 궤변의 세 치 혀를 보는 장이었다."라고 맹비난했다. 당시 여당 소속 정성호 예결위원장조차 추 장관에게 "정도껏 하고 협조를 해달라."고 할 정도였다.

한동훈 장관은 어떨까?

2022년 8월 22일 법사위에서 최강욱 의원의 신상 발언 중 한 장관은 "제가 지휘한 사건으로 기소되셨다. 그리고 제가 피해자고."라고 끼어들었다. 권인숙 의원은 한 장관에게 '입법권'의 개념을 묻다가 "그렇다면 장관님이 대통령의 권한을 넘어설 수 있는가? 아주 심플한 질문이다."라고 하자 한 장관은 "너무 심플해서 질문 같지 않다."라고 대꾸했다.

회의가 끝날 무렵 한동훈 장관은 다시 최강욱 의원과 정면으로 부딪쳤다. 최 의원이 "(과거) 검찰이 인혁당 사건이 재심으로 이어져 무죄가 확정될 때까지 저지른 잘못이 있지 않았나."라며 동의를 구하려 하자 한 장관은 몇 번씩 "말씀하세요."라고만 했다. 최 의원은 또 "그따위 태도를 보이면"이라고 발끈했고, 한 장관은 "저는 제 형사 사건의 가해자인 위원님이 저한테 이런 질문을 하는 게 이상하다."라며 받아쳤다.

2년 전 야당은 추미애 장관에게 이런 당부를 남겼다.

"우리 장관님 모습을 보면 그야말로 '좀 싸움 한판 하자.' 그런 인상이다. 소위 법사위의 가장 주무장관이다. 그런 만큼 때로는 싫은 소리도, 때로는 좋은 소리도 있을 테니까 정말 회의가 원만히 진행될 수 있도록 장관으로서의 역할을 해달라(2020년 3월 4일 정갑윤 의원)."

2년 후 야당도 한동훈 장관에게 똑같은 부탁을 했다.

"법무부 장관이 워낙 국민적 관심도가 높다 보니까 이러저러한 지적과 비판들이 있다. 그런데 장관의 태도는 국회 전체를 무시하고 있다는 오해를 사지 않을 수 없는 언사와 언행이 대단히 많다. 국무위원으로서 국회를 존중해 달라는 요청을 드린다(2022년 8월 22일 기동민 의원)."

자기 정치하는 정치 장관

한동훈 장관의 국회 발언이나 답변을 보면 다분히 의도적이고 계획적이다. 그리고 도발하는 대상이 정해져 있다. 황운하 의원뿐 아니라 김남국 의원, 김의겸 의원, 때로는 박범계 의원까지 주로 사실이나 법리를 근거로 하기보다는 평가나 가치판단을 무기로 하는 의원들과 말꼬리를 잡고 극한 언쟁을 벌이는 걸 즐긴다.

언론을 다루는 데 능숙하고, 불리한 질문이 와도 메시지가 아니라 메신저로 틀어서 역공하는 데 능하다. 대국민 여론전을 즐긴다. 상대방을 선택하는 것도 싸움터를 선택하는 것도 본인이 유리한 상대와 장소를 고른다. 이기는 싸움을 하는 법을 안다. 특수 수사를 하면서 공보를 담당했다. 아마 그 과정에서 훈련된 듯하다. 특수부 수사의 특징 중 하나가 '극장 수사'다. 언론에 흘려주고, 그걸 바탕으로 다시 수사한다. 야구로 치자면 특정 의원들을 요리하기에 만만한 타선이라 생각하고 빈볼도 서슴지 않고 던지며 의도적으로 감정적 전선, 더 나아가 정치적 전선을 만든다.

윤 정부를 대표하는 정치 장관의 모습이다. 그래서 한 장관은 반드시 정치를 할 것이라고 자신 있게 말해 왔다. 대통령을 보좌하는 국무위원은 자기 정치를 할 수 없는, 해서는 안 되는 자리이다. 그런데 한동훈 장관은 대통령이나 정부에 누가 되든 말든 상관하지 않고 맘껏 질러 버리고 야당 의원들과 싸우려 든다. 그래서 정치인보다 더 정치적인 장관이다.

스타 장관의 덕목은 야당과의 투쟁

한동훈 장관은 본연의 업무는 등한히 한 채 야당과의 쌈박질에만 몰두했다고 평할 수밖에 없다. 통상 수사 현안에 대한 국회의원의 질의에 대해 법무부 장관은 '구체적 수사 사항에 대해 답변드리는 것이 적절하지 않다.'라거나 '법과 원칙에 따라 철저히 수사하겠다.'라고 뭉뚱그려 답변하는데 한 장관이 야당을 비난하거나 되받아치려 할 때는 구체적이고 감정적이다. 피의자의 '증거인멸의 우려' 사유를 축적하려는 수사 검사의 자세와 똑 닮았다. 야당 대표 수사와 관련하여 일선 지검장이나 검찰총장이 나설 일을 장관이 하는 셈이다.

임기 초 윤석열 대통령은 스타 장관의 탄생을 주문했다. 그래서인지 국회 대정부 질문에서 언론의 주목을 받는 확실한 '스타' 둘이 나오긴 했다. 한동훈 법무부 장관과 이상민 행안부 장관이다. 이 둘은 마치 투톱처럼 활약했는데 두 장관의 공통점은 윤석열 정부에서 제일 유행하는 노래인 '전(前) 정부 타령'을 능숙하게 부른다는 점이다. 다만 스타일은 좀 달랐다. 한동훈은 상대의 주먹은 피하면서 카운터로 맞받아치고 꼭 몇 대 더 때리는 '아웃복서형'이라면, 이상민은 맷집이 좋아서 피하지 않고 맞으면서도 묵직한 펀치를 날리는 '인파이터형'이었다. 대통령이 말하는 스타 장관은 결국 국회와 싸우는 파이터였던 셈이다. 이후로도 원희룡 장관, 박민식 장관 등 검사 출신들이 그 경로를 열심히 따라가고 있다.

나는 한동훈 장관이 시비 걸듯 뭐라고 한마디 하는 걸 언론이 대서특필하고 시사 프로그램에서 온종일 다뤄주는 것이 우리 민주주의 발전에 도움이 되지 않는다고 본다. 따라서 그런 뉴스와 방송이 별로 반갑지 않다. 그러더니 심지어 한 장관은 주말에 야당을 비꼬는 개인 입장문을 내기도 했다. 법무부 장관은 여당 대변인도 아닐뿐더러 개인이 아니다. 대통령을 보좌하는 국무위원(헌법 87조)으로서 검찰사무를 관장하며(정부조직법 32조), 검찰사무의 최고 감독자로서 일반적으로 검사를 지휘, 감독(검찰청법 8조)하는 자리에 있는 사람이다.

국민의 대표인 국회의원과 대통령을 보좌하는 장관은 자연인 간의 관계가 아니라 헌법상 권력관계에서 작동하는 제도적 관계이다. 지금까지 한동훈 장관이나 원희룡 장관, 박민식 장관의 언행은 제도적 관계를 몰각한 몰지각한 처사라 생각한다. 그리고 민주당도 언제까지 한 장관 상대로 말싸움을 할 것인가? 윤석열 검찰총장을 저격하다가 대통령까지 만들어준 아픈 기억을 벌써 잊었나?

임명 강행에서
해임 거부까지

———————

2022년 7월 4일 중앙선관위의 수사 의뢰로 피의자가 된 김승희 보건복지부 장관 후보자가 자진사퇴했다. 윤석열 대통령은 같은 날 이 정도면 성의 표시는 한 거라는 듯 박순애 교육부총리를 인사청문회 없이 당당히 임명 강행했다. 박 장관도 음주운전과 논문 표절, 조교에 대한 '갑질' 의혹 등 간단치 않은 흠이 있는 후보자인데다가 짧지 않은 후보자 신분 내내 의혹을 전혀 해소하지 못한 분이었다.

7월 11일 윤 대통령은 김주현 금융위원장을 임명 강행하며 새로운 인사 공식을 확인시켜주었다. 교육부-복지부 패키지처럼 이번에도 한 명 자진사퇴(공정거래위원장) 후 한 명 임명 강행하는 공식이 그것이다.

대통령 국정수행 지지도를 갉아먹는 주된 이유가 인사 참사인데

154

인사청문회를 제대로 거치지 않은 임명 강행을 반복하는 것은 국민과 맞짱 뜨자는 오기 인사에 불과하다. 근거 없는 자신감, 오기 부리기는 나중에 주워 담기 힘들어진다. 결국 취임 100일도 되기 전 대통령 국정수행 지지율이 20%대로 내려가고, 부정평가는 70%를 넘었다.

대통령의 생각을 보여준 통일부 장관

대통령이 임명 강행한 대표적 사례가 김영호 통일부 장관이다. 대북 강경론자인 교수 출신 장관이다. 윤석열 정부는 통일정책 라인의 주요 포스트 전원을 대표적 미국통 외교관 출신 차관, 언론인 출신 통일비서관 등 외부 출신으로 인선하였다.

남북관계의 특성을 감안하여 통일정책은 일관성이 중요하다. 하지만 현실은 불행하게도 정권에 따라 요동을 친다. 김영호 장관이 그동안 펼쳐 온 주장을 보면 남북 교류 협력보다는 북한 주민 인권, 탈북민 문제를 우선시한다. 인권, 자유민주주의 가치를 앞세워 북한을 압박하고, 비핵화·인권 개선 없이는 대화와 교류 시도도 없다는 원칙을 천명하였다. '교류와 안보의 불균형을 바로잡는다.'라는 것인데 이건 통일부 장관이 아니라 국정원장으로도 적합지 않은 대북관이다. 정부조직법을 개정하거나 MB 때처럼 통일부를 없애려는 것이 아닌가 하는 생각마저 든다.

윤 대통령은 취임사에서 북핵 문제의 평화적 해결을 위해 '대화의 문'을 열어놓겠으며, 북한이 실질적인 비핵화에 나서면 북한 경제를 개선할 "담대한 계획을 준비하겠다."라고 밝힌 바 있다. 그러나 집권 후 윤 대통령은 급격히 우클릭한다. 여기에는 여러 이유가 있다.

첫째. 철학의 빈곤이다. 윤 대통령은 검사 시절 이념 성향이 별로 뚜렷하지 않은 사람이었다. 그러나 대선 출마를 선언하고 뒤늦게 통일·외교·안보에 대해 편향된 지식을 습득하면서 극우 성향으로 급속히 바뀌었다는 분석이다.

둘째, 극우 유튜브를 너무 많이 보는 것 같다. 윤 대통령의 발언 내용과 논리가 극우 유튜버들의 그것과 너무나 닮았다.

셋째, 진영 양극화로 중간지대가 사라진 것과 관련된다. 대선 때 윤석열 후보를 지지한 합리적 중도 세력은 이탈했다. 하지만 극우와 반민주당 세력은 남아있다. 적절한 극우 행보가 총선에 불리하지 않다는 생각이 엿보인다.

윤 대통령의 극우 성향과 인식, 행보는 앞으로 두고두고 우리 사회의 갈등과 분열을 부추기며 커다란 문제를 일으킬 것 같아 걱정이 든다.

첫 번째 장관 해임 건의

2022년 9월 박진 외교부 장관 해임 건의안이 가결되었다.

민주당이 박진 장관 해임 건의안을 추진할 때 난 사실 역풍을 우려하기도 했다. 그러나 윤 대통령과 대통령실 그리고 여당의 대응이

무엇과 싸울 것인가

너무 어설프고 거칠어서 역풍 우려는 접었다. 전 국민, 아니 이제는 전 세계인이 다 들은 'XX'를 "정확히 기억이 안 난다."고 하다가 이젠 "그런 말은 한 적 없다."고 하고, 결국 언론보도를 문제 삼았다. 무능할뿐더러 무식하고 게다가 무모하기까지 하니 어떻게 역풍이 불겠나?

박진 장관의 해임 건의안은 자신들이 자초한 것이었다. 대통령다움의 실종, 대통령실의 무기력, 여당의 처참한 분란 탓이다. 대통령의 반응은 "사실과 다른 보도로 동맹을 훼손한다는 것은 국민을 굉장히 위험에 빠뜨리는 일"이라는 것이었다. 외교 참사에 대한 비판을 대통령이 수용한다는 것은 야당의 지적에 대해 조금이나마 공감하고 받아들이겠다는 것인데, 대통령의 반응과 여당의 행동은 오히려 MBC를 상대로 한 '좌표 찍기'였다.

외교 참사에 대해 유감을 표명하고, 사정은 권력기관들에 맡기고, 퍼펙트스톰 앞에 있는 우리 경제, 민생에 대해 매진하는 모습 보였어야 했다. 그리고 대통령실 조직을 조기 개편하고 이준석 대표를 만나 대화하고 여당 분열을 조기에 봉합했으면 해임 건의안이 의결에까지 가지는 못했을 것이다.

그때까지 헌정사상 6건의 국무위원 해임 건의안이 통과되었는데 2001년 임동원 통일부 장관, 2003년 김두관 행자부 장관까지는 자진사퇴하는 모양새를 갖췄다. 그러나 2016년 박근혜 대통령이 김재수 농림부 장관 해임 건의안을 수용하지 않은 전례를 만들었다. 그리고 이제 윤석열 대통령도 박진 장관 해임 건의안을 결국 수용하지 않으면서 나쁜 사례를 차곡차곡 쌓아가고 있다.

이상민 장관 탄핵소추와 기각

이태원 참사의 책임을 물어 이상민 행안부 장관 해임 건의안이 추진되었다.

"결자해지 측면에서 대통령과 이상민 장관에게 마지막으로 한 번 더 기회를 주는 측면"이라는 것이 민주당의 입장이었다. 이상민 장관 경질을 요구하는 여론이 훨씬 높은데 해임 건의를 무시하는 게 대통령에게도 큰 부담이 될 것이라는 점도 감안한 듯 "해임 건의안 발의 후에도 이 장관이 자진사퇴를 안 하거나 윤 대통령이 거부하면 탄핵소추안을 발의하여 이번 정기국회 내에 이상민 장관의 문책을 반드시 매듭짓겠다."라고 박홍근 원내대표가 의원총회에서 일갈하였다.

윤석열 대통령은 해임 건의안 추진에 대해 '원칙과 상식에 반하는 일'로 "옳지 않다."고 말했다고 한다. 이상민 장관은 159명이 희생된 대형참사의 주무장관이었을뿐더러, 사전, 사후 조치도 빵점이고 전혀 공감이 가지 않는 발언으로 유족과 국민의 가슴을 후벼 파기까지 했다. 그런 이가 참사 한 달이 지나도록 그 자리를 지키고 앉아서 관련 TF를 지휘하는 것은 원칙과 상식에 맞는 일인가 묻고 싶다. 결국 이상민 장관에 대한 민주당의 문책은 탄핵소추로 가는 것이 자연스러운 수순이 되었다.

탄핵소추도 해임 건의와 같은 의결 정족수(재적 1/3 발의, 1/2 의결)로 민주당 단독으로 가능하지만 헌법재판소의 탄핵심판에서 국회를 대표하는 소추위원은 여당 소속의 법사위원장이 맡게 된다. 나는 탄핵심판이 제대로 진행될지 의문이었다.

헌재는 2004년 노무현 전 대통령이 공직선거법 등을 위반하긴 했지만 중대한 법 위반이 아니라며 탄핵심판 청구를 기각했다. 이때 헌재는 "헌법재판소법 제53조 제1항의 '탄핵심판 청구가 이유 있는 때'란 모든 법 위반의 경우가 아니라 파면을 정당화할 정도로 중대한 법 위반의 경우를 말한다."라고 밝혔다. '중대한 법 위반'은 헌법 수호의 관점에서 자유민주적 기본질서를 위협하거나, 국민의 신임을 저버린 경우를 의미한다. 특히 헌재는 국민의 신임을 배반한 행위에 대해 "뇌물수수, 부정부패, 국가의 이익을 명백히 해하는 활동 등을 하는 경우 대통령이 자유민주적 기본질서를 수호하고 국정을 성실하게 수행하리라는 믿음이 상실되어 더 이상 국정을 맡길 수 없는 정도"라 설명한다.

나는 당시 의총에서 "확정적으로 '중대한' 헌법과 법률 위반의 점을 헌재에서 인정받기가 쉽지 않다."며 신중론을 폈으나 대개 매파가 비둘기파를 압도하기 마련이다. 정치를 하며 느끼는 답답함 중의 하나는 '논리가 명분을 이기지 못한다.'라는 것이다. 그래서 '잘 따져 보자, 잘 준비하자, 좀 더 협상하자.'라는 주장들은 묻히기 십상이다.

탄핵소추는 헌법에 명시된 국회의 비상한 권능이기에, 국회는 조심스럽고 신중하게 이 권한을 행사해야 한다. 최후의 수단으로 사용되어야 하고, 반드시 벨 수 있을 때 칼집에서 뽑아야 한다고 생각했다. 그만큼 내용과 형식, 절차 모두 치밀하게 준비되어야 한다는 것이다.

해임 건의는 정치적, 도덕적 책임을 묻는 것이지만, 탄핵소추는 법률적 책임을 따지는 것이라 과연 중대한 법 위반이 있는지 잘 따져야 헌재의 인용 결정을 받을 수 있다. 결국 2023년 7월 이상민 장관의 탄핵은 기각되었다.

김태우 전 구청장
특별사면

삼권분립의 위기는 입법부 무시뿐만이 아니라 사법부 경시에서도 드러난다. 대표적인 사례가 김태우 전 강서구청장에 대한 특별사면이었다. 김태우 전 구청장의 사면이 얼마나 어처구니없으면 여당도 초반에는 강서구청장 보궐선거 공천을 "검토하고 있지 않다."고 강조했겠나? 대통령이 김태우를 특별사면하자 국민의힘은 침묵을 지켰다. 전격 사면복권이 이뤄지면서 국민의힘 지도부는 용산의 뜻이 뭔지 혼란이 빠진 것 같았다.

사면 직후 국민의힘에서는 강서구청장 재보궐선거 예비후보로 김태우를 포함해서 3명이나 예비후보 등록을 했지만, 정작 당은 후보를 낼지 말지 결정도 못 하고, 검증은 엄두도 못 내고 있었다. 하지만 이미 국민의힘은 김태우를 다시 공천할 수밖에 없는 상황이었고,

결국 선거에서 큰 패배를 하고 말았다.

특별사면에 이은 재공천

선거에서 이기고 지고를 떠나 국민의힘이 김태우를 다시 선거에 내세우는 것은 '윤석열 대 이재명'의 구도를 다시 만들고, '조국의 강'을 다시 흐르게 하려는 것이었다. 김태우는 사면복권의 은전을 받은 직후 "조국이 유죄면 나는 무죄"라며 자신에 대한 대법원 판결을 비난했다.

김태우가 나서면 민주당은 다시 이재명 대표를 중심으로 반윤석열 투쟁으로 뭉칠 거고, 국민의힘의 입장에서는 '이재명의 민주당'이라는 구도가 지속되는 것이 대선의 연장 후반전이라는 의미에서 남는 장사라고 여긴 듯하다.

강서구청장 선거에 김태우를 공천한다면 민주당은 강세 지역에서 승리해도 큰 득은 없는 거고, 국민의힘은 선거를 통해 대선에서 확인한 민주당 심판 정서를 되살릴 수 있다는 판단이 특별사면의 배경이었다. 대선 표심이 고스란히 남아있을 것이라는 큰 착각이었다.

사면권의 한계

사면권은 사법부의 재판권에 대한 중대한 예외를 두는 것이기 때문에 사법권을 무력화시키는 방향으로 행사되어서는 안 된다는 내재적 한계를 가진다. 따라서 재판이 진행 중인 상황에서 일반사면권 행사가 논의되거나 판결이 확정된 지 얼마 지나지 않은 사람에게 특별사면이 행사되는 것은 극히 피해야 할 일이다. 더구나 확정판결의 내용을 부인하는 특별사면은 재판권을 형해화시키기 때문에 절대로 용인되어서는 안 된다.

사법부는 전 심급을 일관하여 김태우 구청장이 공익제보자에 해당하지 않는다고 분명히 선언했다. 그럼에도 여당 일각에서는 "김태우 구청장은 공익제보자이며 정치적 희생양이기 때문에 판결 자체가 잘못됐다. 그래서 확정 3개월 만에 사면을 하는 것이 불가피하다." 라는 취지로 주장했다. 법치주의를 금과옥조로 여기는 보수정당이 대법원 확정판결을 사면으로 뒤집었다는 것을 대놓고 과시하는, 자가당착도 불사하는 주장이었다.

윤 대통령은 검찰총장 시절 정권의 특별사면 남용이 검찰 수사의 정당성을 훼손한다고 비판했었다. 이런 윤 대통령이 사법부의 확정판결 내용 자체를 부인하는 것은 헌법을 유린하는 처사이고 정권의 정당성을 스스로 부인하는 행위이다.

법치는 사법권의 존중을 전제로 한다

2023년 8월 정진석 의원에 대한 '노무현 전 대통령 명예훼손' 사건 1심 판결에서 징역 6개월 실형 선고가 있었다. 국민의힘은 '정치적 판결'이라면 일제히 반발하였다. 이와는 대조적으로 클린턴 전 대통령은 OJ 심슨 사건에서 무죄가 선고된 이후 오심 논란이 제기되며

판결을 비난하는 폭동이 일어나자 "우리의 사법제도는 배심원들의 평결을 존중하도록 요구한다. 이 순간 우리는 피해자들에게 위로와 기도를 보내야 한다."라는 성명을 발표했던 바 있다. 다시 말해 사법제도에 대한 존중을 무엇보다 우선시한 것이다.

윤석열 대통령이 기회가 있을 때마다 강조하는 '법치'는 사법권에 대한 존중을 전제로 하고, 이는 재판의 독립성을 통해 보장된다. 특히 책임 있는 집권 여당이 사법권을 존중하지 않으면 국민에게 사법부의 판결이 불완전하다는 인식을 전파하여 사법 불신을 초래한다. 결국 사법부의 최종적 사회 갈등 해결 능력에 대한 의문을 품도록 해 국민 갈등과 분열을 조장할 따름이다. 행정부의 사법권 부정은 법치가 아니라 원시 시대로 돌아가자는 말이다.

민주당이 여당일 때도 대법원 확정판결에 대해 유불리에 따라 비평이 아닌 원색적 비난을 쏟아부었던 적이 있다. 그때도 나는 집권 여당의 태도로서 적절치 않다고 주장한 바 있다. 하물며 보수정당을 자임하는 국민의힘은 더욱더 그래서는 안 된다.

4장

리더의 자질,
정치인의 자격

지도자로서 정치인의 자질을 측정하는 지표는 매우 다양하다. 민주주의에 대한 굳은 신념, 균형 잡힌 판단, 정치적 결단성, 정책에 대한 폭넓은 경험과 이해, 상대와 상황에 대한 공감능력, 높은 도덕성 등 지도자가 되고자 하는 정치인에게 요구되는 자질은 끝도 없다.

　　대체로 이 모든 자질은 정치인의 '입'을 통해 발현된다. 그래서 정치인은 발언 한 마디 한 마디가 조심스럽고, 준비된 말이 아니면 피해야 하는 때도 있다. 정치인의 말은 곧 책임과 다름없는 까닭이다. 하여 정치인에게는 '약속을 지키는 것'이나 '한 번 뱉은 말을 번복하지 않는 것'이 중요한 덕목으로 여겨진다. 즉 말을 허투루 하지 않음으로써 책임을 지는 정치인이 된다는 것은 어쩌면 가장 중요한 정치 지도자의 조건이다.

정치인의 책임은 법적 책임만을 의미하지 않는다. 도덕적인 책임도 져야 하고, 정무적 책임은 너무나 당연하다. 또 상황에 따라 정치인은 본인 이외의 인물에 대해서도 무한책임을 져야 한다. 가족의 문제나 함께 정치를 해온 동료들, 보좌하는 스태프를 포함한 측근들을 둘러싼 문제도 예외는 아니다. 특히 의정 활동을 비롯한 공적 업무영역에 있어서는 더더욱 그렇다. 직접 지시하고, 관리하는 사안이 아니더라도 자기 책임하에 있는 영역이라면 가장 말단에서 벌어진 일까지도 책임을 거부하면 안 된다.

하지만 정치인, 특히 정치 지도자가 정치적, 정무적 책임을 져야 하는 상황을 맞닥뜨렸을 때 즉각 잘못을 인정하고, 사과하는 경우는 많지 않다. 시인과 사과를 법적 책임과 연결하거나, 상대 당 혹은 정치적 반대 진영에 약점을 잡힌다고 여기기 때문이다. 이런 인식이 확장되어 '우리 진영의 무오류', '온정주의와 내로남불', '권력의 사유화'까지 나아간다.

정치인의 말과 책임, 나아가 잘못의 인정과 사과는 정치집단 내부를 향한 것이 아니다. 예를 들면, 대형참사가 났을 때 대통령이 사과하는 것은 국민을 위무하는 것이지 야당의 주장에 머리 숙이는 것이 아니라는 말이다. 정치인이 책임을 지는 것은 나와 우리를 지지하는 지지자뿐 아니라 유권자 전체에 대한 도리이자 의무이다.

대통령 후보
윤석열

2022년 대선 전반전은 '정권심판론 대 인물 우위론'으로 전개됐다. 민주당은 두 후보 간 자질과 능력의 차이를 보여주려 애썼다. 특히 이재명 후보가 성남시장, 경기도지사를 거치며 이룬 성과와 그 과정에서 보여준 추진력을 중심으로 선거운동을 했다. 이에 반해 국민의힘은 부패한 세력에게 정권을 맡겨선 안 된다는 '정권심판', '정권교체'만 줄곧 주장했다.

그러나 인물 간의 능력 대결로 갈 경우 상대적으로 밀리는 윤석열 후보 측에서는 항시 네거티브 전략을 구사했다. 선거전의 후반으로 가며 민주당은 정치개혁 과제를 내세우며 '정권심판 대 정치교체'로 선거운동의 구도를 바꾸려 했다. 하지만 오물을 투척하며 시종일관 네거티브로 컨셉을 잡은 상대방에 대응하다 보니 결과적으로 역대 최악의 네거티브 대선이 되고 말았다. 역대급 비호감 후보들이라는 오명을 뒤집어쓴 것이다.

결국 이런 선거전 양상 때문에 국민들 사이에서는 정치 혐오가 만연해졌다. 대통령선거를 통해 우리 사회의 갈등과 대립을 승화, 해소하기는커녕 오히려 갈등 격화를 부추겨 선거가 끝나도 치유할 수 없는 상처만 남겼다.

마지막 TV 토론에서조차 윤석열 후보는 동일한 전략을 구사했다. 다른 모든 정책적 사안은 다 건너뛰고 오직 대장동 비리 의혹을 중심으로 '단순하게, 명확하게, 반복해서' 집중적으로 공략했다. 한마디로 기승전-대장동이었다. 또 사실과 가정을 적당히 섞어서 이재명 후보에게 대장동 비리 의혹을 모두 덮어씌우려고 노력했다. "단순, 명확, 반복", "진실과 거짓을 적당히 섞어주는 것이 100% 거짓말보다 강력한 효과를 발휘한다." 익숙한 방식이다. 이게 바로 괴벨스식 프로파간다, 선전, 선동의 원칙이다. 선거는 끝난 지 오래지만 '윤석열-대장동-이재명'은 다음 대선까지도 지루한 재판 과정을 거치며 국민을 질리게 할 것이다.

가족 문제에 대한 책임

정치인이나 고위공직자에게 가족 문제는 당사자에게도, 가족에게도 한없이 어려운 문제다. 가족 중 누가 사고를 일으켜서 정치인이나 고위공직자를 곤란하게 만드는 경우도, 반대로 그들의 가족이라는 이유만으로 많은 사람들의 주목을 받고 본인이 하는 일에 제약을 받는 경우도 모두 더 이상 드문 일이 아니다. 그래서 정치인의 자녀 중에는 일부러 부모의 직업을 드러내지 않으려 애쓰는 경우가 더 많은 것이 요즘 현실이다.

가장 극단적인 상황은 고위공직 후보자가 되어 국회에서 인사청문회를 받게 되는 경우일 것이다. 후보자의 신상이나 도덕성 검증을 하는 과정에서 학폭이나 취업 등 정작 후보자보다 가족이 더 주목받는 경우가 많다. 후보자가 가족의 문젯거리가 되는 일에 연관이 되었다면 당연히 검증해야 할 일이지만, 배우자나 자식이 장관을 하려는 것도 아닌데 후보자는 가족의 결과적 흠결에도 머리를 숙여야 한다.

비단 검사뿐만 아니라 많은 법조인 출신 정치인들은 법적인 잣대로 정치적 쟁점을 처리하다가 민심을 자극하여 망하는 경우가 많다. 법조인의 직업적 습관대로 '법적으로 아무 문제없으니 떳떳하다.'는 식으로 고개를 쳐들다가 민심이반을 경험하게 되는 것이다. 배우자와 장모에 대한 의혹이 제기됐을 때 윤석열 후보의 태도가 딱 그랬다. 정치인에게 중요한 것은 법적인 문제 이전에 어떻게 하면 국민의 마음을 얻을 것인가 하는 문제이다. 대부분의 경우 좀 더 감성적으로 접근하는 것이 정답일 확률이 높다.

배우자의 문제가 결혼 전의 일이므로 후보와는 상관없다고 주장하면 그걸로 끝일까? 과연 국민들께서 그렇게만 보실까? 유권자들이 대통령의 배우자나 가족 혹은 가까운 친인척이 될지도 모르는 사람의 범죄 의혹을 어디까지 용납할까의 문제이다. 따라서 대통령이 되려고 하는 사람은 법적인 책임 여부를 떠나서 가족 혹은 가까운 친인척의 모든 문제에 대해 국민들께 통렬하게 사과하고, 대통령이 되더라도 비슷한 일에 대해서는 절대로 용납하지 않겠다고 진정성 있게 약속하는 것이 올바른 태도 아닐까?

우리나라 정치 현실상 정치인은 본인이 직접 관련된 사건은 물론이거니와 배우자나 직계가족의 사건에서 유죄판결이 나오면 법적인 책임은 물론이고 정치적 책임을 면하기 어렵기 때문이다.

대통령 후보의 고발

2021년 7월 윤석열 캠프는 김건희 씨의 박사학위 논문 표절 의혹을 취재하는 과정에서 김 씨의 지도교수에게 경찰관을 사칭해 물의를 빚은 것과 관련하여 MBC 기자들을 공무원자격사칭과 강요죄로 고발했다.

실무적으로 보면 공무원자격사칭죄(형법 118조)는 '공무원자격 사칭'과 '직권 행사'가 동시에 있어야 한다. 직권을 행사했다고 볼 수 있는지 수사가 필요하고, 직권 행사가 인정되지 않는다면 경범죄에 불과하다. 강요죄(형법 324조)는 폭행 또는 협박으로 사람의 권리 행사를 방해하거나 의무 없는 일을 하게 한 자를 처벌하는 조항이다. 의무 없는 일을 하게 한 것은 맞는 것 같으나 폭행 또는 협박이 있었는지 수사가 필요한 것 같다. 오히려 경찰관을 사칭한 것이므로 '기망'으로 보였다. 언론보도만 봐서는 두 가지 혐의 모두 유죄를 인정받기 어려워 보였다.

물론 MBC 기자가 취재윤리의 금도를 넘은 것이 맞다. 그러나 법적인 해결책을 강구하기보다는 정치적으로 해결해야 하는 것 아닌가. 더구나 피해자는 후보자나 후보자의 배우자가 아니라 배우자의 지도교수 아닌가? 윤석열 후보는 이미 검찰총장 때 윤중천 별장 접대 기사 건으로 한겨레신문사를 고소한 전력이 있었다. 한겨레가 사과하였음에도 "1면에 사과하면 고소 취하를 고려하겠다."고 국감에서 밝혀 결국 1면 사과 기사를 받아냈다. 검사 시절 검찰 출입기자를 대하는 익숙한 방식으로 정치부 기자를 상대하는 것 같았다. 기사화를 원하는 내용은 슬쩍 흘리고, 반대로 원치 않는 오보가 나오면 고소하는 식 말이다.

정치인이, 더구나 대통령이 되고자 하는 사람이 고소 고발을 남발하는 것은 좋지 않다. 대통령이 되어서도 정치적인 해결책 대신 고소 고발 등 법적인 수단에 집착하진 않을까 보는 사람을 지레 겁먹게 만들기 때문이다. 선출직은 사법적으로 심판을 받기보다는 유권자에게 표로서 심판받는다는 원칙을 가져야 한다.

더욱 삼가야 할 것은 선출직 공직자가 언론을 상대로 소송을 하는 것이다. 원하든 원치 않든 언론 활동의 자유를 위축시킬 위험이 있기 때문이다. 물론 언론이 때로는 오보를 낼 때도 있다. 하지만 의혹 제기 같은 보도를 할 때마다 형사처벌 걱정을 해야 한다면 언론이 제 기능을 하기 어려워질 것이다. 어쩌면 이따금 부정확한 보도의 대상이 되는 것도 선출직 공직자가 감내해야 할 숙명 같은 것 아닐까? 표현의 자유를 지켜내는 것은 모든 선출직 공직자의 의무이다. 하물며 대통령 취임선서의 첫 소절이 "나는 헌법을 준수하고"(헌법 제 69조)라는 점을 상기하면 대통령은 언론의 자유를 수호하는 데 제일 앞장서야 할 선출직 공직자임은 두말할 나위가 없다.

태도와 메시지

지난 대선에서는 비호감 네거티브 선거전이 극에 달했다. 대장동 관계자의 조각난 녹취록 하나가 나오면 한쪽 진영은 대단한 보물이라도 발견한 것처럼 흥분하고, 반대 진영은 어떻게든 물타기하려는 이상한 선거운동이 계속되고 있었다. 녹취록 전체를 파악하고 있는 검찰이 정치권을 어떻게 바라보고 있을까 생각하면 낯이 붉어질 정도였다.

네거티브가 득표에 도움이 될 리가 없다. 하지만 네거티브에 대응하는 태도는 확실히 득표에 영향을 미친다. 잘못은 인정하고, 겸손함을 유지하는 것, 무엇이 중요한지 구별하는 것이 중요하다. 결국 네거티브 대응은 상대에 대한 태도가 아니라 유권자에 대한 태도다. 지난 대선에서 윤석열, 이재명 두 후보의 대응은 기본적으로 네거티브 대 네거티브였다. 양 대선캠프의 태도 점수는 둘 다 낙제점이었다. 유권자들까지 부정적인 태도로 대한 것이나 마찬가지다. 그 결과는 정치권 전체에 대한 혐오의 확산, 상대에 대한 부정의 고착화 같은 것이다.

유세에서는 윤석열 후보가 유리한 고지를 점했다. 이재명 후보의 유세 키워드는 '미래-통합-위기 극복'(4~50분)으로 윤석열 후보의 '과거-갈라치기-정권교체'(15분)에 비해 길고 어렵고 시쳇말로 '노잼'이었다. 더구나 이재명 후보는 '유능한 경제 대통령' 이미지를 부각하고 국정운영 능력을 알리는 '인물론'을 부각하는 데 주력하다 보니 '키 메시지'가 여러 개였다. 반면 윤 후보는 '묻지마 정권교체' 등 달랑 한두 개였다.

지지자 입장에서 볼 때 윤석열 후보의 연설이 쉽고, 잡담하는 듯하며, 딱 티타임이나 치맥 할 때 대화 수준이었다. 진솔하고 솔직한 어투로 느껴졌을 것이다. 공약도 "딱 한 가지만 얘기하겠다."라면서 지역 공약을 얘기하니 기억하기 쉽고 메시지가 간결했다. 발언 시간이 15분 정도로 짧으니 지지자들에게 호소력이 있을 수밖에 없었다.

뒤집어 보면 세세한 부분이 약하고 아는 것이 없으니, 용어가 정말 쉽고 평이했다. 초중생 수준만 되면 쉽게 이해될 정도다. 열성 지지자들만의 장벽이 높아지면 일반 유권자들은 접근이 어려워진다. 이제 유세장에 50만 명, 100만 명씩 모이는 시대는 끝났다. 지금은 스마트폰으로 검색하고, 유튜브를 보며 지지 후보를 결정하는 시대다. 거대 양당이 일방적 막무가내 주장을 하고, 무조건 옳다고 하는 지지자들만 에워싸고 몰려다니면 오히려 유권자들에게 외면받는다.

존재감 제로,
대통령직 인수위원회

대통령직 인수위원회는 2개월의 활동 기간 동안 대통령 임기 5년의 밑그림을 그린다. 국정 목표를 제시하고, 국정과제를 확정 지으며, 새로운 정부의 지향점을 명확하게 제시하는 역할을 한다.

하지만 윤석열 대통령직 인수위가 내어놓은 결과물은 대통령 집무실 용산 이전, 다주택자 양도소득세 중과세 한시 배제, 나이 계산 '만 나이'로 통일뿐이었다. 국민들의 인식 속에 20대 대통령직 인수위는 인수위원이나 내각 구성, 국민의당과의 합당을 둘러싼 내부갈등이나 자리다툼, 여기에 더해 총리와 국무위원 후보자들에 대한 부실 검증만 남았다. 국민의 평가 점수는 박할 수밖에 없었다.

인사 검증 기준

윤석열 당선인은 초대 보건복지부 장관 후보자로 정호영을 지명하였다. 검증동의서 제출 하루 만에 후보자 지명을 했다는 보도가 나왔다. 윤석열 대통령직 인수위의 후보자 검증은 '부실 검증'을 넘어 '무(無) 검증' 수준이었다.

후보자를 둘러싸고 수많은 의혹과 논란이 제기되자 윤석열 당선인은 "부정의 팩트가 확실히 있어야 한다."고 하고, 배현진 대변인은 "범법 행위가 있었는지."라고 발언하여 검찰총장 출신 당선인의 고위 공직 후보자 검증 기준이 국민의 눈높이가 아니라 사법 처리 여부인 것을 여실히 보여줬다.

검찰과 경찰, 국세청 등 각급 기관에서 파견된 검증팀의 도움을 받을 수 있고 전, 현 정부의 인사 검증 DB에 접근 권한이 있음에도 불구하고 속속 드러나는 부실 검증 사례들은 인수위의 인사 검증이 국민의 눈높이에 맞춘 것이 아니라 당선인의 의중에만 맞춘 것이라는 걸 잘 보여주는 것이었다.

다시 말해 윤석열 당선인 인수위의 인사 검증은 '하루짜리 인사 검증', '무죄추정 인사 검증', '답정너 인사 검증'이었다. 이 모든 것은 당선인이 정치 시작 후 말해 온 '공정과 상식', '법과 원칙', '국민의 눈높이'와는 대척점에 있었다.

국회는 법에서 정한 대로 청문회에 임하고 인사청문 보고서를 채택할 권한과 의무만 있을 뿐이다. 국회의 인준을 받아야 하는 자리

는 국무총리 후보자뿐이라 국무위원 후보자는 당선인이 임명하고
자 한다면 얼마든지 마음대로 강행할 수 있는 것이 현실이다. 하지만
인사청문회의 진짜 주인은 국민이다. 결국 정호영 후보자는 자진해
서 사퇴했다.

인수위와 대선 공약

대선 기간에 윤석열 당선인은 국민들에게 많은 공약을 제시했다.
그리고 그 공약을 바탕으로 국민들의 선택을 받았다. 인수위는 그 공
약들을 국정과제로 가다듬고, 재정계획을 세우고, 연도별 시행계획
을 제시해야 했다. 부득불 이행하지 못할 공약이 있다면 국민들에게
그 사정을 설명하고 이해를 구해야 했다.

하지만 연일 보도되는 인수위발 뉴스는 공약의 '후퇴'나 '축소'
같은 소식뿐이었다. 당선인의 거칠었던 공약이 인수위를 거치며 이
쁘게 다듬어져 나오는 게 아니라 압축기로 들어가 쪼그라지거나 파
쇄기로 들어가 조각조각 폐기되어 나왔다.

대표적인 것이 코로나19로 인한 '소상공인·자영업자 손실보상을
위한 추경'이다. 대선 때는 50조 원 손실보상을 공약하더니 추경 시
기를 늦추고, 그나마 물가를 핑계로 35조 원으로 감축될 거라는 얘
기를 흘렸다.

제왕적 대통령제 청산도 이제 없던 일이 됐다. 광화문 시대를 열
겠다는 공약은 용산 집무실로 바뀌어 귤인지 탱자인지 모를 상태가

됐다. "군림하는 청와대 조직을 다 뜯어고치겠다."라며 수석비서관제를 폐지하겠다고 했지만, 결국 민정수석만 없애고 나머지는 그대로 살렸다. 그 와중에 민정수석 역할을 겸한 법무부 장관 후보에 최측근을 임명하는 꼼꼼함은 빠뜨리지 않았다.

윤석열 당선인은 대선 후보 시절 325개의 공약, 1,109개의 세부과제를 제시했다. 재정 소요는 국정공약 207개에만 총 266조 원이 소요될 것이라 추산했고, '쇼츠' 공약과 '심쿵' 공약, 지역 공약은 추계조차 하지 못했다. 그런데 이제 와서 인수위는 그 공약들의 실현 가능성을 따져 과감히 잘라내겠다고 입장을 밝혔다.

이렇듯 윤석열 대통령직 인수위는 당선인의 공약을 '어떻게 이행할 것인가?'를 고민하는 조직이 아니라 '어떻게 파기할 것인가?'를 연구하는 조직이나 마찬가지였다. 언제부터 대통령직 인수위가 '대통령 공약 파기위원회'로 전락한 것인지 한숨만 나왔다.

인수위는 국정과제를 정리하여 발표하는 날, 대통령 당선인의 대선 공약과 국정과제와의 비교표를 분명히 제시해야 했다. 어떤 공약이 포함되었고, 어떤 공약은 빠졌는지, 그 기준과 이유는 무엇인지 국민들이 납득할 수 있도록 설명해야 했다. '병사 월급 200만 원 보장', '출산 후 1년간 부모 급여 월 100만 원 지급', '기초연금 월 10만 원 인상', 이런 공약을 보고 당선인을 선택한 국민들이 있음을 대통령은 잊지 말아야 한다.

3무(無) 인수위

2022년 3월 18일 인수위 현판식 날 윤석열 당선인은 "정부 초기의 모습을 보면 정부 임기 말을 알 수 있다고 한다. 새 정부 국정과제를 수립하는 데 있어서 국가의 안보와 국민의 민생에 한 치의 빈틈이 없어야 하고, 국정과제의 모든 기준은 국익과 국민이 우선되어야 할 것"이라고 강조했다.

하지만 50여 일간의 인수위 활동에 대한 언론의 평가는 '흐릿한 존재감', '존재감 제로'였다. '암전(暗轉) 인수위'라는 평가까지 나왔다. 그 이유는 이번 인수위가 '국정 청사진, 정부조직법, 대선 공약'이 사라진 '3무(無) 인수위'였기 때문이다.

박근혜 정부 인수위는 '경제민주화와 맞춤형 복지'를, 이명박 정부는 '금융, 부동산 규제완화를 통한 경제성장과 한반도 대운하 건설'을 국정운영 기조로 내세웠다. 하물며 인수위가 없이 출범한 문재인 정부도 국가비전으로 '국민의 나라, 정의로운 대한민국'을 천명하고, '국민이 주인인 정부, 더불어 잘사는 경제, 내 삶을 책임지는 국가, 고르게 발전하는 지역, 평화와 번영의 한반도'라는 5대 국정 목표를 제시했다.

하지만 이번 인수위는 110개 국정과제 나열로 끝이었다. 정부조직법 개정안은 아예 제출조차 못 하고 정부 출범 이후로 미룬다는 비판이 나오자 부랴부랴 '여성가족부를 폐지'하고 '인구가족부를 신설'하는 내용의 원포인트 개정안을 제출한다고 발표했다.

수많은 대선 공약들이 국정과제에서 사라지거나 중장기 검토과제로 미뤄졌다. 대표적으로 50조 원 소상공인 손실보상, 월 100만 원 부모 급여, 병사 월급 200만 원 공약들이 그랬다. 대선 시기 예산 대책도 없이 '일단 질러놓고 보자.'는 식으로 공약하고, 당선 후에는 국제 경제와 국내 재정 상황을 이유로 뒤로 미뤘다. 카드 돌려막기식 정책, 밑돌 빼어 윗돌 괴기식 정책, 조삼모사식 정책이 윤석열 정부의 국정과제 트렌드가 될까 걱정될 지경이었다.

선거 때는 과학과 데이터를 앞세우고 국민들이 솔깃할 만한 미사여구로 분식한 공약을 제시하더니 정작 납기일이 다가오자 '언제' '무엇을' '어떻게' 할지는 없고, '앞으로' '나중에' '천천히' '여건이 되면', '국민적 합의에 따라' '신중히'와 같은 말장난으로 눙치려 하는 것이 윤석열 정부의 국정과제처럼 느껴졌다. 국민을 '주머니 속 공깃돌'로 여기는 게 아니라면 공약을 이렇게 가볍게 다룰 순 없다.

'3무 인수위'가 남긴 것은 '대통령실 이전 갈등'과 '인선 갈등'뿐이었다. 인수위 현판식 이후 당선인의 첫 번째 대국민 발표이자 인수위의 첫 사업은 '대통령 집무실 용산 이전'이었다. 2022년 3월 내내 인수위 관련 소식은 집무실 이전을 둘러싼 잡음뿐이었고, 국민들은 새 정부의 비전 대신에 새 대통령의 집무실 조감도만 쳐다봐야 했다.

임기 시작 전 4월은 인선 갈등의 한 달이었다. 김태일 정치분과위원장 사임부터 시작하여, 내각 인선을 둘러싼 갈등, 이태규 인수위원 사임, 안철수 인수위원장 업무 중단, 대통령실 구성을 둘러싼 갈등까지···. 인선 갈등은 인수위 활동 종료 때까지 현재진행형이었다.

이 대목에서 우리는 윤석열 당선인이 인수위 현판식 날 첫 전체 회의에서 한 말을 다시 한번 더 상기하지 않을 수 없다. "정부 초기의 모습을 보면 정부 임기 말을 알 수 있다". 윤 당선인의 말대로 3무 인수위의 모습에서 바로 임기 말 3무 정부를 떠올리고 싶지는 않다. 권력이 국민의 기대를 배반하는 경우는 드물지 않지만, 그렇다고 정부의 실패를 바라는 국민은 없기 때문이다.

한일관계와 대일 외교,
누구를 위한 외교인가

___

후쿠시마 오염수 방류

후쿠시마 오염수 방류는 태평양 연안국가 전체에 영향을 미치는 문제다. 대통령실은 오염수에 대해 세 가지 기준(첫째 국제기준 검증, 둘째 과학적 방식, 셋째 한국 전문가의 참여)을 분명히 했다는 입장이었고, 미국은 오염수 방류에 묵인 혹은 지지하지만, 중국과 러시아는 반대하는 입장이었다. 과학자들 간에는 삼중수소 등 오염수로 인한 위험성에 대한 의견이 갈렸다.

후쿠시마 오염수 방류는 과학적 관점에서 안전한가? 정부는 이걸 금과옥조로 처음부터 철저히 가치 중립적으로 이 문제를 다루었어야 했다. 그러나 정부는 강제징용 피해자 '제3자 변제' 해법 제시부터 피해자보다 일본 정부를 더 고려하는 인상을 줌으로써 첫 단추부터 잘못 끼웠다. 오염수 방류도 한일관계 정상화, 한미일 동맹관계 수립 등 외교적 관점에서 처리하는 것이 아닌지 의구심이 들 수밖에 없도록 자초했다.

정부는 후쿠시마 오염수 방류 문제를 국민의 먹거리 안전과 어업인들의 생존권 차원에서 대응했어야 했다. 수산물의 안전성 문제는 국민의 가장 기본적인 '의식주'를 불안하게 했다. 더구나 '먹는 거로 장난치면 천벌 받는다.'라는 말처럼 먹는 문제에 있어서는 안전함을 넘어 찝찝한 느낌조차 들지 않게 했어야 했다.

하지만 정부의 대응은 오염수 방류로 인하여 해산물이 핵폐기물에 오염되었을지 모른다는 우려를 불식시키기에 역부족이었다. 탄고기 60톤 먹어야 암에 걸린다는데도 굳이 가위로 잘라내서 먹는다는 말도 있지 않은가? 이유가 뭘까? 건강에 좋지 않다고 하니 맹목적으로 자르는 것 아닐까? 그만큼 먹거리 안전에는 민감할 수밖에 없는 것이 국민정서이다. 또한 오염수 방류를 묵인, 허용한다는 것은 장차 일본산 수산물의 수입을 허용할 근거가 된다는 우려에 대해 일본산 수산물 수입규제 유지에 대한 확신을 주었어야 했다.

민주당은 오염수 방류에 대한 정부의 대응에 항의하여 장외집회를 이어 나갔다. 박광온 원내대표가 내건 7대 제안(첫째 최소 6개월 동안 해양 투기 보류, 둘째 이 기간 한국 정부와 일본 정부가 상설협의체를 구축해 포괄적 환경영향평가 시행, 셋째 오염수 처리 방안 재검토, 넷째 재정비용 지원, 다섯째 국제사회 검증, 여섯째 한일 자국민 설득, 일곱째 국제해양법재판소 잠정

조치 청구·결과 수용)은 나름 합리적인 타협안이었다. 정부 여당이 7대 제안에 긍정적 반응을 보이면 민주당도 장외집회를 계속할 명분이 없었다.

국민을 안심시킬 수 있는 합리적 결과를 도출하기 위해 일본과 좀 더 협상하고 국민을 설득하자는 게 그리 무리한 주장인가? 장외투쟁을 계속 이어 나가고, 이를 통해 내부결속을 끌어내고자 하는 민주당 내 강경파들과 대화를 거부하는 정부 여당 사이에서 중재안을 내고 국익과 국민 신뢰의 균형점을 찾으려는 합리적인 세력들의 노력은 또 그렇게 물거품이 되었다.

한미일 군사훈련

2022년 독도 인근 해상에서 한미일 군사훈련이 있었다. 이를 두고 민주당 이재명 대표와 국민의힘 정진석 비대위원장 사이에 공방이 벌어졌다. 이재명 대표가 훈련 중 등장한 욱일기를 언급하며 "극단적 친일"이라고 비판했고, 정진석 위원장은 "조선은 일본군의 침략으로 망한 것이 아니다.", "조선은 안에서 썩어 문드러져 망했다."라고 반박했다.

당시 안보 상황은 어느 때보다 심각했다. 북한 미사일이 일본 영공을 관통하여 태평양으로 날아가고, 저수지에서 SLBM을 발사하는 시국이었다. 동시에 러시아가 우크라이나를 상대로 전술핵무기를 사용할 것 같다는 비관적 전망이 나오는 상황이었다. 이 상황에서 당연히 한미일 군사협력 강화는 중요한 국가적 의제가 될 수밖에 없었다.

이재명 대표가 친일 공세를 취한 것은 친북 프레임으로 공격하는 상대방에 대해 내가 친북이 아니라고 주장하는 것보다 친일 프레임으로 맞받아치는 것이 훨씬 효과적이기 때문으로 보였다. 그러나 하루가 멀다 하고 북한이 미사일을 발사하는 엄중한 상황에서 케케묵은 친일 프레임과 친북 프레임을 무기로 서로를 헐뜯는 정치권을 보고 국민들이 뭐라 하실까 두려웠다.

특히 정진석 비대위원장은 첫 단추를 잘못 끼웠으면 즉시 풀고 다시 끼울 생각은 하지 않고 앞의 실수를 설명하려 들다가 결국 자충수에 빠지고 말았다. 이완용은 3.1운동 두 달 후 매일신보에 "조선이 식민지가 된 것은 힘이 없었기 때문이며, 역사적으로 당연한 운명과 세계적 대세에 순응하기 위한 조선 민족의 유일한 활로이기 때문에 단행된 것이다."라는 글을 실었다. 앞으로 이 말까지 할 셈인가?

한반도를 둘러싼 대내외적 위기에 대응하기 위한 외교적 해법을 두고 여야가 논쟁을 벌이는 건 당연한 일이다. 하지만 이념의 색칠이나 프레임 전쟁으로 국가적 위기를 국내 정치에 이용하려는 유혹은 여야를 막론하고 거부해야 마땅하다.

강제동원 배상금 제3자 변제

"멀리 가려면 함께 가라."

양금덕 할머니 등 강제동원 생존 피해자 3명이 정부의 제3자 변제 해법을 거부한다는 뜻을 공식적으로 밝혔다. 국민 자존심이나 여론을 위무하는 정부의 조치 같은 것은 전무했다. 야당은 물론 약 60%의 국민이 이 해법에 반대했다. 윤 대통령은 국내 지지를 받지 못하면 설혹 옳은 방향이라 할지라도 멀리 갈 수 없다는 사실을 깨달아야 했다. 제아무리 대통령이라도 '앞으로는 반일감정을 표출하는 것을 삼가라.'고 지시하거나 결정할 수 없다. 만약 그렇다면 대놓고 국민을 이기려 드는 대통령으로 남게 될 것이기 때문이다.

'국가의 미래를 위한 대승적 결단'이고 '대통령으로서의 책임'을 다하는 것이라고 치자. 현실적으로 '제3자 변제' 방식이 불가피하고 구상권 행사도 힘들다 치자. 아무리 그렇더라도 '이게 결국 국익에 부합하는 것이니 묻지도 따지지도 말고 그냥 주는 대로 먹어라.'라고 하는 식이어서는 안 되는 것 아닌가. 충분한 시간과 다양한 선택지를 가지고 일본과 협상을 하는 외양을 갖추었어야 했다. 그리고 '제3자 변제' 방식과 구상권 불행사를 공론화하고 희생자와 야당이나 관련 단체 등 반대의견도 충분히 수렴하는 절차를 거치지 않은 것은 못내 아쉬웠다.

박진 외교부 장관은 '강제동원 해법 정부안'을 발표하며 "물컵의 남은 반을 일본 쪽 호응으로 채우겠다."라고 했다. 하지만 2023년 5월 서울에서 열린 한일 정상회담에서 기시다 총리는 '개인적인 생각을 전제'로 강제징용 문제에 대해 "어려운 환경에서 일하게 된 많은 분이 힘들고 슬픈 경험을 하신 데 가슴 아프게 생각한다."라고만 말했다.

한일정상 셔틀외교가 복원된 것은 나름대로 의미가 있다. 하지만 기시다 총리는 개인이 아니라 일본의 총리로서 한국에 온 것이었다. 주체도 빠지고 책임도 모호한 표현을 썼다. 반 컵의 물잔을 채울까 말까 고심하는 시늉만 했다. 갈증을 해소하기에는 멀었다. 결국 우리 정부가 너무 빨리 반 컵을 채우고 일본 정부의 선의에만 기대는 것이라는 평가가 중론이었다.

무엇과 싸울 것인가

책임정치,
정치가 책임을 진다는 것

이태원 참사 초기 정부는 "주최자가 없는 행사라 정부는 할 수 있는 게 없었다."라고 강변하더니 곧장 각 기관별로 서로 책임을 미루는 꼴불견이 벌어졌다. 지하철 무정차 요청을 두고 경찰과 서울시(서울교통공사)가 서로 책임을 미루고, 일선 경찰(용산서, 파출소)과 경찰청은 감찰을 두고 또 반발이 나왔다. 행안부는 "이태원 사고가 행안부 상황실로 전파가 안 됐다."라고 경찰에 책임을 미루고, 시행령을 고쳐서 마음대로 수사하는 법무부(한동훈)는 "검수완박 때문에 수사 못 한다."라고 엉뚱한 소릴 했다. 백미는 대통령이었다. 112를 통해 접수되었던 급박한 신고 내용들을 접하고 '격노'하셨단다. 정작 격노할 사람들은 국민이 아닌가?

앞서 언급된 모든 기관과 사람들에게 책임이 있다. 경찰은 경찰청-서울청-용산서에게 각각의 과실책임이 있다. 미리 대비책을 마련하지 못한 서울시와 용산구청도 마찬가지다. 특히 서울시는 서울시 자치경찰위원회를 제대로 가동하지 못한 책임이 있다. 최종적으로는 주무부처인 행안부 장관과 대통령이 책임을 져야 한다.

국무총리도 예외는 아니다. 국무총리가 중대본부장이기 때문에 책임이 있는 것이 아니다. 국무총리는 행정 각부를 통할하는 '일인지하 만인지상(一人之下萬人之上)'인 자리 아닌가? 그래서 행정에 관해선 대통령 다음으로 책임이 무겁다. 하지만 이태원 참사 관련 외신 기자회견에서 농담을 하거나 웃음을 보이는 등 부적절한 답변 태도를 보여 매를 벌었다.

평소 느끼던 건데 이 정부 고관대작들의 공통점은 공감능력이 떨어진다는 거다. 이상민 장관도 그렇고 한덕수 총리도 그렇고 그런 말을, 그런 표정을 하다가도 생때같은 아들딸을 하루아침에 잃어 망연자실해 있는 국민들을 생각하면 저절로 멈춰지지 않는가? 공부는 잘했는지 몰라도, 능력은 뛰어난지 몰라도 국민의 아픔을 공감하고 함께 아파할 진심은 없는 것 같았다. 그게 가장 화나는 거고, 책임져야 할 가장 큰 이유다.

몇 년 만의 노마스크 핼러윈 행사라 예년보다 인원이 급증할 걸로 누구나 예상했다고 한다. 그러면 경비인력도 그만큼 늘렸어야 했다. 참가인원이 훨씬 적었던 2021년에는 3개 기동대 180명과 범죄단속 경찰관 85명 등 265명을 투입했는데, 참사가 발생한 2022년에는 지구대, 파출소 소속 경찰 32명, 교통경찰 26명, 수사경찰 50명 등 총 137명이 투입됐다. 그나마도 수사경찰 50명은 성범죄와 마약 등 단속을 위해 잠복근무 중인 사복경찰이었고, 정복 경찰은 58명에 불과했다. 특히 충돌이 생기면 막아서고 호루라기를 불고 경광봉을 휘두르며 질서를 유지하는 기동대는 현장에 없었다.

용산서의 핼러윈 대비 기동대 병력 지원요청을 용산 대통령실 부근 시위 대비를 이유로 서울청이 무시하였다는 주장도 있다. 지파 32명, 교통 26명 포함 정복 경찰관 58명으로 13만 인파를 통제하고 빗발치는 112 신고를 적절히 처리할 수 있었을까? 슈퍼맨이 아니고서야 불가능하다. 이태원 핼러윈 현장과 지척인 대통령실 부근에 시위를 대비해 배치되었던 1,100여 명 경비병력은 밤 9시쯤 시위가 끝나자 그냥 철수했다고 한다. 피를 토하고 싶었다. 이들이라도 투입했어야 '왜 질서를 제대로 유지하지 못했냐'고 사고현장에 배치된 경찰관을 탓할 수 있지 않을까?

대형참사를 대하는 이 정부의 일관된 자세는 일단 '법적 책임 없다. → 우리 책임 아니고 쟤들 책임이다.'라는 식이다. 높은 분들도 모두 이구동성으로 "할 일 다 했다.", "더 할 수 있는 일은 없었다.", "실정법상 책임 없다."만 반복했다. 결국 일을 키우고 국민적 분노를 키웠다. 주최자가 없는 사고여서 정부에는 책임이 없다는 둥 이상한 논리를 내세우고, 진상 확인보다는 애도가 우선이라며 야당과 언론의 입을 막으려 했다. 하지만 진실을 막지는 못했다. 결국 호미로 막을 걸 포크레인으로도 못 막게 되었다.

대통령이 나서서 국민들에게 진솔한 사과를 올렸어야 했다. 참사 원인과 미흡했던 점을 밝히고, 마약 프레임을 걸려고 했다는 둥 제기되는 여러 의혹들에 대해 답변했어야 했다. 그리고 책임자들에 대한 문책과 앞으로 수사 방향 등에 대해 솔직하게 말씀하셨어야 했다. "이게 나라냐."는 말이 다시는 나오지 않게 했어야 했다.

군사독재 시절부터 보수정권은 시민들이 모여드는 것을 좋아하지 않았고 어떤 명목을 들어서라도 통제하려 들었다. 그래서 지금도 법과 제도는 과잉이지 모자라지는 않는다는 게 내 생각이다. 문제는 국가가, 공직사회가 책임을 지지 않으려는 자세, 무사안일한 태도와 소극적 대응이다.

이태원 참사, 특검과 국정조사

이태원 참사는 가해자는 불분명한 상태에서 다수의 피해자가 발생한 사건이다. 고의과실의 입증과 인과관계의 측면에서 형사사법 절차를 통해 책임자를 찾아서 처벌하는 데 상당한 어려움이 있을 수밖에 없다. 참사 이후 경찰 특수본이 관계자를 입건한 죄명을 보면 업무상과실치사상, 직무유기, 직권남용, 증거인멸죄 등이다. 하나같이 공소 유지가 힘든 죄명이다.

이런 점에서 진상규명의 측면에서라면 몰라도 관계자 문책이라는 측면에서는 특수본이건 특검이건 수사는 별로 유용하지 않은 방

무엇과 싸울 것인가

법이다. 그래서 처음부터 특검보다는 국정조사가 딱 맞는 사안이라고 생각했다.

윤석열 대통령은 "진상규명 결과에 따라 책임 있는 사람에 대해서는 엄정히 그 책임을 묻도록 하겠다."라고 말했다. '수사 결과를 보고 판단하겠다.'라는 뜻이다. 참사 전 압사 위험을 알리는 112 신고가 쇄도했지만 경찰이 제대로 대처하지 못했음이 이미 드러났다. 이상민 행정안전부 장관도, 윤희근 경찰청장도, 김광호 서울경찰청장도 늑장 대응한 사실이 확인됐다. 장관과 청장은 정무직 고위공직자이다. 그렇다면 적어도 법적 책임 이전에 정무적 책임부터 묻는 게 순리다.

민주당이 특검하자고 주장할수록 수사 결과가 나올 때까지 문책 인사를 하지 않겠다는 윤 대통령의 프레임에 말려드는 것이란 생각이 들었다. 국무총리, 주무장관, 경찰청장, 서울시장, 서울경찰청장, 용산구청장. 하나같이 총체적 재난 대응 체계의 오판과 무능의 책임에서 자유롭지 않은 고관대작들이 국가안전시스템 점검회의에 참석하여 한가하게 시스템을 개선하겠다며 앉아 있는 건 도저히 받아들일 수 없는 일이었다.

애초부터 정부 여당은 국정조사에 부정적이고 소극적이었다. '국정조사를 해 봐야 정쟁만 할 뿐 무슨 소용이냐?'는 태도였다. 실제 나중에 국정조사 합의를 하면서도 2023년도 예산안 처리와 연계했고, 당초 60일인 조사 기간을 역대 국정조사 사상 최단이지 싶은

45일로 줄이고, 연장 일수도 명시적으로 정하지 않았다. 원내대표간 합의에서 피조사기관에 포함된 대검찰청을 어떻게든 빼보려고 국조특위 첫날부터 보이콧을 서슴지 않았다. 행안부는 유족 연락처를 파악하고 있지 않다는 해명이 거짓말로 드러나는 등 그 진정성을 믿기 힘든 상태였고, 특수본 수사는 하급자만 들고 팠다. 정부 여당이 이런 태도를 유지하는 한 국정조사는 또 여야 간 말싸움의 장으로 전락될 것이고, 결국 여당이 호언한 대로 국정조사 무용론이 득세하는 결과로 귀결될 것 같았다.

정무적 책임을 외면하는 정부

국정조사 특위 활동을 하면서 복장 터지는 일이 많았다. 특히 이상민 장관을 상대할 때 제일 힘들었다. 자택에서 수행기사가 도착하는 것을 기다리느라 85분이라는 아까운 시간을 허비하였음에도 "그 사이 제가 놀고 있었겠습니까?"라고 당당하게 반문하고, 중대본이나 중수본을 설치하지 않아 현장이 아비규환 상태였음에도 "중대본을 꾸리는 게 촌각을 다투는 일이 아니었다."라고 응수했다.

대통령 중심제에선 대통령의 책임이 가장 크다. 하지만 무슨 일이 벌어질 때마다 임기가 보장된 대통령에게 책임지고 물러나라고 하는 것은 현실적이지 않다. 그 때문에 주무장관이 정무적 책임을 지고 대속(代贖)하는 게 일반적이다. 정무적 책임이란 말은 정치적 책임과 같이 사용된다. 159명이 영문도 모른 채 서울 한복판에서 깔려 돌아 가셨다. 그런데도 주무장관이 아무런 책임이 없다는 것은 아무도 책임지지 않겠다는 말과 같다. 대형참사가 나면 총리, 아니면 최소한 주무부처 장관이 대통령을 대신하여 정무적 책임을 지는 게 당연하다. 정무직은 그러라고 있는 것이다.

이태원 참사의 경우도 총리나 행안부 장관이 대통령에게 즉시 사의를 표명하고, 대통령은 사의를 수용하거나 최소한 사의를 반려하며 우선 사고수습에 진력하라는 메시지를 내고, 사고수습 후 재발방지책까지 마련하고 그만두는 것이 상식적인 수순이다.

하지만 대통령은 애초부터 이상민 장관을 내칠 마음이 전혀 없었던 것으로 보였다. "특수본 수사를 통해 확실하게 진상을 규명한 후 사실에 따라 책임을 묻겠다." 그게 무슨 책임인가? 아무리 봐도 법적 책임으로밖에 해석할 방법이 없었다. 그 며칠 후엔 좀 더 노골적으로 속마음을 드러냈다. "정무적 책임도 (법적) 책임이 있어야 묻는 거"라고.

대통령의 자리에서 법적 잣대만 기준으로 삼으면 결국 정치는 설자리가 없어진다. 협치나 통합은 사치가 된다. 아마 그즈음 상승한 국정수행 지지율에 '내 마음대로 해도 된다.'라는 착각에 빠진 것 아닐까 싶었다.

정무적 책임을 탄핵소추한 오류

이상민 장관에 대해 일차적으로 요구한 것은 정무적 책임이었다.

이태원 참사는 다중인파를 예측하지 못해 대비를 전혀 하지 못했고, 참사 당일 112 신고가 쏟아진 후에도 제때 출동·구조를 하지 못한 전형적인 인재다. 유관기관간 보고·전파가 제대로 안 됐고, 당연히 협조도 되지 않았다. 그 결과 '살려달라.'는 시민 곁에 국가는 없었다. 그 책임의 정점에 정부조직법상 안전·재난 정책을 수립·총괄·조정하는 이상민 행안부 장관이 있음은 불문가지이다. 백번이라도 정무적 책임을 져야 하는 이유다.

이 뻔한 책임을 놔두고 민주당은 굳이 '중대한 법적 책임의 유무'를 가려야 하는 '탄핵' 절차로 갔다. 걱정이 앞섰다. 특히 국회 소추 위원인 법사위원장이 여당 소속인데 헌법재판소에 가서 성실하게 탄핵심판에 임할지, 무슨 얘기를 할지도 우려스러웠다.

제때 중대본을 설치하지 않아 현장 통제 부담이 폭증하고 제대로 된 구조 활동이 이루어질 수 없어서 피해가 가중된 점은 명백한 실정법 위반이라고 본다. 근데 '중대한 위반'에 해당되어 탄핵 인용이 될지 장담하기 어렵고, 만에 하나 탄핵이 기각되면 후폭풍이 있을 것이라는 게 당시 내 생각이었다.

결국 아무도 책임지지 않는다

이 정부 들어 대형재난 사고가 발생할 때마다 되풀이되는 현상이 바로 첫째 아무도 책임지지 않고, 둘째 책임져야 마땅할 공직자는 오히려 화를 낸다는 것, 셋째 국민들은 각자도생해야 한다는 것, 그리고 마지막 넷째 여당은 이런 정부 역성을 들어 화를 북돋운다는 것이다. 오죽하면 SNS에 번번이 '#무정부상태'가 들불처럼 번져 가겠는가?

이태원 참사 당시 나는 행정안전위원회 위원이었다. 이태원 참사 현장은 무질서 그 자체였다. 중대본 설치도 상황이 종료된 이후였다. 주무장관은 참사 발생을 인지한 때로부터 1시간 반 이상 '열심히 하라.'는 원론적 지휘 외에 아무것도 한 게 없었다. 경찰청장은 휴가도 내지 않고 행선지도 알리지 않은 채 지인들과 지방 산행 후 음주 상태로 숙면 중이었다.

장관과 청장 모두 초동수습 후 당연히 사의를 표명할 줄 알았다. 그리고 당연히 수리될 줄 알았다. 하지만 두 책임자의 입장은 무책임하기 짝이 없었다.

> 행안부 장관: "그전과 비교했을 때 특별히 우려할 정도로 많은 인파가 모였던 것은 아니었다. 경찰이나 소방 인력을 미리 배치함으로써 해결될 수 있었던 문제는 아니었다."
> 경찰청장: "주말 저녁이면 저도 음주할 수 있다. 얼마나 마셨는지 그것까지 밝혀야 하나?"

윤 대통령은 "책임이란 것은 책임이 있는 사람에게 딱딱 물어야 하는 것이고, 그냥 막연하게 다 책임져라, 그것은 현대사회에서 있을 수 없는 얘기"라고 이들을 두둔했다. 그럼 세월호 참사 때, 성수대교 붕괴 때, 서해훼리호 침몰 사고 때 왜 국정원장, 안행부 장관, 해수부 장관, 교통부 장관, 해운항만청장이 경질되고, 국무총리가 책임지고, 해경을 해체했나?

조선조 엄혹한 전제군주제하에서도 기상이변이 발생해도(효종), 가뭄이 발생해도(숙종, 영조), 해충이 창궐해도(영조), 조운선이 침몰해도(태종) 임금이 자신의 부덕함을 탓하고 백성을 위로하는 교서(教書)를 내렸다. 그런데 이 정부는 아무도 책임을 지지 않았다. 오송 궁평 지하차도 참사도 법적 책임 운운하며 아무도 책임지지 않았고, 앞으로도 그럴 것으로 보인다.

이상민 장관의 헌법재판소 탄핵심판 기각 결정 후에도 책임지는 모습으로 법치주의가 무엇인지 보여줄 기회가 있었다. 탄핵 기각 결정을 통해 법적 판단이 일단락되었으니 이 장관은 이태원 참사에 대한 도의적 책임을 지고 사의를 표명하고, 이를 대통령이 수용하는 것이었다. 그랬다면 대통령과 이상민 장관 모두 명분도 얻고 책임도 지는 모습을 보이며 국민들을 위로하는 정부가 될 수 있을 거라 생각했다.

재난안전 총괄조정권자이면서 실질적 컨트롤 타워라고 자평하던 이상민 장관에 대한 헌법재판소의 판단은 "이 장관이 사고 발생 이후 안일한 상황인식을 드러내고, 재난안전에 대한 무지와 무대응 조치로 인명피해를 키웠으며 수습 과정에서도 무책임하고 부적절한

발언 등으로 행안부 장관으로서 자질과 자격을 갖추지 못했다.”는
점을 인정하면서도, “장관이 재난 대응 과정에서 최적의 판단과 대
응을 하지 못한 것만으로 중대한 헌법 및 법률 위반이라는 파면 요
건에 해당되지 않는다.”고 판단했다. 법적으로는 면죄부를 받았을지
모르나 정치적, 도의적으로는 이미 사망선고를 한 셈이었다.

이상민 장관은 ‘탄핵심판에서 살아 돌아온 장관’이 명예로운 타
이틀로 남아 향후 윤석열 정부 내에서 더 큰 권한을 가지고 일을 할
수 있는 기반이 되었다고 생각할까? 오히려 헌정사상 최초로 ‘해임
건의에 이어 탄핵소추까지 당했던 장관’으로 기억될 것이다. 3대 개혁
이든 뭐든 무슨 일에 드라이브를 걸고 나서건 이태원 참사 책임 회피
자라는 딱지가 붙어 다닐 것이다.

잼버리 파행에서 다시 드러난 책임 회피

2023 새만금 제25회 세계스카우트잼버리가 총체적 부실로 파행
으로 흘러갔다. 모든 국민은 ‘일단 무사히 끝내고 보자.’라는 마음으
로 지켜보고 힘을 보탰다. 그래서 중앙정부, 전북 등 지자체, 기업들까
지 다 힘을 합쳐 상황을 안정시켰다.

새만금이 개최지로 결정된 것은 박근혜 정부 시절이다, 유치에 성
공한 것은 문재인 정부고, 실제 개최한 것은 윤석열 정부다. 전, 현 정
부 모두 책임에서 자유롭지 않았다. 하지만 외국에서 보기엔 같은 대
한민국 정부인데 전 정권 탓하는 건 누워서 침 뱉기일 뿐이다. 이원

택 의원이 말한 것처럼 먼저 전기, 통신인프라, 도로, 부지매립 조성 등 기반시설을 구축하는 것은 문재인 정부의 책임이었고, 그다음 냉풍 장치, 에어컨 설비, 생수 공급 등 폭염대책, 위생관리대책, 해충대책 같은 것은 윤석열 정부하에서 판단하고 실행할 부분이었다.

여성가족부 장관은 잼버리 조직위의 실질적 책임자였다. 새만금 잼버리의 부실 운영이 큰 문제로 불거지자 여권에서는 당장 여가부 폐지론을 다시 들고 나왔다. 일을 잘못했다고 부처를 없애나? 그러면 '이태원 참사 때는 왜 행안부를 없애자고 하지 않았냐?' 하는 우문이 떠올랐다. 여가부 무용론으로 갈 사안이 아니라 장관 책임론으로 가야 마땅했다. 새만금 잼버리 개최 1년 전 국정감사장에서 준비 미흡을 지적하는 의원들의 질의에 대해 "아무 문제 없다. 철저히 대비해서 의원님께 보고하겠다."라고 해놓고선 잼버리 개영 때까지 손을 놓고 있다가 국제적 망신을 당한 장관이다.

자는 곳, 씻는 곳, 싸는 곳, 먹는 곳, 쉬는 곳, 활동하는 곳 어느 것 하나 제대로 된 곳이 없었다. 조금이라도 부끄러움을 안다면 '위기대응 역량' 식의 자화자찬은 낯간지러워서라도 못할 것 같은데 '정신승리'로는 올림픽 금메달감이었다. 공동위원장에 이름을 올린 장관들에게도 당연히 합당한 책임을 물었어야 했다.

전 정부 탓의 부끄러움

새만금 잼버리는 박근혜, 문재인, 윤석열, 세 정부의 릴레이 계주였다. 생각만큼 좋은 성적을 거두지 못했으면 앞다투어 '내 탓이오.' 하고 사과부터 할 일인데 '나는 잘했는데 다른 주자가 잘못해서 망쳤다.'라고 말한다. 국민들께서 이런 꼴 보려고 윤석열 대통령을 뽑아 준 것은 아닐 것이다.

그럼 잼버리 대회가 성공적으로 마무리되었으면 문재인 정부와 전라북도 덕이라고 치켜세워 줄 요량이었을까? 이렇게 형편없을 줄 알았다면 대통령 부부를 모셔다가 개영식을 그렇게 성대하게 치뤘겠나? 그 사실 자체로 예상치 못한 준비 부족을 입증하는 것이다.

현 정부 출범 1년 3개월 동안 현장에 내려와 무슨 문제가 있는지 제대로 확인하였더라면 이런 일이 일어났겠는가? 위생문제, 냉방문제, 급식문제, 급수문제 같은 게 1년 3개월 동안 고치지 못할 중차대한 구조적 결함이 있었다는 말인가?

전 정부가 잘못한 거 제대로 하겠다고 국민들께 호소해서 정권교체한 것이다. 그렇다면 최선을 다해 노력하고 책임 전가는 하지 말아야 마땅하다. 누리호 발사, KF-21 초도비행 모두 윤석열 정부에서 성공했지만, 이전 정부의 노력이 축적되었기에 가능했다. 과실만 따 먹고 책임은 전가하려는 태도는 보수답지 않다.

수사의 국정동력화

이번 정부의 사고 수습방식은 '말은 용산이, 책임은 여당과 부처가'이다. 고위공직자들에게 좌천성 인사 조치를 할 때는 슬며시 문제인 정부 때 승진했던 인물이라고 딱지를 붙인다. 공무원들 입장에서는 일할 맛이 다 떨어질 것이다. 공무원들 사기 진작을 위해 하는 얘기가 아니다. 공무원들이 손 놓고 일을 안 하면 그 피해는 고스란히 국민에게 돌아가기 때문에 공무원에게만 책임을 미루는 방식의 문제점을 지적하는 것이다.

또 다른 방식도 있다. 수사는 수사로 그쳐야 하는데 이전 정부 사업을 때려잡는 수사를 통해 자신들이 하고 싶은 정책의 동력을 얻으려 든다. 태양광사업 수사가 대표적인 예다. 잘못된 것이 있으면 죗값을 치르게 하면 될 일이다. 그러나 대통령이 직접 나서서 "태양광사업 의사결정 라인 전반에 대해 조사하라."고 지시한다. '전 정부 비리를 파헤치라.'는 메시지다.

문재인 정부 때도 나는 수사하면서 나오는 비리만 개별적으로 처벌하면 되지 정권 차원의 적폐청산 작업에는 반대했다. 이번 정부도 전 정부 뒤집기로 날을 지새울 것 같아서 걱정이다. 태양광사업이 탈탄소 정책 방향과 부합하는 건 사실 아닌가? 수사를 하더라도 태양광사업의 기반은 허물지 말아야 한다.

차관 통치

한편 윤석열 대통령은 절대다수 야당을 의식한 것인지 국회의 인사청문회를 우회하여 대통령실 출신 차관을 통한 직할통치를 시작했다. 대통령실은 "집권 2년 차에 개혁 동력도 얻고, 대통령의 국정철

학을 이해하는 사람들이 각 부처에서 (역할을) 해줬으면 좋겠다."라며 '국정 장악력 제고', '개혁을 위한 전진 배치'라고 주장했다.

윤석열 대통령은 통일부, 교육부, 환경부, 문체부 등 네 곳을 '이념에 좌우되는 부서'라고 콕 찍어 지목했다. 윤 대통령의 국정철학에 부합하지 않은 '카르텔 부서'라고 지적한 것이다. 그런데 장관 교체라는 정공법을 택하지 않고 이 네 곳 중 세 곳(통일부, 환경부, 문체부)의 차관 인사를 단행했다. 윤 대통령은 인사 발표 전날 이들을 따로 모아 식사를 하며 "이권 카르텔을 깨달라.", "헌법 정신에 충성하라."고 말했다고 한다. 헌법 정신에 충성하는 것과 카르텔에 맞서는 것이 무슨 상관일까? '이념에 좌우되는 부서(통일, 교육, 환경, 문체부) 즉, 카르텔 부서를 깨뜨리는 것이 헌법 정신'이라고 생각하면 대통령 말씀의 취지를 이해할 수 있긴 하다.

'대통령 비서관 출신' 차관은 각 부처에서 곧바로 실세로 군림했다. 대통령이 차관들로부터 "직접 현안 보고를 받을 것"이라는 보도도 나왔다. 임상준 환경부 차관은 대통령으로부터 임명장을 받은 뒤 취임식을 생략하고 곧장 안양천 정비 현장을 방문했다. 대통령의 의중을 반영한 행보였을 것이다. 윤 대통령은 '책임총리·장관제'라는 대선 공약을 스스로 파기하고, '책임차관제'를 택한 셈이다.

정치인의 측근은
누가 책임지는가

이재명 대표를 둘러싼 검찰 수사는 이미 호랑이 등에 올라탄 '기호지세(騎虎之勢)'이다. 이젠 내려올 수도 없고, 끝을 볼 때까지 가려 할 것이다.

여권과 여당 지지층에는 이재명 대표를 지능형 범죄자로 치부하고 이 대표가 대통령이 되면 나라가 망한다는 확신을 가진 사람들이 꽤 있다. 또한 사람은 어려울수록 자신 있는 방식으로 상황을 타개하려 하는데 대통령은 처음부터 끝까지 검찰을 요긴한 통치수단으로 쓸 것 같은 불길한 예감이 든다.

측근에 대한 정치적 책임

2022년 10월 정치자금법 위반으로 김용 민주연구원 부원장이 구속되고, 이어서 11월 정진상 당 대표 정무조정실장이 특정범죄가 중처벌법의 뇌물, 부패방지법 위반, 부정처사후수뢰, 증거인멸교사 등 네 가지 혐의로 구속되었다.

유동규와는 달리 김용, 정진상은 이 대표 본인이 "분신(分身)", "김용이나 정진상쯤은 되어야 측근"이라고 말할 정도로 직접 측근이라고 인정한 바 있는 측근 중의 측근이다. 만약 김용, 정진상도 천화동인 1호의 수익자로 인정된다면 이 대표도 거의 막다른 골목까지 몰리는 상황이 됐다. 이들의 혐의가 이 대표와 직접 관련 없는 일이라고 하더라도 정치적으로는 치명타를 맞을 수 있으므로 당이 적극적으로 나서서 대응했다.

검찰의 주장은 억지스러웠다. 국정농단 사건을 거치면서 경제적 공동체는 이제 좀 이해가 되는데 정치적 공동체는 또 뭔가? 모든 걸 바쳐 함께 선거를 치루고 당선되면 권한과 이익을 나눈다는 얘기인가? 공소장에 신조어를 마구 써도 되는지 모르겠다. "공범이라고 부르고 싶지만 차마 그럴 용기가 없다." 이런 말처럼 느껴졌다. 그냥 "오랜 인연이다."하면 족할 일에 검찰이 너무 힘을 주는 느낌을 지울 수 없었다.

하지만 당 대변인이나 공보실에서 직접 나서서 김용, 정진상 두 사람의 입장을 대변하고 두둔하는 것은 적절하지 않아 보였다. 당의 입장에서는 두 사람은 그냥 정무직 당직자다. 아무리 당 대표의 측근이라도 '당무와 관계된 일인가?', '다른 당직자라면?' 이런 질문에

답이 궁색해진다.

당의 책임이란 게 어떤 의미인지 이해할 수 없었다. 지금 검찰이 수사하고 있는 사건들은 이 대표가 성남시장, 경기도지사 재직시 있었던 일이다. 따라서 당무와는 무관한 일들이다. 다만, 이 대표의 대선 후보 선출 이후의 일이 문제가 된다면 당도 함께 책임을 져야 한다. 물론 난 그런 일은 없다고 생각한다.

정치인은 매 순간 정치적인 책임을 져야 한다. 법적 책임보다 정치적 책임이 더 중요하다. 그리고 그 시점과 수준이 중요하다. 의원실의 작은 실수와 사고도 결국 책임은 의원인 내가 져야 한다. 보도자료의 사소한 수치 오류라도 의원의 책임이지 다른 누구에게 미룰 수 있는 것이 아니다. 하물며 선거운동 기간 중 그리고 정치 활동 중에 나를 돕던 사람들이 수사받고, 사법 처리를 받는다면 난 정치적 책임을 고민할 것이다. 이 대표도 정치적 책임을 고민하지 않을까? 책임져야 할 일이 생긴다면 이 대표도 정치적 책임을 져야 한다.

2002년 대선자금 파문으로 측근인 안희정 전 지사가 구속되자 노무현 대통령은 "이런 의혹으로 시달리지 않은 대통령이 되고 싶었지만 철저하게 하지 못했다.", "수사가 끝나면 양심껏 국민께 보고드리겠다.", "측근 비리는 특검을 임명할 것이고, 대선자금 관련해 특검을 요청하면 두말없이 받을 것"이라고 입장을 밝혔다. 이회창 총재는 불법 대선자금 의혹에 대해 "모든 허물과 모든 책임은 저에게 있다." 라며 "깨끗한 정치를 표방해 왔던 저로서는 입이 열 개라 해도 드릴 말씀이 없다."라고 고개를 숙였다. 김대중 대통령도 세 아들의 비리가 불거지자 "국민께 죄송스럽게 생각한다."라고 사과했고, 이명박 대통령도 이상득 의원의 구속 직후 "모두가 제 불찰이다. 어떤 질책도 달게 받아들이겠다."라고 몸을 낮추었던 바 있다.

이처럼 정치 지도자는 최측근이나 가족의 구속이나 스캔들에 대해 유감 표명을 통해 책임을 인정해 온 전례가 있었다. 물론 측근들은 혐의를 부인하고 있고 검찰의 야당 탄압 의혹도 상존한다. 하지만 측근들의 구속 앞에서 일단 유감 표명을 하는 것이 책임정치에 부합되고, 일보 후퇴를 통한 이보 전진을 꾀하는 게 정치 지도자에게 요구되는 덕목이라고 생각한다.

정진상 수사는 야당 탄압인가

정진상 실장에 대한 검찰 수사에 대해 민주당은 "유동규의 오염된 진술에만 의존할 뿐 물증이 전혀 없다.", "검찰의 짜맞추기 수사다."라고 적극적으로 항변해 왔다.

하지만 구속영장 발부의 전제조건은 '피의자가 죄를 범하였다고 의심할 만한 상당한 이유가 있을 때'이다. 법원도 검찰이 주장하는 혐의사실이 상당 부분 소명되었다고 인정하고 구속영장을 발부하였다는 것을 받아들여야 한다. 즉, 검찰 수사에 정당성을 어느 정도 부여한 것이다. 그래서 구속영장이 발부된 정진상 실장에 대한 검찰 수사가 '야당 탄압'이라든가 '이재명 죽이기'라는 주장에 전적으로 동조하기 힘들게 된다.

정 실장 구속기소는 당연히 이재명 대표를 향해 직접 수사의 칼날이 들어올 것을 의미했다. 동시에 사법 책임과는 별개로 이 대표가 정치적 책임을 져야 할 상황이 점점 다가온다는 의미였다.

이 대표가 정말 무관한지는 알 도리가 없다. 하지만 우선 두 명의 최측근이 연이어 구속된 것에 대해, 최소한 물의를 일으킨 데 대해 도의적 유감은 표하는 게 도리라고 생각했다. 그리고 억지로 끌려가는 그림을 만들기보다는, 강제수사가 들어오기 검찰에 직접 출석하여 수사 요청을 하는 등 선제적이고 적극적인 대응을 하는 게 현명한 대처란 생각이 들었다.

무엇이 야당 탄압인가

나는 우리가 단결해서 싸워야 할 지점은 불공정하거나 잘못된 수사 절차와 이를 통해 드러나는 야당 탄압의 의도에 있다고 생각했다. 검찰은 이미 심각성이 드러난 도이치모터스 사건이나 50억 클럽 사건은 전혀 손대지 않은 채(최근 수사가 일부 진행되고 있기는 하다) 야당 인사 관련 사건에 특수부 수사력을 집중하는 '불공정한 선택적 수사'를 해오고 있었다. 또한 '기소 전에 이미 죄인으로 난도질당하는 무분별한 피의사실 공표' 등 잘못된 수사 절차를 아무렇지도 않게 자행해 왔다. 이것은 분명히 야당을 탄압하려는 의도가 아니고서는 있을 수 없는 일이었다. 따라서 우리는 이런 지점에 목소리를 높여야 한다고 생각했다. 검찰에게 절제와 형평은 찾아볼 수 없고, 엄정과 공정을 동시에 기대하기 힘들었기 때문이다.

솔직히 우리가 대장동이나 노웅래 의원 사건의 실체관계에 대해 확실하게 아는 게 뭐가 있나? 그런데 어떻게 당의 대변인이나 지도부가 나서서 사실관계를 정면으로 방어한단 말인가? 과거에도 사건 실체는 변호사가 담당하고, 당은 편파수사, 피의사실 공표 이런 점만 집중하여 방어한 걸로 알고 있다. 즉 엄정하다는 점보다는 공정하지 않다는 점에 방어 역량을 집중해야 하고, 만약 그렇다면 나부터 검찰 수사의 불공정하고 위법한 점에 대해서 누구보다도 앞장서서 지적하고 방어할 용의가 있었다. 즉 엄정하다는 점보다는 공정하지 않다는 점에 단결해야 했다.

김용 부원장과 정진상 실장의 구속기소 후 검찰 수사의 칼끝이 이재명 대표를 향하고 있다는 것은 누구나 알 수 있는 일이었다. 하지만 '정치적 공동체' 같은 공허한 수사(修辭)가 아니라 얼마나 증거에 입각한 수사 결과를 내놓을 수 있을지는 알 수 없었다. 그러니 당시로서는 대표직에서 용퇴하라 말라 채근할 게재는 아니었다. 다만 알지 못하는 사실관계에 대한 당의 총력대응 기조가 의원들을 불편하고 굼뜨게 하는 것은 사실이었다. 이 대표 스스로가 당을 좀 편안하게 만들어줘야 했다.

중요한 것은 사적이익을 취했냐 말았냐가 아니라 정치 지도자로서 지금까지 사법 리스크로 인해 당과 당원이 힘들어한 것에 대해 솔

직하고 진솔한 사과의 말 한마디를 해 달라는 것이었다. 그런데도 이
재명 대표는 아직도 사적이익이 없었다는 점만 따지고 있으니 야속
하기만 하다.

당과 당 대표,
그리고 사법 리스크

2022년 12월 검찰은 성남FC 후원금 의혹 사건으로 이재명 대표에게 소환 통보를 하였다. 이 대표는 9월의 공직선거법 위반 혐의 소환은 서면답변으로 대체했지만 이후 연이은 소환 통보에는 조사에 응했다.

민생을 챙기고 국민을 대변하는 것은 정치의 당연한 역할이다. 하지만 질긴 사법 리스크의 족쇄 때문에 민생에 주력하겠다는 메시지나 민생투어의 울림이 그리 크게 느껴지지 않아 안타까웠다. 그래서 나는 이 대표가 잘못한 것이 없다면 당당하게 검찰과 맞서라고, 그리고 당과 당 대표의 대응을 분리시키라고 요구했다. 검찰 수사에 대해 당과 대표를 한 몸으로 묶어 버리니 당의 모든 활동이 사법 리스크와 연계되는 것으로 보였기 때문이었다.

솔직히 2022년 윤석열 정부의 국정 성과는 좋게 봐주려 해도 참사 수준을 벗어나기 힘들다고 평가한다. 무엇보다 인사가 망가졌다. 정권의 주요 길목에 검찰 출신 심복들을 배치하여 '검찰공화국'이라는 비판을 부인하기 어렵게 되었다. 국민의힘은 이준석 전 대표 축출 이후 정진석 비상대책위원장과 친윤, 기득권 우파 중심으로 재편됐고 용산의 기침 한 번으로 전당대회 목전에 '당원 100% 선출'로 룰을 바꾸는 몸살을 앓았다. 그나마 3대 개혁의 기치를 들기 전까지는 국정 목표가 무엇인지 오리무중이었다. 대야관계는 오로지 이재명 대표를 겨냥한 수사뿐이었다.

그 와중에 이태원 참사가 발생했지만, 두 달이 지나도록 책임지는 사람은 하나도 없었다. 오히려 고관대작들은 국민과 유족의 역린을 건드리는 망언만 일삼았다. 그럼에도 대통령의 국정수행 지지율과 여당 지지율은 꾸준히 상승하였고, 민주당 지지율은 약보합 수준에 머무르는 상황이었다. 큰 문제가 아닐 수 없었다. 한마디로 민주당 전체가 방탄 프레임과 힘 자랑 프레임에서 전혀 빠져나오지 못한 나머지 대안과 희망, 비전과 전략을 제시하지 못하고, 결국 대안세력으로서 인정받지 못한 당연한 결과라고 생각한다. 민주당이 방탄 프레임에서 벗어나 정책정당으로 평가받으려면 지금부터라도 당의 공식 라인이 아니라 이 대표 개인이 사법 리스크에 직접 나서서 대응하여 당의 족쇄를 풀어주는 것이 맞다고 보았다.

검찰 출석

국민의힘의 방탄 프레임 주장은 이 대표가 계양을 국회의원 보궐선거에 출마할 때부터였다. 당 대표로 선출된 이후 민주당의 '단일대오' 기치는 더욱 강해졌고, 노웅래 의원의 체포동의안 부결을 방탄 프레임과 결부시키는 신공(神功)까지 더해지며 방탄 프레임은 더욱 공고화됐다.

2023년 1월 검찰 출석을 앞둔 이 대표의 선택은 지지층 결집을 통한 정면 대결이었다. "내부총질은 이적행위, 총구는 밖으로", "진보는 분열로 망한다는 이 말, 정말 듣기 싫은 말" 등의 발언으로 지지층을 독려했다. 강성 지지층의 결집은 성공했겠지만 중도층 지지기반 확대와는 반대 방향이었다.

수원지검 성남지청 출석시 이 대표는 지도부와 동행했다. 최고위원들의 인간적 측면 등은 이해 못 할 바 아니었지만, 지도부 동행은 여당이 원하는 그림을 만들어주는 것이라 생각했다. 이 대표는 당의 전폭적 지지를 받고 있음을 보여주고 싶었던 것 같았다. 그러나 지도부가 지키고 책임져야 하는 것은 이 대표만이 아니라 이 대표를 포함한 민주당 자체여야 한다.

사실 10시 반으로 시각을 특정해서 검찰에 나간다고 발표할 때 의아했다. 검찰 공보준칙상 비공개 소환이 얼마든지 가능한데 포토라인에 서겠다는 것 아닌가. 혼자 포토라인에 설 리는 만무하고 의원들과 지지자들을 대동하고 나가겠다는 의도였을 것이다. 그런데 과연 동행이 많다고 검찰 소환에 당당히 응하는 건가? 오히려 소환을 피하지 않고 조용히 검찰에 다녀와 그 결과를 담담히 밝히는 것이 당당한 것 아닌가? 그런 생각을 했다.

대선 결과에 따라 검찰 칼날의 방향이 결정된다는 것은 인정하기 싫지만 엄연한 현실이다. 대선에서 승리하면 임기 중 불소추되니 이 대표 말대로 검찰 소환조사는 '대선 패배의 대가'일 수 있다. 이럴수록 이 대표는 혼자 검찰에 나가서 당당하게 대응하는 것이 정치 지도자다운 모습이라 생각했다.

대선 맞상대를 이토록 철저히 탈탈 터는데 방법이 있겠는가? 국민들 보시기에 이건 너무하다 하실 때까지 때리면 맞는 수밖에 무슨 수가 있을까? 국민과 대한민국의 사법시스템을 믿고 철저히 로우 키로 가는 수밖에 없다.

이 대표 수사에 대해 중도층은 아직 유보적 입장이 대세지만, 시간이 갈수록 검찰의 수사가 과도하다는 지적에 수긍하는 여론이 늘고 있었다. 아직 국민 여론이 '부패척결 수사'인지, '조작 수사'인지 한쪽으로 쏠려 있지는 않은 상황에서 몇 번을 부르건 성실히 응하는 것이 국민 정서에 부합하는 것이고 결국 승리하는 것이다.

방탄 프레임

이 대표의 사법 리스크 대응은 당과 이 대표 개인 모두에게 운신의 폭을 넓히는 방향으로 가야 한다. '단일대오' '총력대응'의 방식으로 올인한 결과 당의 모든 활동이 '방탄 프레임'에 갇히는 결과로 나타나지 않았던가?

실체 판단, 즉 '이 대표 자신이 결백하고 떳떳함에도 검찰이 없는 죄 만들어 덮어씌운다.'라는 사법적 판단에 대해서 당 전체가 동의하고 함께 싸워 달라는 건 받아들일 수 없다. 다만, 김건희 여사 도이치모터스 주가 조작, 허위학력, 경력 같은 사건은 혐의에 부합되는 증거가 도처에서 나오고 있는데 검찰은 오불관언(吾不關焉)하는 공정하지 못한 수사 방향, 영장에나 나올 법한 범죄사실이나 공소사실이 연일 단독보도를 통해 언론을 장식하는 여론몰이식 수사 기법, 이런 소속 정파에 따라 달라지는 검찰의 잣대와 불법적인 수사 방식을 나무라고 정치적 의도가 있는 것 아닌가 하는 지점에 대해서는 당연히 함께 싸울 것이다.

더구나 민주당이 소수 야당이면 똘똘 뭉쳐 단일대오를 이뤄도 큰 부담이 없을 수 있는데, 입법권을 책임지는 절대과반의 1당 아닌가? 의석을 몰아줬는데 방탄 말고는 한 게 뭐 있냐는 방탄 프레임이 거꾸로 다음 총선 내내 괴롭힐 게 뻔하다.

또 공개재판에서 사실관계와 법리 다툼을 벌이는 당 대표가 대서 특필되는 게 솔직히 부담스러웠다. 당장 3월부터 선거법 재판이 격주로 시작됐다. 대장동, 성남FC도 규모로 미루어 최소한 매주 재판이 예상되고, 쌍방울 관련 대북송금 등 사건과 중앙지검, 성남지청이 수사 중인 백현동, 정자동 사건도 재판이 시작되면 일주일에 사나흘을 법원에 나가야 할지도 몰랐다. 더구나 유동규, 남욱, 김성태와 공개법정에서 사실관계를 험악하게 다투는 모습이 생중계되면 여론이 얼마나 더 악화될지 가늠하기 힘들고, 대표가 리더십을 유지할 수 있을지 장담하기 힘들었다. 이게 재판 리스크이고 동시에 리더십 리스크다.

이 대표의 당 대표 출마 때부터 사법 리스크를 걱정했고, 지금도 당과 개인의 분리를 주장하고 있는 입장이다. 이 모든 걱정은 민주당이 어떻게 해야 다시금 국민들에게 신뢰받는 정당이 될 수 있을까, 그래서 유권자들의 지지를 회복할 수 있을까 하는 데서 나온 것이다.

지난 2023년 3월 터져 나온 정순신 사태는 공정과 정의, 학폭, 아빠 찬스, 책임 떠넘기기, 거짓말 의혹, 검찰공화국 등 윤석열 정권의 모든 문제가 축약된 대형사고였다. 정순신 사태만으로도 평소 같으면 두고두고 집중포화를 때릴 수 있는 대형악재이며, 강제징용 제3자 배상 문제, 국민의힘 전당대회 대통령실 개입 문제까지 더하면 정부 여당은 그로기 상태를 면하기 힘들 상황임에도 민주당의 지리멸렬로 큰 데미지를 입히지 못했다. 이게 바로 방탄 프레임 효과다.

방탄 프레임은 지난 수년간 민심에 역행하는 연장선상에서 나왔다. 180석이라는 압도적 의석을 몰아주었음에도 국민이 원하는 법률이나 정책보다는 당이 원하는 것만 한 결과다. 옳고 그르고를 떠나 당의 힘을 개인(조국, 이재명)을 지키는 데 사용하거나 정작 할 수 있을 때는 손 놓고 있다가 뒤늦게 힘 자랑(검찰개혁→검수완박)하는 것이 지

216

지율 하락으로 이어졌다. 또 민심의 경고(연이은 선거 패배, 지지율 하락)에도 불구하고 지지층 중심의 정치를 하는 것도 중요한 이유였다.

이 대표도 나 이상으로 당에 대해 걱정할 것으로 생각했다. 그간 이 대표의 거취에 대해 '스스로 결정할 문제'라고 한 이유였다.

구속영장 청구와 체포동의안

2023년 2월, 이재명 대표에 대한 첫 번째 체포동의안이 국회에 접수됐다. 사실 검찰이 이재명 대표에 대해 영장을 청구하기 전 포커게임을 하고 있는 것 같다는 생각마저 들었다.

'체포동의안이 올라오면 민주당이 무조건 부결시키겠지? 그러면 법원의 영장기각으로 인한 부담도 없잖아. 무조건 구속영장 치자.'라는 생각과 '만에 하나 민주당이 부결할 것처럼 하다가 가결시키고 만약 법원에서 기각되면 수사 정당성과 동력에 심대한 차질이 오는데 어쩌지?'라는 생각이 혼재된 것 같았다. 결국 체포동의안을 던져놓으면 민주당은 이러지도 저러지도 못하고 대혼돈 상태에 빠질 것이기 때문에 검찰이 영장을 청구할 거라는 쪽으로 기울었다.

내가 생각하는 민주당의 선택지는 매우 좁았다. 가결되면 민주당은 반란표 색출 작업과 원내 지도부 책임 추궁 등 혼란 상태에 빠질 것이고(2차 체포동의안 가결 후 이 예상은 현실이 되었다), 부결되면 이재명 대선 공약 중 하나인 불체포특권 포기와 정면으로 반하는 내로남불의 이력으로 남는 부담과 기나긴 불구속재판 기간 내내 일주일에 두

세 차례 유동규, 남욱과 이 대표가 법정에서 드잡이하는 모습이 중계방송되는 부담이 적지 않을 것이다. 그중에서도 당론부결이 최악이라고 생각했다.

그래서 체포동의안이 국회에 접수된 날, 스스로 검찰에 걸어 나가 검찰이 체포동의안을 철회하게 만든 박지원 전 국정원장의 예처럼 깔끔하게 처리하는 게 제일 좋다고 내 입장을 밝혔다. 의원총회 끝에 박홍근 원내대표는 "이 대표에 대한 검찰 구속영장 청구와 정부의 체포동의안 제출이 매우 부당하다는 점을 의원들의 총의로 확인했고, 당론채택 여부는 논의조차 할 필요 없는 사안이므로 자율투표로 부결시킬 거다."라고 발표해 버렸다.

원내대표의 발표와는 무관하게 의원들의 속내는 복잡했다. 방탄 프레임에서 꼼짝달싹 못 하고 발버둥칠수록 더 빠져드는 개미지옥이었다. 더구나 체포동의안이 이번 한 번으로 그칠 게 아니라고 하지 않나? 여론조사에서 정당 지지율은 하락세였고, 오차범위 밖으로 국민의힘에 뒤졌다. 특히 수백, 수천 표로 당락이 결정되는 수도권 지역 의원들은 선거를 치를 수 있겠냐는 생각을 하는 것 같았다. 한편 절대다수로 당선된 민주적 정당성을 가진 대표라는 무게. 그런 대표를 무도한 검찰에 넘겨준다는 부담감과 당이 혼란 없이 가기를 바라는 마음이 함께 뒤섞였다.

이 두 모순점 상에서 의원들은 각자의 처지와 가치관에 따라 여러 버전으로 변이되었다. 어떤 상황이 생기더라도, 예를 들어 이재명 당 대표의 리더십이 흔들리는 상황이 생기더라도, 당이 더 큰 혼란이 없이 갈 수 있는 방법을 찾고자 고민하는 의원들이 많았다. 그래서 체포동의안을 부결시키고 당 대표에게 결단을 요구하자는 의원들도 있었고, 체포동의안을 표결에 부치지 말고 이 대표가 영장실질심사에 직접 나가도록 설득하자는 의원들도 있었다. 또 이번에는 부결시키고 다음에 또 체포동의안이 넘어오면 다시 생각해 보자는 의원들, 이번에 가결시키지 못하면 영원히 기회는 없다 등 다양한 의견들이 섞여 있었다. 그렇게 첫 번째 체포동의안 표결은 부결되었다.

2차 체포동의안

2023년 9월 18일 검찰은 이재명 대표에 대한 구속영장을 다시 청구했다. 그 전까지 민주당은 8월 비회기 기간 중 영장을 청구하라는 입장이었다. 이 경우 스스로 법원에 나가는 '권성동 방식'이 가능하지만, 9월 정기국회는 100일 동안 회기 중단이 불가능하다. 권성동 방식을 거론한 것은 체포동의안 표결시 기명투표 논란 등을 의식하여 당내 분란을 야기시키지 않고 이 대표가 스스로 법원으로 걸어가겠다는 뜻으로 보였다. 그러나 의원의 불체포특권은 회기 중에만 인정되는 것이므로 비회기 중 구속영장을 청구하라는 주문은 이 대표가 교섭단체 대표연설에서 밝힌 '불체포특권 포기 약속'과는 차이가 있었다.

민주당은 비회기 중 영장 청구를 유도하기 위해 8월 임시회 일정을 25일까지로 하는 강수를 두었다. 하지만 검찰과 국민의힘은 협조할 마음이 없었다. 게다가 이제껏 민주당은 회기 간 공백 없이 임시회를 소집하고 국민의힘은 이를 방탄국회라고 비난하지 않았던가? 180도 바뀐 양당의 태도에 국민은 또 한 번 환멸을 느꼈을 것이다.

체포동의안 표결이 임박하자 부결을 강제 당론으로 정하자는 주장이 나오기 시작했다. 체포동의안 부결을 강제 당론으로 정하는 것은 민주당이 누차 강조해 왔던 국회의원 특권 내려놓기를 정면으로 부정하는 것이고 헌법 정신도 부정하는 것이라는 이유로 반대입장을 명백히 했다.

6월 교섭단체 대표연설에서 불체포특권 포기를 밝힌 만큼 이번에는 신상발언을 통해 부당한 영장 청구이지만 체포동의를 기표해줄 것을 요구하는 것이 떳떳하다고 생각했다. 그러나 친명 그룹은 야당 탄압을 위한 기획 수사라며 부결을 주장하고, 최악의 경우 표결 보이콧을 요구하기도 했다. 정당한 영장 청구인지 여부를 법원이 아니라 민주당이 판단하면 국민적 지탄의 대상이 되어 총선에 악재로 작용할 것은 명약관화하지 않겠는가? 불체포특권 포기 약속을 했으니 당당하게 영장심사를 받을 수 있도록 이번에는 가결시키는 것이 맞다고 생각했다.

결국 2023년 9월 21일 본회의에서 체포동의안이 가결됐다. 친명 지도부는 압도적 부결을 자신했다가 재적 298, 가 149, 부 136으로 의외의 결과가 나오니 몹시 당황한 기색이 역력했다. 체포동의안 표결 전에 많은 의원들이 "이번 구속영장 범죄사실이 허접하다. 권성동 처럼 체포동의안 표결하지 말고 제 발로 법원에 가서 영장 기각 받고 오면 대표도 날개를 달고 당의 방탄 프레임도 벗을 수 있다.", "이번엔 부결시켜줄 테니 스스로 대표직을 내려놓고 적당한 때 돌아오면 대표도 살고 당도 산다.", "영장 청구와 재판이 계속될 걸 생각하면 총선 치르기 힘들다. 계획이 뭐냐?" 등을 대표에게 주문했지만, 이 대표는 불체포특권 포기나 대표직 사퇴 등에 확실하게 선을 그었다.

사실 이재명 대표 체포동의안 가결은 9월 20일이 분기점이 됐다. 오랜 단식으로 병원으로 실려 간 상태에서 당내 분위기는 '부결'로 기우는 것 같았다. 하지만 표결 전날 이 대표가 SNS에 직접 '부결 호소' 메시지를 올렸다. 6월의 교섭단체 대표 연설에서 말한 본인에 대한 불체포특권을 내려놓겠다는 선언을 뒤집은 것이고, 단식의 의미도 깎아 내려질 수밖에 없었다. 그날의 메시지는 최악이었고, 많은 이들이 등을 돌리게 했다.

옥중 공천

체포동의안 가결 직후 이 대표의 영장실질심사를 앞두고 '옥중 공천' 말이 나오기 시작했다. 유시민 전 노무현재단 이사장 같은 외부 인사뿐 아니라 정청래 최고의원 같은 지도부, 박지원 전 국정원장 등도 거들고 나섰다. 지금 민주당은 어떠한 상황이 돼도 총선까지 이재명 체제를 유지한다는 것이 분명했다.

난 상식적 수준에서 판단하면 된다고 보았다. 당 대표는 최고위와 당의 여러 단위의 회의를 주재하고 의사결정을 해야 하는데 옥중에서 가능하겠나? 옥중 공천은 상식적으로 말이 안 된다. 공천권은 당 대표 개인이 행사하는 것도 아니고 공관위에서 심사하고 최고위에서 인준을 받아야 하는 것이다. 회의에 참석하지 않는 당 대표의 지시를 통해 회의체의 결정을 좌지우지한다면 그것은 사기업체이고, 민주정당이 아니라 오너정당이다.

열린우리당이 2006년 5.31 지방선거에서 대패한 후 당시 정동영 의장은 '현애철수장부아(懸崖撤手丈夫兒·낭떠러지에서 매달렸을 때 손을 탁 놓아버리는 것이 대장부다운 태도다.)'라고 말하고 사퇴를 했다. 하지만 그다음 대선에 대선 후보로 화려하게 복귀했다. 정치인에게는 낭떠러지에 매달렸을 때 손을 놓는 용기가 필요할 때가 있다.

무엇과 싸울 것인가

전당대회 돈 봉투 의혹과
김남국 의원의 거액 코인 의혹

소속 의원에 대한 국민적 의혹이 제기되면 당 차원의 조사는 기본적인 조치이다. 전당대회 돈 봉투 의혹은 제대로 조사할 시도조차 하지 않았다. 김남국 의원은 당 자체 조사를 마무리하지 못했다. 탈당으로 종결되었기 때문이다. 사정기관의 조사와는 별개로 공당은 스스로 자정 능력을 갖추어야 국민의 신뢰를 받을 수 있다. 강제수사에 미치지 못하는 조사 능력의 한계와 같은 핑계를 내세워서는 안 된다.

전당대회 돈 봉투 의혹

서울중앙지검 반부패수사 1, 3부가 몇 달째 이재명 대표에 매달려 있는 동안 반부패수사 2부는 이정근 부총장 휴대폰 통화 파일과

메신저만 들여다보고 있다는 말이 들렸다. 여기에 더해 반부패 2부에 검사 6명이 파견 나갔다는 소식까지 나오니 '자료분석 끝내고 곧 본격 수사하겠구나.'라고 짐작했다.

얼마 지나지 않아 대대적 압수수색과 함께 2021년 전당대회 돈봉투 의혹이 뉴스 전면에 등장했다. 송영길 전 대표는 "캠프의 일을 일일이 챙기기 어려웠다."라며 연관을 부인했다. 사실이라면 이정근 부총장이 누구를 위해 부산을 떨었나? 캠프 구성원들의 모든 노고를 통해 당 대표로 당선된 사람은 조그마한 허물까지 자신의 책임으로 돌리는 게 현명한 처신이 아니었을까?

이정근 부총장의 변호인이 구치소에 찾아갔다가 여러 번 헛걸음했다는 말이 들리고, 송 전 대표의 말에 이정근 부총장이 배신감을 느끼면 어떡하나 걱정이 됐다. 결국 자금 살포를 송 전 대표가 지시했는지 등을 확인하는 '윗선' 수사는 물론 민주당 전·현직 의원, 당직자, 대의원 등 전방위로 수사 범위가 확대됐고, 검찰은 이정근 부총장에게 1심에서 3년을 구형했다. 10억 원대 금품수수면 특경가법 위반에 해당되어 최소 5년 구형은 상식인데 3년 구형이라 플리바게닝이 들어간 게 아닌가 생각이 들었다. 아니나 다를까 법원 선고는 실형 4년 6월이었다. 아마 이 부총장이 송 전 대표 관련 사실을 상세히 진술하는 것을 대가로 집행유예 선고가 가능하게 양형기준보다 싸게 구형한 것으로 의심하는 게 합리적이다.

지도부의 대응은 마치 '모래에 머리를 박는 타조'마냥 현실을 회피하는 것 같았다. 도덕적 우월성을 주요 득표 수단으로 삼아 왔던 진보정당으로선 아프더라도, 미흡하더라도 팔을 자른다는 심정으로 철저한 자체 조사를 해서 국민 앞에 환부를 드러낸 후 그 결과에 따른 합당한 처분을 해야 했다. 과거 당내에서 이런 일이 벌어지면 당장 진상조사단을 꾸렸을 것이다.

이 대표 자신이 수사와 재판을 받는 상황이라는 점 때문이었을까? 무조건적인 탈당 권유, 출당 조치는 당 차원의 조사 포기에 불과하고, 세금의 지원을 받는 공당의 책임을 저버리는 것이었다. 비위를 확인하지도 않고 검찰발 언론보도만으로 출당, 탈당을 권유하는 것도 무책임한 일 아닌가? 최선을 다해 최대한 사실을 밝히고 끝내 밝히지 못한 것은 강제수사권이 없어서 한계가 있었다고 솔직히 자복하는 게 맞는 순서다.

윤관석, 이성만 의원 체포동의안

당 대표 경선에서 금권선거는 정당민주주의의 근간을 흔드는 범죄다. 도덕불감증, 내로남불, 당내 민주주의 악화, 방탄 정당화, 팬덤 정당화, 이 대표 사당화…. 전당대회 돈 봉투 의혹이 터진 직후 열린 의총에서는 여러 문제점들이 심각한 상황이라는 지적에 다수의 의원들이 공감하였다. 여러 의원이 발언을 신청하여 배신감과 창피함을 토로하였다. 윤관석, 이성만 두 의원의 체포동의안을 부결시키기는 어려운 분위기였다.

때마침 국민의힘에서 태영호 의원의 대통령실 공천 개입 관련 녹취가 터져 나왔다. 그 내용이 사실이라면 대통령실이 정당의 자율성을 침해하여 공천에 개입하는 중차대한 문제였다. 하지만 태영호 의원과 이진복 정무수석, 두 당사자는 모두 사실을 부인했다.

대통령실의 총선 개입 시도에 대한 비판은 야당의 당연한 의무이기도 하다. 민주당 일부에서는 이 사건을 전당대회 돈 봉투 의혹과 연결하자는 의견도 있었다. 하지만 이런 방식의 대응은 민주당의 온당한 주장조차 오염시킬 수 있기 때문에 두 사안은 분리 대응하는 게 마땅했다. 이런 식이라면 도덕성, 일관성, 신뢰라는 민주당의 상징 자본을 탕진할 위기 상황이었다.

체포동의안은 국민적 눈높이와 법과 원칙에 따라 처리하는 것이 맞다. 야당 탄압과 같은 특별한 사정이 있지 않는 한 특권 포기가 원칙이다. 두 의원의 체포동의안을 부결시키면 또 이 대표의 방탄과 연결되고 비난받을 가능성이 컸다. 또한 앞서 노웅래 의원과 이재명 대표를 한 번 부결시켰으나 국민의힘 하영제 의원은 가결시킨 전력에서 오는 방탄 부담 때문에 온정주의가 작동할 여지가 별로 없다고 봤다.

체포동의안 자체만 놓고 보면 언제부턴가 검찰 수사가 굉장히 부실하다는 인상을 지울 수 없었다. 이정근 녹취록 외에는 특별한 보강 증거가 없었던 것 같고 솔직히 공소 유지가 가능할 정도로 수사 완성도가 높았느냐는 것도 의문이었다. 나는 솔직히 범죄의 소명이 충분한지 의문인 상황에서 체포동의안이 가결되었어도 구속 사유는 증거인멸 우려 하나밖에 없기 때문에 영장 발부 가능성은 높지 않다고 봤다. 체포동의안 가결의 부담이 그만큼 적었다.

그런데 표결 직전 의원총회에서 몇 명의 의원이 돈 봉투 수수 의혹에 연루된 것으로 의심하는 국회의원 29명의 본청, 의원회관 출입 기록 요구 등 검찰의 과도한 수사 방식에 대해 문제점을 제기했다. 특히 검찰이 '국회를 사냥터로, 의원을 사냥감으로' 여기는 것 같다는 발언에 대해 많은 의원들이 공분했다. '나도 언젠가 검찰의 수사대상이 될 수 있다.'라는 공포였다.

여기에 더해 본회의에서 한동훈 장관이 "돈 받았다는 의혹을 받고 있는 의원 20명이 돈을 돌렸다는 사람에 대한 체포영장에 관한 투표에 참여하는 게 과연 맞느냐?"는 주장을 하는 바람에 큰 반감을 샀다. 한 장관은 영장 사유에 대한 설명을 뛰어넘어 의도적으로 도발을 하는 것 같았다. 장관이 아니라 팬덤만 바라보는 정치인이라는 느낌을 줄 정도였다. 결국 두 의원에 대한 체포동의안은 부결이 됐다. 그러나 어쩌면 민주당은 한 장관에게 패배한 것일 수도 있다는 찜찜함을 떨쳐 버릴 수 없었다.

김남국 의원에 대한 자체 조사 실패와 징계 포기

거액의 코인 투자 의혹이 제기되자 김남국 의원은 억울하다는 입장이었다. 아무리 억울한 점이 있다고 해도 정치인은 '왜 나에게만 엄격한 잣대를 들이대냐?'는 식으로는 국민을 설득할 수 없다고 생각한다. 특히 우월한 도덕성을 상대적인 강점 중 하나로 삼고 득표 활동을 해온 민주당 계열 정치인은 더욱 그렇다.

김 의원은 당 차원의 진상조사에 비협조적이었다고 알려졌고, 당 자체 조사는 결국 실패하고 말았다. 원내대변인은 '진상조사단이 김 의원에게 방대한 자료 제출을 요구했지만, 이용거래소, 전자지갑, 거래 코인 종목, 수입 등의 자료를 제출받지 못한 상황'이라며 '모든 자료가 제출 안 된 상태에서 김 의원이 탈당해 버려 조사 결과 발표에도 한계'가 있었다고 발표했다. 실제 진상조사단의 질문에 대해서도 "잘 기억나지 않는다."라는 투로 얼버무리기 일쑤였고, 가상화폐 전자지갑 로그인 같은 기본적인 사항도 협조하지 않았다고 한다.

민주당 당규에 따르면 탈당한 자에 대해서도 징계 사유의 해당 여부를 조사할 수 있고(당규 19조) 징계절차 도중 탈당하는 경우에는 제명에 준하는 징계를 해야 한다(당규 18조). 김남국 의원은 진상조사가 한참 진행되는 도중 탈당했지만, 의총에서는 징계절차 개시 여부의 해석을 두고 갑론을박이 있었다. 당규 21조의 징계절차 개시 요건에는 '직권조사명령이 발령된 경우'가 적시돼 있는데, 이재명 대표가 윤리감찰단 조사를 지시하면서 이 요건이 충족된 것으로 봐야 한다는 주장과 아니라는 주장이 맞서 논박을 하다가 결국 당 차원의 징계는 흐지부지 없던 일이 되고 말았다.

민주당의 김남국 의원 윤리위 제소

김남국 의원은 민주당 쇄신 의총이 열리기 직전 "당에 피해를 주지 않기 위해 사랑하는 당을 잠시 떠난다. 무소속 의원으로서 부당한 정치공세에 끝까지 맞서 진실을 밝혀내겠다."라며 탈당의 변을 밝혔다. 진상조사 중에 탈당을 해 버려 사실상 더 이상 당 차원의 조사는 어려워졌고, 결과적으로 김 의원은 징계 조치를 회피할 수 있게 된 반면 그 정치적 부담은 고스란히 당이 떠안게 되었다.

김남국 의원 탈당 직후 열린 쇄신 의총에는 언론의 관심이 집중되었는데 막상 손에 잡히는 대책이 나오지 않았다. 나는 쇄신 의총에서 다음과 같이 주장했다.

첫째, 탈당한 자에 대해서도 징계조사가 가능한 당규 7호(윤리심판원 규정) 19조에 따라 계속 조사해야 한다.

둘째, 징계절차 개시 후 탈당하는 경우 '제명' 결정하고 '탈당원 명부'에 '징계를 회피할 목적으로 탈당한 자'로 기록(당규 18조)해야 한다.

셋째, 여당의 국회 윤리위 제소 이후 법사위 회의 중 코인거래 행위가 새로 밝혀졌으므로 이 부분은 민주당 독자적으로 국회 윤리위에 제소해야 한다.

넷째, 가상화폐 신고센터를 개설하여 소속 국회의원 및 4급 보좌관은 가상화폐 거래내역과 보유하였거나 보유 중인 가상화폐 지갑, 해외계좌, 콜드월렛 등 제출하도록 하여 전수조사 하자.

많은 의원들이 내 주장에 동조했다. 결의문에 위 내용을 담을 것을 요구하였으나 '계속 조사' 외에는 다 빠졌다. 언론보도에 의하면 이 대표가 막았다고 알려졌다.

지도부는 아직 당내 자체 조사 결과가 나오지 않았다는 것을 명분으로 버티다가 검찰 수사와 김 의원의 비협조가 명확해지자 결국 국회 윤리위에 제소했다. 상임위 회의 진행 중 코인거래와 국민의 눈높이에 맞지 않는 거래 액수, 거래 횟수가 문제가 됐다. 의원 징계는 수사와는 크게 관계가 없다.

윤리특위에 제소된 김남국 의원 징계안은 윤리심사자문위로 넘어갔다. 국민 여론은 빠른 징계결정을 촉구했지만 국회법상 윤리특위의 윤리심사자문위 의견 청취는 임의가 아니라 강행규정이라 시간이 걸렸다. 최장 2개월인 자문위 의견제출 기간과 20일의 숙려 기간이 주어진다. 이 기간은 교섭단체 간 합의로 얼마든지 단축할 수 있지만 가장 중한 징계를 하기 위해서는 절차상 하자가 있어서는 안 된다.

결국 윤리심사자문위는 심사숙고 끝에 김 의원 징계안에 대해 '제명' 권고를 했다. 나는 김 의원이 징계를 통해 제명되는 것보다 스스로 자진사퇴하는 것이 가장 좋은 해법이라고 생각했다. 만일 본회

무엇과 싸울 것인가

의에 김 의원의 제명 징계안이 올라왔을 때 민주당이 제명에 적극적이지 않으면 '상임위에서 코인거래 하느라 이모(姨母)와 이모(李某)를 혼동해도 괜찮은 당'이라 욕해도 마땅한 변명이 없을 것이다. 하지만 윤리특위 소위에서 3:3으로 부결이 되고 말았다. 민주당 소속 소위 위원들이 김 의원의 제명을 반대한 것이다. 소위 결정에 이재명 대표의 그림자가 보였다.

민주당에게는 아직 기회가 있다. 윤리특위 소위에서 부결된 안건이라도 전체회의에 정식으로 부의하여 다시 제명 의결할 수 있다. 총선까지 이 문제를 끌고 갈 수는 없지 않은가?

국회의원이라는 직업

국회 윤리특위에서 김남국 의원 제명 징계가 논의되자 정성호 의원은 방송에 나와 "의원직 제명이라는 중징계처분을 하려면 명백한 불법행위가 드러나야 한다."라는 입장을 밝혔다. 만약 명백한 불법행위가 있다면 국회 자체징계가 아니라 사법절차에 따라 형사처벌을 받아야 하는 것 아닌가? 적절하냐 아니냐가 아니라 불법이냐 아니냐를 징계기준으로 삼는다면 국회의 자율적 징계권은 더 이상 그 존재 이유를 대기가 어렵다.

징계처분은 국회의원으로서 헌법상 청렴의 의무를 위반하거나 국회의 위신과 품위를 손상하게 한 데 대해 국회가 자율권에 의해 의원을 제재하는 것이다. 겸직금지 위반, 영리업무 종사 금지 위반, 이해

충돌 신고 위반, 표결회피 위반, 회의장 질서문란, 회의장에서 다른 의원 모욕, 의장석 점거, 본회의장 출입 방해, 국회의원 윤리강령, 국회의원 윤리실천규범 위반 등이 사유가 된다.

국민은 김 의원이 국회 상임위 회의 중 코인거래를 했고 유동성 공급자(LP) 역할을 했다는 뉴스를 보고 국회의원 자격을 의심하지 않을 수 없었다.

> 국회의원은 국가이익을 우선하여 양심에 따라 직무를 행한다(헌법 제46조 ②).
> 나는 헌법을 준수하고…. 국가이익을 우선으로 하여 국회의원의 직무를 양심에 따라 성실히 수행할 것을 국민 앞에 엄숙히 선서합니다(국회법 제24조).

직업이라는 단어에서 '직'은 직위, 자리를 말하고, '업'은 직에 부여된 과업, 하늘이 내린 사명을 의미한다. 김 의원은 '업'을 업신여긴 것이다. 가히 국회의원의 '업(하늘이 주신 책무)'은 등한히 한 채 '직(자리)'만 탐한 것이라 할 수 있다.

이재명 대표의 책임

이재명 대표와 송영길 전 대표는 대선 기간 대선 후보와 당 대표 관계였다. 송 전 대표는 지방선거 때 이 대표에게 자신의 국회의원 지역구를 물려주고 서울시장 공천을 받는 등 밀접한 관계이다. 김남국 의원은 이 대표가 대선 후보 때부터 자타공인 최측근이었다. 송 전 대표가 연루된 전당대회 돈 봉투 의혹과 김남국 의원의 코인거래 의혹을 이 대표와 엮고 싶지 않으면 한국 정치가 아닐 것이다.

과거 정치는 측근이 사고를 치면 단호하게 책임을 묻는, 그리고 경우에 따라서는 본인이 책임지는 맺고 끊음이 있었다. 돈 봉투와 코인에 대해서도 이 대표는 더 단호하고 원칙적인 입장을 보였어야 했다. 자신의 사법 리스크에 구애되지 않고 읍참마속의 과감한 결단, 한 박자 빠른 결정을 할 수 있어야 하는데 아직 '나를 어찌 볼까?' 하는 행정가의 때를 벗지 못한 것 같았다.

"쇠는 뜨거울 때 두드려라."라는 격언이 있다. 김남국 의원은 쇄신 의총 2시간 전 탈당계 제출했고, 이후 6시간 이상 격론이 있었다. 민주당 의총 결과에 국민적 관심이 집중되는 건 당연하였지만 결론은 '에이~ 이게 뭐야.'로 끝났다.

새정치민주연합 시절 문재인 대표는 당의 내홍이 격화되자 최측근 3인방(양정철, 이호철, 윤건영)의 총선 불출마를 종용하고 자신 또한 대표직에서 사퇴하는 단호한 조처를 취했다. 지도자에게는 가장 가까운 사람이라도 빠르고 단호하게 처리하는 비장함과 결단이 요구된다는 사실을 잊지 말아야 한다.

5장

2024년의 선택

오늘날 우리가 발 딛고 서 있는 한국 정치는 양극단의 막장 대결로 치닫고 있다. 거대 양당은 총선이나 대선 같은 전국단위 선거가 있을 때에만 경쟁적으로 무당층이나 중도층을 향해 애절하게 구애를 벌이고 평소에는 상상도 하지 못할 변신도 곧잘 한다. 그러나 그때뿐, 총선 성적표를 받아들고 나면 언제 그랬냐는 듯 '다이어트 요요 현상'처럼 곧장 고정 지지층, 특히 강성 지지층을 향해 맹렬히 돌아간다.

지금껏 대한민국 양대 정당은 이념이나 가치를 둘러싼 대결을 한적이 없다. 보수와 진보의 대결이었다면 선거 결과에 따라 대한민국의 방향이 바뀔 수도 있었고, 최소한 진보적 의제나 보수적 의제가 무엇인지 국민들이 인식할 수 있었을 것이다. 하지만 지금의 양당에는 보수와 진보의 구분이 무의미할 정도로 강력한 패권주의를 기반으로 한 포퓰리즘 정책만 난무하고 있다. 상극으로만 달려가는 양극단은 '수구 보수'와 '운동권 패권주의'로 각각 수렴되어 국회라는 제도화된 공론의 장을 무력화시키고 사회 전체를 거대한 검투장으로 만드는 중이다. 정치가 우리 사회의 모순과 난제를 해결하는 수단이 아니라 오히려 사회적 분열과 갈등을 확대 재생산하는 '문제 그 자체'가 되어 버렸다.

따라서 2024년 22대 총선 전망을 두고 '어느 당이 다수 의석을 차지할 것인가?' 하는 문제는 부차적 관심사이다. 오히려 '양당이 포기한 정치의 역할을 되찾는 국회를 만들 방법이 있을까?' 하는 것이 최우선의 과제다. 이는 양당, 제3지대 혹은 제3, 제4의 당 모두에게 부과된 과제이다.

무한대결,
거대 양당의 적대적 공생

국민들이 식당 손님이라고 가정하면 국민의힘과 민주당은 그 식당의 유이한 메뉴인 '쉰밥'과 '탄밥'격이다. 국민들은 모든 면에서 '오십 보 백 보'인 양당에 신물이 난 지 오래지만 누군가를 선택하여야만 한다면 어느 쪽의 손을 들어줄까? 장담컨대 국민들은 갈등을 증폭시키고 책임을 전가하는 혐오의 정치를 '먼저' 그만두고, 상대방을 파트너로 인정하며, 민생에 몰두하는 쪽의 손을 들어줄 것이라 확신한다.

협치를 어렵게 만드는 거대 양당의 현실

민주당 국회의원들 중에는 정책 역량이 뛰어난 분들이 많다. 실제 인재 영입 과정에서는 각 분야에서 뛰어난 전문성을 가진 분들을 모셔 온다. 그러나 문제는 정책 역량과 정치적 성과는 무관하다는 점이다. 정책 역량과 전문성이 있는 의원들이 상임위나 특위, 정책위에서 아무리 열심히 일을 해도 크게 부각돼 보이지 않는다. 특히 21대 국회에서는 아무리 좋은 정책을 발표한들 이재명 방탄용으로 치부되기 일쑤라 언론이나 국민들이 제대로 평가를 해주지 않는 것 같다. 오히려 상대 진영을 향해 거친 공격을 즐겨하는 의원들이 셀럽이 되기 일쑤이다.

더욱 절망스러운 것은 정부 여당이 정책에 별 관심이 없다는 사실이다. 왜 집권을 한 건지 의심스러울 정도로 과연 정부 여당이 꼭 하고 싶은 일이 있기나 한 건지 궁금할 때가 많았다. 정부 여당이 정책에 무관심하니 야당이 아무리 정책을 내 봐야 손뼉이 마주치지 않고 논쟁이 되지 않는다. 그러니 언론이 관심을 가질 리가 만무하다.

따분한 정책 논의보다는 대통령이 극우 유튜버를 차관급에 해당하는 공무원 교육기관장으로 임명하고 전 정부와 야당을 '반국가세력'이라고 서슴없이 규정하면, 야당은 대통령을 '쿠데타'로 집권했다고 비하하고 '대통령 탄핵'을 암시하는 발언을 쏟아 내기도 하는 막장 대결이 언론의 원샷을 받는 일이 반복되고 있다. 이러니 정책적 대화는 팔리지 않는 재고로만 쌓이고, 극단적 언사로 자기 진영의 극성 지지층만 자극하는 양상이 되풀이될 수밖에 없는 상황이다.

양당 지도부의 상황도 대동소이하다. 당심 100%로 선출된 여당의 친윤 단일체제 지도부는 '당정일체'의 한계가 분명하고 자체 동력이 없는 반사체 김기현 체제는 결국 비대위로의 전환을 앞두고 있다. 친명 단일체제 민주당도 독설로 당 대표 방탄에만 주력하느라 특별한 비전을 제시하지 못하기는 여당과 마찬가지다. 거대 양당 지도부 모두 불안정한 상태에서 자체 득점 루트 없이 상대방 실점에 따른 어부지리만 기대하는 꼴이다. 협치의 조건도, 협치를 해야 할 이유도 찾기 어려운 답답한 상황, 안타까움은 여전히 국민의 몫이다.

대선의 연장전

이준석, 김종인 그리고 안철수의 힘까지 짜내어 승리한 국민의힘은 대선 승리 후 대대적인 갈라치기에 나섰다. 전당대회에서 유승민, 나경원을 밀어낸 것이 대표적인 예다. 반면 민주당은 대선 패배에 대한 진지한 반성 없이 '졌잘싸(졌지만 잘 싸웠다)'에 만족했다. 개딸(강성 지지층)의 요구 수준에 맞춰 당을 운영하고, 대여투쟁에 몰두했다.

안타깝게도 이런 당 운영 방식이 굳어져 양당 모두 중도층에 대한 소구보다 지지층 결집에 노력하는 모양새이다. 총선 투표율을 5~60%로 가정하고 30% 고정 지지층만 모두 나와 투표하면 지지 않을 자신이 있다고 판단하는 것 같다. 이러다가는 총선이 자칫 대선의 연장전 혹은 승부차기가 될 것 같다. 역대급 비호감 총선으로 치뤄지면, 유권자의 정치 환멸은 더욱 심해질 가능성이 크다. 22대 국회의 앞날도 암울해 보인다. 결국 다당제 도입이 절실하고, 선거제 논의에서 결실을 내는 것이 어느 때보다도 절박한 이유다.

개헌과
선거구제 개편

정치 불신, 생산성 '0'인 정치의 근본적인 해법은 '양당체제 극복'라고 생각한다. 선거 때마다 유의미한 선택지가 두 당뿐이니 대다수 국민들은 '울며 겨자 먹기'식으로 투표할 수밖에 없다. 오죽하면 내가 "한국 선거판의 선택지는 맹독성 아니면 방사성 폐기물뿐"이라는 극한 비유까지 했겠나?

정치인들은 이 상황을 본능적으로 잘 안다. 이게 맞나 싶은 생각은 잠시, 다음 선거에서 당선이 되어야 정치개혁이고 뭐고 할 수 있다고 간단히 합리화한 후 일반 유권자들보다 지지층, 지지층 중에서도 강성 지지층의 눈에 잘보이려 애쓴다. 그래야 공천을 받을 확률이 높아지기 때문이다. 공천을 받기만 하면 결국 유권자들은 양당 후보 중 하나를 선택할 수밖에 없다. 그러니 공천을 받는다는 건 평균 당첨

무엇과 싸울 것인가

확율 50%의 복권을 얻는 거나 마찬가지인 셈이다.

양당체제를 깨려면 원내 교섭단체가 3~5개 정도는 되어야 하고 제1당도 과반의석에 미치지 않는 게 필요하다. 이렇게만 된다면 대화와 타협이 일상화되고 다른 당을 '무찔러야 할 적'이 아니라 '함께 일을 할 파트너'로 인정할 수밖에 없다.

한국 정치가 다시 생동하려면 제왕적 대통령제, 양당제와 소선거구제에다가 중앙당에 모든 권한이 집중된 이 지긋지긋한 틀을 깨야 한다. 대통령제를 바꾸려면 개헌이 필요하니 논의를 미루더라도 개헌이 필요 없는 중대선거구제로 바꿔 다당제를 도입해야 한다.

개헌특위 제안과 중대선거구제 개편

이재명 대표는 2022년 9월 개헌특위 설치를 제안하며 '대통령 4년 중임제'를 제시했다. 5년 단임제의 제왕적 대통령제와 국회의원 소선거구제의 결합인 이른바 '87년 체제'는 이미 그 수명을 다했다는 게 정치를 아는 사람들의 대체적인 평가이다. '87년 체제'를 36년간 지속한 결과가 대한민국 정치판의 적대적 공생과 비토크라시(Vetocracy; 상대 정파의 정책과 주장을 모조리 거부하는 극단적인 파당 정치)로 나타났다. 그런 점에서 '의원내각제' 등 개헌의 필요성은 충분히 공감한다. 하지만 현실적으로 개헌을 유일한 해법으로 여기고 집착하면 발목을 잡혀 한 발도 나가지 못할 우려가 크다.

이 대표가 주장한 4년 중임제는 검경, 감사원 등 권력기관의 정치적 중립성뿐 아니라 일반 행정부처에서도 영혼을 가진 공무원을 찾아보기 힘든 작금의 상황에서 현직 대통령의 재선을 위한 관권 선거 운동 우려가 너무 크고, 부정선거 시비로 나라가 휘청거릴 가능성이 농후하다고 생각한다. 반면 의원내각제는 만연한 '반정치주의'의 영향으로 국민이 국회를 너무나 불신하여 당장 도입하는 것이 현재로서는 현실적이지 않다. 실현 가능성이 낮은 권력구조 개편을 위한 개헌보다는 중대선거구제 도입, 정당 설립 요건 완화, 국고 지원 요건 완화 등을 통해 다당제로 유도하여 정파간 연정을 일상화하는 것이 더 현실적이라고 생각한다.

2023년 1월에는 윤 대통령이 중대선거구제를 언급했다. 양당의 극한 대립 구도보다는 3당 혹은 4당 체제가 훨씬 효율적이고 생산적이다. 그런 점에서 반드시 도입해야 하고 다당제를 가능하게 하는 것은 중대선거구제이다. 그래서 나는 선거구제 개편에 찬성한다. 대한민국 모든 분야의 발목을 잡는 '비토크라시'의 족쇄를 푸는 데 꼭 필요하다.

총선을 앞두고 항상 선거법 개정 논의가 시작되지만, 정작 선거구제 개편의 장애물은 정치인이고 정당의 기득권이다. 기득권을 내려놓으면 당장은 손해인 것 같지만 중장기적으로는 득이 될 가능성이 높다. 그런데 왜 진지하게 논의할 생각은 하지 않는 것일까? 22대 총선에서 바로 적용하는 것이 정 우려스럽다면 23대 총선부터 적용하는 규칙이라도 21대 국회에서 반드시 만들어야 한다고 동료 의원들에게 설파하곤 했다.

유권자가 아닌 정당이 당선인을 결정하는 선거제도

정 안 된다면 지방의원 선거부터 도입해 보는 건 어떨까? 지방의원 대선거구제를 통해 다당제 정치체제의 장점과 효용성을 입증할 수 있을 것이다. 단기적으로 거대 양당에 손해일지 몰라도 정치뿐만 아니라 대한민국 전체가 한 단계 도약하는 길이다.

잘 알다시피 기초의원 2인 선거구에서는 민주당과 국민의힘이 1석씩 나눠 갖거나, 지역별로는 어느 한 당이 독식한다. '내가 잘하기보다 상대방이 못하도록 하면 기회가 온다.'라는 적대적 공생관계와 '상대방 하고 싶은 거 못하게 할 힘만 가지면 된다.'라는 비토크라시는 결국 풀뿌리 민주주의의 싹도 시들하게 만든다. 또한 영구히 양당 독과점 체제를 지탱하는 힘이자 우리 정치의 가장 치유하기 힘든 병폐다.

지방선거 때마다 전국 곳곳에서 각 정당의 '나'번 기초의원 후보들이 한목소리로 목청 높여 부르는 노래가 있다. "'나'를 잊지 말아요." "오늘 밤 주인공은 '나야 나.' '나야 나.'"이다. 각 당의 '나'번 기초의원 후보들은 상대 당 후보보다는 오히려 같은 당 '가'번 후보와 더 치열하게 경쟁해야 한다. 각 정당의 공천 신청자들에게 정당 기호 다음에 붙은 '가, 나, 다'의 위력은 당락을 좌우한다고 느낄 만하다. 실제 제4회(2006년)부터 제7회(2018년) 지방선거 결과는 '가'번을 받은 후보의 당선율이 80% 내외로 '나'번 후보 당선율의 약 두 배에 달했다. 지역구 기초의원은 유권자가 아닌 '가', '나', '다' 기호를 결정하는 정당이 당락을 결정한다고 봐도 무방할 지경이다.

2006년 기초의원 선거에 도입된 중선거구제는 1명만을 뽑는 소선거구제에 비해 유권자의 제2, 제3의 선택지도 당선권에 들어갈 수 있다. 그 때문에 사표(死票)가 줄고 지역주의와 양당 중심 정치체제의 대안이 될 것이라 기대했다. 하지만 유권자들은 선호 정당만 보고 제일 상단에 자리한 '가'번 후보에 본능적으로 기표하기 십상이기 때문에 '가'번 쏠림 현상은 중선거구제의 장점을 반감시키는 역효과를 가져 왔다. 정교한 설계 없이 도입한 중대선거구제는 또 다른 방식의 선거 결과의 왜곡을 가져오고, '가'번을 받기 위한 후보자 줄 세우기 등으로 인해 정당민주주의가 훼손될 수 있다.

2023년 4월 국회는 20여 년 만에 국회의원 전원이 참여하는 전원위원회를 열었다. 100명의 의원이 의원 정수 조정, 비례대표제 개혁, 선거구제 개편 등을 두고 다양한 주장을 펼쳤다. 그때 나는 세 가지 의견 제시했다. 첫째 양당제를 깨고 다당제로 갈 수 있도록 22대 총선에서 5인 이상의 대선거구제로 가자. 둘째 도입 취지와 달리 운용되는 비례대표를 폐지하고 지방 의석수를 늘려 지방소멸을 방지하자. 셋째 가나다 순번을 없애 중앙당 예속을 방지하자.

의원들마다 제각기 다른 해법을 제시했지만, 그 지향점은 '국회의원 의석 분포와 유권자의 표심을 어떻게 일치시킬 것인가.'로 모였다. 현행 국회의원 선거는 선거구마다 최다득표자 1명을 선출하는 소선거구제이다. 1988년 제13대 총선부터 시작된 소선거구제는 거대 양당체제의 강화와 지역주의 고착화에 힘을 실어줬다. 지난 21대 총선에서 민주당은 호남에서 28석 중 27석을, 국민의힘은 영남에서 65석 중 56석을 차지했다. 21대 총선의 사표 비율은 무려 43.7%였다.

유권자 표심과 다른 결과를 만들어내는 소선거구제를 극복하기 위해 국회는 중대선거구제도 잠시 논의하였으나 내려놓았고 최근 선거제도 개편 논의의 중심은 '(준)연동형'이냐 '병립형'이냐 하는 비례대표 선출방식이나 위성정당 방지 등에 초점이 맞추어져 있다.

소선거구제를 유지하는 한 국회의원 당선인의 결정권 중 상당 부분은 유권자가 아닌 정당, 특히 거대 정당에게 돌아가게 된다. 정당이 순번을 정하는 비례대표 후보들은 더 말할 필요도 없고, 이른바 '텃밭' 지역의 지역구 의원들에게도 정당의 공천이 사실상 당선을 보장하는 제도이기 때문이다. 정당과 공천권자가 후보의 당락을 좌우하는 선거제도는 개혁이 필요하다. 이번 선거제 개편은 '나의 대표'를 선출하고 싶은 유권자의 표심을 가장 많이 반영할 수 있는 방향으로 가야 한다.

당내 민주주의 위기라는
민주당의 고질병

새 정부 출범 초기 야당 지지층의 무력감은 일반적이고 자연스러운 일이다. 그러나 당내에서는 대선 패배와 지지율 하락의 원인을 두고 서로 다른 해석을 하고 있었다. 한편에서는 '검수완박' 등 강성 지지층만 바라본 입법 강행이 원인이라고 하고, 다른 한편은 오히려 완전한 검찰개혁을 못 해서 지지층이 결집하지 않은 것이 원인이라고 했다.

어느 주장이 맞는지 대선 패배 이후 원인 분석을 하여 민심에 좀더 다가설 수 있는 길을 모색해야 하는 것은 너무나 당연한 일이라생각했다. 대선 패배 직후 비대위에 들어가 대선 패배의 원인을 분석하고 쇄신책을 강구해야 한다고 수차례 주장하였다. 그러나 비대위조차 이런 노력을 회피하였다. 당이 5년 만에 정권을 내줄 정도의 중병에 걸렸음에도 통증을 느끼지 못하는 심각한 상황이었다. 위기 상황에 처했음을 인정하고 적절한 처방을 구하려고 노력하여야 함에도 결국 당면한 지방선거 공천에 몰두하느라 아까운 시간을 허비했다.

4.7 재보궐선거에 이어 대선까지 민주당에 대한 국민들의 심판이 있었다. 이어진 6.1 지방선거에서도 (민주당) 정권심판론이 내내 득세했다. 부동산 정책 문제부터 조국, 윤미향 사태와 패권적 위성정당 사태, 지자체장의 성추행 문제까지 위선과 내로남불, 오만과 무능 등 이유는 많았다. 아직 국민들이 민주당에 면죄부를 주지 않았다.

나는 민주당에 대한 유권자의 외면은 내로남불, 전당대회 돈 봉투 의혹, 김남국 의원의 거액 코인투기 등 도덕성 상실과 다양성 상실, 팬덤정치 등 당내 민주주의 위기라는 민주당의 고질병에서 비롯됐다고 본다. 이러한 선결과제를 미뤄둔 채 아직도 대의원과 권리당원 표의 등가성 문제와 같은 전당대회 룰을 둘러싼 다툼 등 끊이지 않는 잡음만 이어지고 있다.

문재인 정부 5년 동안 이러한 고질적 문제점에 대한 숱한 경고음이 울렸다. 그것을 무시한 결과가 대선 패배, 그러고서도 정신 못 차린 결과가 지선 패배였다. 이후 1년 내내 여야 모두 도긴개긴 정파적 이익에 매몰되다 보니 민주당에 대한 국민적 신망은 저 멀리 날아가 버린 게 아닌가 싶다.

4.7 재보궐선거 패배

민주당에 대한 민심의 이반은 2021년 4.7. 재보궐선거부터 분명해 보였다. 4.7. 재보궐선거의 패배를 당의 쇄신과 변화의 계기로 삼았다면 대선 이전에 환골탈태할 기회가 되었을 것이다. 다만, 그간의 우리 잘못에 대한 통렬한 반성과 성찰이 앞서야 하고, 그에 따른 근본적 개선책을 마련하여 철저하게 실천한다는 전제하에서만 가능한 얘기였다.

통렬한 반성과 성찰은 잘못한 지점이 어디이고, 왜 그런 잘못을 저질렀는지 그리고 그 잘못을 되풀이하지 않기 위해 앞으로 어떻게 할 것인지 등에 대해 진정성 있게, 매우 구체적으로 고백하는 것을 전제로 한다. 그런데 선거 패배 후 민주당에서 나오는 반성의 목소리는 아쉽게도 그 내용이 매우 간략하고 추상적이었다. 과오에 대한 구체적 내용 없이 '잘못했다'라는 단어 하나로 통 치고 넘어가는 경우가 대부분이었다. 조금 더 나아가도 '오만·독선·무능을 지적하는 목소리에도 귀 기울이겠다.'라는 등 두루뭉술한 결론만 나열하는 정도였다. 지긋지긋한 무오류의 관성에서 벗어나지 못한 것이다.

돌이켜보면 집권 이후 민주당은 국민들의 바람과는 반대 방향으로 변해갔다. 우선 말과 행동이 점점 달라졌다. 우리 편과 저쪽 편에 들이대는 잣대도 너무 달랐다. 또한 이미 기득권화되어 공감의 리더십을 등한히 했음에도 말로만 약자 편인 척하고, 무오류의 선민의식에 사로잡혀 잘못해 놓고서도 시원하게 인정하지 않고 핑곗거리만

찾은 적이 많았다. 한마디로 '착한 척하더니 능력도 없을뿐더러 솔직하지도 않다.'라는 뼈아픈 평가가 몇 년 동안 켜켜이 쌓인 결과가 잇단 선거의 결과다. 민주당은 그간 중병이 들었으나 2020년 총선 승리, 174석의 의석이 주는 착시 때문에 통증을 느끼지 못한 채 1년을 보냈던 것이다. 그 1년 동안 민주당의 증상은 매우 악화되었다.

"국민의힘에는 '국민'이 없고 정의당에는 '정의'가 없듯이, 민주당에는 '민주'도 없다."라는 우스갯소리가 세간에 나돌았다. 총선에서 절대다수 의석을 차지한 이후로는 상대 진영을 우리와 동등한 권리를 가진 경쟁자로 인정하거나 존중하지 않았다. 다수의 힘을 믿고 법안 밀어붙이기를 반복했다. 그 결과 민주주의의 관행적 규범은 후퇴하였고 '법의 지배'가 아니라 '법에 의한 지배'를 우려하는 목소리가 높아졌다.

반면교사로 삼아야 할 보수정당의 흑역사

4.7. 재보궐선거의 첫 번째 패인은 많은 시민들이 투표 말고는 민주당의 오만한 태도를 바꿀 방법이 없다고 느끼고 공휴일이 아님에도 불구하고 비장한 심정으로 투표장에 나와 차마 내키지 않는 2번 후보에 기표하셨던 것 때문이라 생각한다.

검찰개혁, 탈원전 정책, 부동산 정책 등에 대한 다양한 생각이 있을 수 있다. 조국 전 장관이나 추미애 전 장관에 대해서도 다양한 평가가 있을 수 있다. 그런데 민주당의 핵심 세력은 정책에 대한 여론이

어떠하든 180석을 주신 민의를 받들어 정면 돌파해야 하고, 문제적 인물에 대한 시중의 평가가 어떠하든 '우리 진영 사람이니 지켜내야 한다.'는 사명감에 충만했다.

핵심 세력의 이런 태도에 대해 문제점을 지적하는 극소수 의원들에 대하여 강성 지지층은 강한 압력을 가하기 일쑤였다. 그 정도가 점점 강해짐에도 불구하고 아무도 만류하지 않고 오히려 '당의 에너지원'이라는 등 미사여구로 두둔하였던 데 대해, '국민의힘'이 아직 미심쩍어 보이지만 진절머리 나는 '더불어민주당'을 혼내주기 위해서는 '눈 질끈 감고 2번을 찍을 수밖에 없었다.'는 것이 국민들의 솔직한 심정이 아닌가 싶었다.

그런데 4.7. 재보궐선거에서 참패하고서도 '검찰개혁과 언론개혁만이 살 길이다.'라는 목소리가 심심찮게 흘러나왔다. 패배를 쇄신과 변화의 계기로 삼아 성찰과 반성을 통해 과감하게 개혁을 추진하면 대선에서 극적인 반전을 꾀할 수 있을 것이나, 만약 기득권을 내려놓지 않고 내홍이 격화되며 서로를 비난만 하면 그대로 앉아서 패배할 수밖에 없다는 것을 한나라당 계열의 사례가 잘 보여주고 있다.

2011년 서울시장 보궐선거 이후 이명박 정부의 국정 지지도는 급전직하했다. 디도스 사태까지 벌어졌다. 발 등에 불이 떨어진 당시 여당인 한나라당은 강력한 차기 대선주자이자 여당 내 야당으로 불리던 박근혜 의원을 비대위원장으로 내세우고 당명을 '새누리당'으로, 심지어 당의 상징색을 금기시되던 빨간색으로 바꿨다. 이뿐만 아니라 김종인, 이준석 등 기존 당 주류와 구별되는 인사들을 과감하게 비대위원으로 등용하여 '경제민주화' 등 중도지향적인 정책을 도입하는 등 개혁적 정책들을 전면에 내세웠다. 결국 2012년 19대 총선과 그해 말 18대 대선에서 승리했다.

그러나 18대 대선 승리 이후 급격히 보수화한 새누리당은 '유승민 파동', '국정교과서 파동', '친박 공천 파동' 등이 겹치면서 180석이 가능하리라는 호언장담과는 달리 2016년 총선에서 제1당 자리를 더불어민주당에 내주었다. 핵심 세력인 친박계는 책임을 지고 물러남이 마땅하였음에도 책임을 지기는커녕 오히려 '박근혜의 복심'이라고 하는 이정현을 전당대회 당 대표 후보로 내세워 당을 장악했다.

후일담이긴 하지만 "그때 이정현 대표가 아닌 다른 사람이 당 대표가 되었다면 박근혜 대통령의 탄핵과 구속은 피할 수 있었을지도 모른다. '거국 내각'으로 타협이 가능할 수도 있었다. 전력도 약하고, 전략도 없는데 무모하게 이길 수 없는 전쟁을 밀어붙이다가 참담한 패배를 당했다. 정무적 판단만 제대로 했어도 탄핵까지는 가지 않았을 것이다."라는 새누리당으로서는 뼈아픈 평가가 나왔다. 2017년 19대 대선에서는 강성 우파 홍준표 후보가 나와서 졌다. 그 뒤라도 전열을 재정비해야 했지만, 대선 패장 홍준표가 다시 당 대표가 되어 2018년 지방선거에서 또 참패했다.

큰 선거에서 세 번을 내리지고 전당대회 과정에서도 혁신하지 않은 게 이상할 정도였다. 하지만 새누리당은 오히려 탄핵당한 정부에서 법무부 장관, 국무총리를 했지만 아무런 정치 경험이 없는 황교안을 모셔와 당 대표에 앉혔다. 그리고 2020년 21대 총선에서 역대급 패배라는 수모를 당했다. 물론 자기들이 만든 대통령들이 줄줄이 감옥에 가도 의원직을 그만둔 사람 하나 없었다. 마땅히 우리가 반면교사로 삼아야 할 보수정당의 흑역사다. 혁신하고 변화하면 살았다. 기득권을 붙잡고 변화를 거부하면 앉아서 죽었다.

"언론이 문제다."

"분열하면 죽는다."

"똘똘 뭉쳐야 산다."

"왜 청와대 책임을 이야기하냐."

2016년 당시 여당 핵심부와 강성 지지층이 하던 이야기들이다. 지금 우리는 어디에 있는가? 그리고 어디로 가야 하는가? 대부분의 사람들 눈에는 가야 할 길이 빤히 보인다. 그러나 각 정파를 막론하고 기득권층, 핵심 세력들 눈에는 보이지 않는 길이다. 한쪽 길은 사는 길이고, 다른 쪽 길은 죽는 길이다.

대선 패배의 교훈

탄핵으로 물러난 세력에게 5년 만에 정권을 내줬다. 대선 기간 내내 우리를 짓누른 압도적 정권심판론 속에서 최약체 비호감 상대 후보에게 인물 경쟁력에서도 우위에 서지 못했다.

대선 패배 후 끝내 정권심판론을 극복하지 못한 원인 분석, 즉 조국 사태와 서초동 집회, 광역단체장들의 성추행 사건, 위안부 할머니들의 공적 가치를 사유화한 윤미향 사건, 패권적 위성비례정당 사건 등을 거치며 이미 구조화된 기득권 세력이라는 평가와 내로남불로 인한 공공성과 도덕성의 와해 등에 대한 반성이 있을 줄 알았다.

그런데 대선 패배 후 20여 일 지나는 동안 기억나는 키워드는 '졌잘싸', '윤호중은 비대위원장 안 된다.', '검언개혁'뿐이었다. 아무도 책임지려 하지 않으면서도 대선 기간 지도부 중 하나인 윤호중 원내대표가 비대위원장을 맡는 꼴은 못 봐주겠고, 1,600만 표를 몰아준 지지자들을 위해 문 대통령 임기 내에 검언개혁 입법은 완수하자는 것이었다. 대선 패배 후 '검언개혁 입법 완수' 이 말을 다시 듣게 될 줄은 정말 몰랐다. 이게 선거에 진 당의 모습인지 이해할 수 없었다.

당장 다가오는 6.1. 전국동시지방선거를 위해 대선 패배의 후과를 극복하는 방안이 필요하다고 생각했다. 당시 비대위에서 내가 펼쳤던 주장의 요지다.

첫째, 윤석열 정부 출범 직후 치러지는 지선은 대선보다 투표율은 현저히 낮아질 것이다. 대선 패배의 충격으로 투표를 포기하는 유권자가 반대의 경우보다 많을 것이기 때문이다. 낮은 투표율은 우리 당에 불리하게 작용할 것이 거의 틀림없다. 대선 패배로 야당이 된 현실을 인정하는 것이 우선이다.

둘째, 역대급 비호감 대선 캠페인 중 그래도 의미 있는 것은 정치개혁 당론채택이다. 정의당 등 제 세력과 연대하여 정치개혁법안을 반드시 입법화해야 한다.

셋째, 2030 맞춤형 정책 개발, 소통 플랫폼 구축, 지방선거 공천시 획기적 전진배치 등 대선 공약을 서둘러 이행하자. 쇄신하는 민주당의 핵심이다.

넷째, 대통령은 국민이, 국회의원은 시민이, 시장은 주민이 뽑는다는 말이 있다. 지방선거에서는 일상, 민생, 복지 이슈가 상대적으로 중요하다는 의미다. 다수의 민생의제를 발굴하여 민생 이슈를 선점하자. 비대위 모두발언시 내가 주장했던 유류세 인하. 코로나 격리자 생활지원금 증액, 소상공인 방역물품 구입비 보상, 부동산 보유세 완화 같은 의제들이 그것이다.

다섯째, 2010년 지방선거에서 우리 당이 내걸었던 무상급식과 같은 전국적 메가 이슈를 조속히 발굴해야 한다. 예를 들면 인구감소, 고령화 시대에 '무상돌봄' 공약 등을 적극 검토하자.

여섯째, 강성 지지자들에 대한 당 차원의 대책이 필요하다. 강성 지지자들의 과대포집된 당심에 무작정 따라가면 민심과의 괴리가 심화된다.

그러나 구체적 데이터에 근거하지 못한 나의 제안은 크게 받아들여지지 못했다. 구체적 데이터가 뭔가? 바로 직전에 치러진 대선 백서 아닌가? 대선이나 총선과 같은 전국단위 선거를 치르면 항상 백

무엇과 싸울 것인가

서를 만들어서 패인 분석과 현실 진단을 해 오지 않았나? 대선 후 3개월 만에 치러지는 전국동시지방선거에서 연패하지 않기 위해서라도 대선 백서는 반드시 필요했다. 그럼에도 불구하고 대선 패배 이후 '졌잘싸'와 같은 민주당이 보여준 여러 모습을 보면 과연 민주당이 엄혹한 현실을 제대로 인식하고 있는지 계속 의문이 들었다. 국민들이 '이만하면 됐다, 민주당이 충분히 반성하고 성찰하고 있구나.'라고 느낄 정도가 돼야 하는데 한참 부족했다.

팬덤정치와의 이별

2017년 당시 추미애 대표가 2018년 지방선거 공천 경선에 권리당원 투표 결과를 50% 반영하겠다고 결정하고 '100만 권리당원 운동'을 펴면서 당원 모집 경쟁은 더욱 불붙었다. 결과는 놀라웠다. 24만 명이던 민주당 권리당원은 6개월 만에 150만 명을 넘었다.

그 결과 팬덤이 결집하여 밀어 올리면 수석 최고위원으로 당선되는 일이 빈번하게 발생했다. 이후 팬덤은 각종 당내 선거마다 막강한 영향력을 발휘했다. 팬덤의 정치적 효능감이 알려지자 여기에 편승하는 민주당 정치인들이 늘었다.

2022년 대선을 거치면서는 '개딸과 양아들'이 대거 입당해서 팬덤의 층위가 또 한 번 달라졌다. 하지만 기본 특성은 '지못미(지켜주지 못해 미안해)', '다시는 노무현처럼 잃지 않겠다.'라는 것이다. 당에 위기가 찾아오면 어김없이 '우리가 지켜주지 못해 노 전 대통령을 잃었다.'는 트라우마가 반복됐고, 이성보다 감성이 더 크게 작용하는 팬덤정치가 민주당 저변에 퍼졌다.

팬덤들의 진의와 순수성을 이해는 한다. 하지만 문재인 대통령 퇴임 직전 한 인터뷰에서 하신 말씀을 전하고 싶다.

"진정한 지지는 세력을 확장하게 하는 지지여야 한다. 배타적이고, 다른 사람이 거리를 두게 하는 지지는 자신이 지지하는 사람을 위한 지지가 아니다".

내가 지지자들에게 부탁드리고 싶은 말은 좀 더 긴 안목으로 지켜봐 달라는 것이다. 지지세를 확장시켜 총선, 대선에서 승리하는 것이 '노무현처럼 잃지 않는 길'이다. 그리고 무엇보다 지도부와 의원들이 팬덤정치에 편승하지 않으려는 태도가 중요하다. 스스로 책임지는 의사결정을 보여주는 모습으로 지지자와 당원들에게 분명한 정치적 입장을 보여주는 게 필요하다.

진박 감별사와 친명 감별사

20대 총선을 앞두고 새누리당에 속칭 '진박 감별사'가 나타났다. 2015년 12월 유승민 의원의 지역구인 대구 동구을 선거구에 출사표를 던진 이재만 예비후보의 선거사무소 개소식에 참석한 친박 조원진 의원이 "내가 가는 곳은 모두 진실한 사람이다."라고 발언한 데서 출발했다. 박근혜 대통령의 '진실한 사람 선택론'은 2015년 6월 국회법 개정안 파동시 새누리당 일부와 유승민 전 원내대표를 겨냥해 "배신의 정치를 심판해 달라."는 호소, 즉 '배신의 정치 심판론'의 또 다른 표현으로 이해되었다.

20대 총선을 앞두고 당시 민주당 계열은 더불어민주당과 국민의당으로 분열돼 있었다. 새누리당 친박계는 야권의 분열을 근거로 수도권이나 비영남권, 중도를 포괄하는 전략보다 당선 유력 지역에 자기 계파 사람을 당선시키는 데 주력했다. '비박계인 김무성 당 대표로부터 총선 이후 당권을 확실하게 친박계가 되찾아오겠다, 차기 대선에도 친박계에서 후보를 낸다.'는 계산이었다. 새누리당의 선거운동은 진박 마케팅 일색이었고, 공천은 대부분 친박이 원하는 대로 됐다. 총선 결과는 알다시피 새누리당 122석, 완패였다. 전통적 지지 기반이었던 대구에서조차 12석 중 2석을 민주당과 야권 무소속에 내줬다.

그로부터 8년의 세월이 흐른 후 민주당에도 유사한 흐름이 나타났다. 2023년 9월 이재명 대표의 체포동의안 가결 이후 등장한 이른바 '수박 감별', '친명 감별사', '비명 감별사'가 바로 그것이다.

2023년 9월 21일, 본회의에서 이재명 대표에 대한 체포동의안이 가결된 이후 강성 지지층은 가결로 기표했으리라 예상되는 의원들의 명단을 만들고, '수박 감별기'를 만들어 각 의원별로 수박 당도를 매겼다. 특히 체포동의안 가결 직후 박광온 원대대표의 사퇴로 치러진 원내대표 선출 과정에서 정청래 최고위원은 후보들에게 "이재명을 끝까지 지키겠다."라는 공개선언을 요구했다. 여기에 더해 원외 강경 친명 조직인 '더민주전국혁신회의' 소속 인사들이 비명계 현역 의원들의 지역구에 대거 '자객 출마'를 하겠다고 나섰고, 각 선거구별 친명 후보 명단과 함께 '친명 후보 대거 당선으로 이재명을 지키고 윤석열을 막아내자.'는 웹자보가 돌아다니기도 했다. '친명 당선, 비명 낙선'이 당내 선거전략이다. 조만간 '친박, 진박, 찐박'처럼 친명 사이에서도 '친명', '찐명'으로 세분화될 기세다.

2023년, 22대 총선을 앞둔 민주당의 상황은 2015년 새누리당의 상황과 무엇이 다르고 무엇이 비슷한가? 상대 당의 오류와 분열이 우리에게 기회라고 생각하는가? 당선자를 자기 계파 중심으로 만드는 것이 중요하다고 생각하는가? 총선 이후 당권의 향방과 차기 대선 후보를 확보하는 것이 총선전략의 중요 고려사항인가? '이재명의 민주당'이 총선 캐치프레이즈인가?

역사에서 배우지 못하면 앞으로도 상당 기간을 패자로 살아야 할지 모른다. 총선에서 승기를 잡기 위해 모두의 지혜를 모을 때이다.

2024년의 변수들

2024년 4월 10일 치러질 22대 총선 예비후보 등록이 시작됐다. 그런데도 아직 총선을 어떻게 치를지를 정하는 선거제도도, 지역구를 어떻게 조정할지를 정하는 선거구 획정도 확정되지 않았다. 기성 정치인에게는 급할 것 없어 보이지만 자기 선거구도 확정되지 않은 정치 신인들에게는 답답하기 그지없는 상황이다. 12월 12일부터 예비후보자 등록이 시작되면 다들 선거사무소를 설치하고, 현수막을 걸고, 명함을 돌리기 시작할 것이다. 그러나 총선 시계와 무관하게 여의도에서는 지금 분당, 신당과 같은 정계 개편의 기운이 여기저기서 분출되고 있다.

제3지대 신당

금태섭 전 의원의 '새로운 선택'이나 양향자 의원의 '한국의희망'과 같은 제3지대는 거대 양당체제의 비생산성과 혐오를 그 동력으로 삼아 출범했다. 하지만 포지티브한 비전이나 차별성이 뚜렷하지 않아 아직 자체 동력은 부족하다는 평가가 중론이다. 신상품이 팔리기 위해서는 그 자체만의 장점으로 고정 소비자를 확보해야지 기존 상품의 단점만 개선한 걸로는 부족한 것과 같은 이치이다. 그외에도 여러 제3지대 대안신당의 움직임이 있으나, 아직까지 뚜렷한 자체 득점 포인트는 없는 것 같다. 그런 까닭에 국회 정개특위에서 의미있는 선거제도 개편이 이뤄지지 않으면 양당 공천 탈락자의 집결지가 될 공산이 크다.

국민의힘과 민주당 모두 반성과 쇄신의 의지가 없는 이유는 스스로도 별반 내세울 게 없지만 그래도 상대 당이 더 못한다고 생각하기 때문일 것이다. 때문에 제3지대 신당에 대해서는 더더욱 별 무관심이다. 제3지대의 잠재적 지지층으로 여겨지는 무당층(캐스팅보터)은 사안별로 자신에게 이익이 되는 당과 후보에게 투표하는 경향이 있는데다가 선거가 다가오면 사표 방지 심리가 작동하여 양대 정당 중 차악으로 여겨지는 쪽으로 수렴하곤 했다. 이런 투표 성향도 제3지대의 어려움을 가중하는 중대한 이유 중 하나다.

거대 양당 공히 구심력보다 원심력이 강하게 작동하고, 인물과 비전 그리고 정책이라는 삼박자가 맞아 떨어져야 제3지대론이 힘을 받을 수 있다. 20대, 21대 국회의 비생산성과 최근 정권의 국정 난맥상이 심화되면서 양당 모두에 대한 비호감도와 정치 혐오가 극에 달하여 양당의 독과점적이고도 적대적인 공생관계의 균열을 만들어낼 여건은 그 어느 때보다 무르익었다고 여겨진다. 그리고 제3지대가 눈 뭉치만 잘 만들어 오면 얼마든지 눈밭에 굴려 눈사람으로 만들어줄 지지기반도 양당 지지세력과 비슷할 정도로 조성되어 있다. 하늘이 무너져도 국민의힘과 민주당을 찍어줄 고정 지지층 외에 19대 대선에선 문재인 대통령을 찍고, 20대 대선에서는 윤석열 대통령을 찍은 유권자들이다.

좌우 이념이나 협소한 이슈에 매몰되지 않고 신뢰할 만한 인물들과 정책의 조화, 게다가 양당의 공통 문제점인 패권주의나 당내 비민주성 혁파와 같은 최대공약수를 비전으로 제시할 수 있다면 제3지대 신당이 성공하기 위한 최소한의 필요조건이 충족될 것이다.

이준석 신당

2023년 10월, 서울 강서구청장 보궐선거에서 국민의힘이 참패한 직후 신당 창당을 가정한 여론조사에서 가장 높은 지지를 받은 것은 놀랍게도 '이준석-유승민 신당'이다.

이준석 전 대표의 국민의힘 탈당과 신당 창당은 이제 거의 기정사실로 보인다. 하지만 과연 유승민 전 대표나 다른 현역 의원이 합류할지 아직은 불투명하다. 또 김종인 위원장과 함께 만난 금태섭 전

의원의 '새로운 선택'과의 관계 설정도 모호하기 짝이 없다.

현재까지 드러난 이준석 신당 지지율의 실체는 단순히 국민의힘의 지지율을 깎아 먹는 것도 아니고 민주당의 지지기반을 흔드는 것은 더더욱 아니다. 아직 정식 출범도 하지 않은 이준석 신당 지지율의 긍정적인 의미는 양당정치에 실망한 유권자들의 지지를 받는 제3지대의 가능성을 보여주는 것이다.

만일 이준석 전 대표가 신당을 창당한다면 두 가지 선택지가 있을 수 있다. 하나는 '국민의힘을 대체하(겠다)'는 혹은 '새로운 보수를 자처하는' 신당이고, 다른 하나는 '진보와 보수를 넘어서는 말 그대로의 중도신당'이다. 전자를 선택한다면 이 전 대표 중심의 당이 되겠지만 지지층은 협소할 것이고, 후자를 선택한다면 이 전 대표는 신당 간판급 인물 중 한 사람이 되겠지만 금태섭, 양향자 신당 등 더 많은 연대를 얻을 수 있을 것이다.

지금으로서는 내년 총선이 여전히 양당체제로 치러질지 아니면 3당 혹은 4당 체제로 치러질지 아무도 모른다. 분명한 것은 국민의힘과 민주당 내부의 구심력보다는 외부 원심력이 강해지고 있다는 사실이다.

원칙과 상식

2023년 11월 16일, 연이은 선거 패배에도 불구하고 반성과 쇄신은커녕 갈수록 민주당이 지켜온 원칙과 민주주의 상식으로부터 멀어져가는 당과 정치 현실을 걱정하며 이원욱, 김종민, 윤영찬 의원과 함께 〈원칙과상식〉이라는 의견그룹을 만들었다.

그동안 당 안팎에서는 민주당의 혁신의 방향에 대해 고민하는 많은 그룹이 있었다. 대표적인 것이 〈반성과혁신〉 모임과 〈민주당의 길〉 모임이다. 하지만 당의 지도부, 친명 주류 정치인, 강성 지지층은 당의 혁신에 대해 내놓은 모든 의견들을 극소수 혹은 개인의 의견으로 치부하고 무시해 버렸다. 심지어 당의 결정이나 당 대표에 대한 비판적 의견은 여당 혹은 보수언론의 프레임에 동조하는 것이라며 묵살해 버리고 차라리 탈당하라는 비난조차 서슴지 않았다.

우리는 그동안 개별적으로 밝혀온 입장과 견해가 결코 우리만의 것이 아니라고 확신했다. 민주당의 침묵하는 많은 당원들, 지금은 떠났지만 과거 민주당 정권 창출에 힘을 실어줬던 유권자들, 그리고 아이러니하게도 정부 여당의 거듭된 실정 탓에 목소리를 낼 엄두를 내지 못하고 어쩔 수 없이 현재 상태를 관망하는 많은 의원들이 함께하고 있고 상황이 진전됨에 따라 더 적극적으로 참여할 것이라 믿었다.

〈원칙과상식〉이 당내 민주주의를 보호하는 최소한의 틀로서 작동하기를 기대하며 〈원칙과상식〉을 통해 입 밖으로 나오지 못하는 다양한 의견들을 모아 민주적 토론의 장으로 만들고, 패권주의로부터 개인과 소수의 의견을 보호하는 데 전념할 계획이다. 〈원칙과상식〉은 비명계의 상징도, 비명계의 조직도 아니다. 〈원칙과상식〉은 2001년 민주당 정풍운동의 정신을 계승한다. 당내 패권주의 대신 정당민주주의를, 내로남불과 온정주의 대신 도덕성과 윤리의식을, 팬덤정치 대신 당심과 민심의 조화를 추구한다.

민주적 정당, 윤리적 정당, 대중적 정당이 우리가 지향하는 정당이고, 현재 그 가치와 대척점에 있는 현 민주당의 병폐가 우리가 다뤄야 할 의제이자 개선해야 할 요구사항이다. 민주적 정당으로 다시 태어나기 위해 당 대표에게 집중된 시스템 개혁과 투명한 당 운영 그리고 당내 계파모임의 해산을, 윤리적 정당을 위해 당헌 80조의 회복과 준수를, 그리고 김남국 의원 제명처분 등 당의 도덕성 회복을 위한 가시적 조치를, 대중적 정당으로 발전하기 위해 정당 의사결정에 일반 국민의 참여 확대와 증오와 혐오를 부추기는 홍위병 정치의 중단을 요구한다.

〈원칙과상식〉이 다가올 총선에서 어떤 모습으로 변모할지 아직 정해진 바는 없다. 하지만 〈원칙과상식〉이 어떤 역할을 할지는 지향점과 의제에서 분명하게 밝혔다.

6장

원칙과 소신,
조응천의 길

국회의원으로서 의정 활동을 하다 보면 대부분의 정치인은 '정치적 꿈이 뭐냐?' '정치적 목표가 뭐냐?'라는 질문을 받게 된다. 솔직한 속내를 드러내며 "재선이 목표다."라고 하는 국회의원은 없을 것이다. 보통은 "우리 사회를 어떻게 변화시키는 정치인이 되고 싶다."라고 답하곤 한다. 그리고 그 수단으로 재선, 삼선 국회의원을, 혹은 원내대표나 당 대표를, 어떤 이들은 대통령을 꿈꾼다는 목표를 드러내기도 한다.

나의 답은 좀 엉뚱하다. 누가 물어 보면 "수상 또는 총리가 되는 것"이 목표라고 말한다. 정확히 말하면 내각책임제의 총리다. 나 개인의 정치적 목표는 내각제, 중대선거구제, 다당제 실현이다. 내각제는 개헌이 전제되어야 하는 일이니 우선 중대선거구제 도입으로 다당제를 이뤄내어 지긋지긋한 양당체제를 극복하고, 정치 혐오와 정치 불신, 비토크라시를 깨 버리고 싶다.

우리를 비판하고 상대를 인정하는 정치의 어려움

네 분의 대통령이 부른 남자

2016년 처음 국회의원으로 출마했을 때 "네 명의 대통령이 부른 사람"이라는 캐치프레이즈를 걸었다. 박근혜 대통령 민정수석실의 공직기강비서관으로 일하다가 쫓겨난 것은 잘 알려진 사실이다. 하지만 이전 정부들인 김대중 대통령 때는 청와대 민정수석실 행정관으로 일했고, 노무현 정부에서는 부패방지위원회에서 실태조사단장으로 불려가 '고위공직자비리수사처법' 정부 발의안을 만들었다. 이명박 정부에서는 국정원장 특별보좌관으로 일했다. 문재인 대통령이 당선되어 여당 국회의원 신분이 되었으니 다섯 분의 대통령을 모시고 공직생활을 이어왔다.

돌이켜보면 능력에 비해 과분한 사랑을 받아 왔다. 한편 내가 만

일 업무를 처리함에 있어 간에 붙었다가 쓸개에 붙었다가 하거나, 감언이설만 늘어놓는 사람이었다면 굳이 날 찾을 이유는 없었으리라 생각한다. 공무원, 공직자로서 권한을 위임해주신 국민들만 생각하며 열심히 매진했던 것이 여러 정부에서 중용된 가장 큰 비결이지 않을까 싶다.

공수처와 '가재는 게 편'

1992년 서울지검 남부지청에서 초임 검사로 일을 시작하여 2005년 수원지검 부장검사직을 마지막으로 검사 경력의 마침표를 찍었다. 검사를 그만둔 이유, 국회의원으로서 지금의 위치와 역할을 생각해 보면 그사이에 나와 공수처의 질긴 인연이 있다.

검사로 근무하면서도 현직 법조인에 대해서는 유독 무딘 칼날을 들이대는 검찰의 행태에 이골이 난 나는 평소 판검사 비리를 전담하는 '법조비리수사처' 같은 기관이 있어야 한다고 생각했다. 고위공직자비리수사처는 참여정부의 공약이었고, 당시 부패방지위원회(부방위)가 주도했는데 어쩌다 보니 부방위에 파견 근무를 하게 됐다. 평소 법조비리수사처에 관한 생각도 있었고, 마침 김성호 부방위 사무처장과 인연도 있어서 내가 적임자 중 하나일 수는 있겠다 싶었다. 하지만 보직관리에는 전혀 도움이 되지 않는 파견처여서 고개를 푹 숙이고 내심 다른 검사가 가게 되길 바라다가 된통 걸려버린 꼴이었다. 거기서 고위공직자비리수사처 정부 입법안을 만들었다. 요즘 문제가

무엇과 싸울 것인가

되는 '공수처법'의 최초 버전이다. 아니나 다를까 대검찰청 높으신 분들은 파견 나가서 쓸데없는 짓을 한다고 너무 힘빼지 말라고 매일 전화에 대고 나무랐다.

파견 끝날 무렵 검찰 복귀 인사가 났다. 그동안의 법무부 검찰국, 청와대 파견검사, 서산지청장 등 남부럽지 않은 보직 경로가 있어서 일반적인 인사관행으로는 대검에 아무리 찍혔어도 대검 공안부 과장이나 서울중앙지검 아니면 서울시내 지검 부장검사 정도는 갈 것이라 생각했는데, 꿈에도 생각지 않던 수원지검 공안부장 검사로 발령이 났다. 당시 부장급 검찰 인사는 대검 중수부나 공안부 과장, 서울중앙지검 특수부나 공안부 부장 정도나 신경 쓰는 자리인데, 고위공직자비리수사처 법안을 만든 데 대한 검찰 내부의 평가가 고스란히 반영된 인사라고 볼 수밖에 없었다. 고민하다 수원지검 출근한 날 사표를 냈다.

국회의원이 되고 나서, 특히 법사위원으로 활동하며 공수처 설치 논의에 직접 참여하게 됐다. 내가 잘 아는 내용이고, 고위공직자비리수사기관의 필요성에 대한 나의 신념이 검사 경력의 중단과도 직접적인 관계가 있었기 때문에 다른 어떤 의제보다 깊이 관여하며 의견을 피력했다. 하지만 당에서 추진하는 공수처와 내가 생각하는 공수처가 달라 당과 갈등을 겪었다. 이때 돌아온 비난이 '가재는 게 편', 즉 '조응천은 검찰 출신이라 검찰 편을 든다.'는 것이었다.

검경 수사권 조정도 마찬가지다. 박근혜 정부 때는 공직기강비서관을 하다 쫓겨난 뒤에 이른바 '청와대 문건' 사건으로 구속영장까지 청구됐다. 청와대의 하명을 받은 검찰은 나를 어떤 식으로든 엮으려 들었다. 피의자가 되어 직접 당해 보니까 검찰이 수사권과 기소권을 함께 갖고 있으면서 확증편향에 빠진 검사의 손에 모든 것을 맡기는 것이 얼마나 위험한지 확실히 깨달았다.

검찰의 모든 문제를 원천적으로 해소할 수 있는 방안이자 검찰이 가장 싫어하는 것이 범죄정보입수 단계에서부터 인지 수사를 하는 1차 수사권을 빼앗고, 경찰 등 1차 수사기관에서 송치한 사건의 미비한 점만 보완하는 2차 수사권과 소추권만 가지게 하는 것이다. 나는 애초부터 검경 수사권 조정은 이렇게 되어야 한다고 주장했다.

그런데 청와대와 민주당은 적폐수사가 한창인데 1차 수사권을 빼앗을 수 없다며 검찰과 경찰이 수사권을 적당히 나눠 갖는 선에서 조정을 했다. 검찰이 제일 싫어하는 걸 주구장창 주장했는데, 무슨 검찰 편을 든다는 말인가?

민주당 입당

2014년 11월 28일 세계일보 보도로 시작된 '청와대 문건 유출 사건'은 6년이 넘은 2021년 1월 14일이 되어서야 대법원 판결로 무죄가 확정되었다.

박근혜 대통령으로부터 '국사범(國事犯, 국가나 국가권력을 침범하여 해를 끼침으로써 성립하는 불법행위. 또는 그런 행위를 저지른 사람)'으로 몰

무엇과 싸울 것인가

려 공직기강비서관에서 해임되고 구속영장이 기각된 후 2015년 1월 말 나는 마포에서 해물전문점을 열었다. 철저히 을(乙)로서 살고자 식당을 직접 경영하기로 하고 이름부터 고민했는데 처음에는 '정윤 횟집'을 생각했다. 근데 그건 너무 티가 나서 손님들이 무서워 안 들어올 것 같았다. 그다음 '십상스시'라는 초밥집을 하면 어떨까 했는데 그것도 정윤횟집과는 어감상 별 차이가 없는 것 같았다. '전화위복'이라는 이름으로 전복과 복어 전문집을 하려다가 말이 씨가 되어 복이 도망갈까 봐 포기했다. 결국 '죽다가 겨우 살아났다.'는 의미로 상호를 '별주부'로 확정하였으나 이미 등록된 상표라고 하는 바람에 짜증이 올라와 '별주부짱'으로 최종 명명하고 상호에 맞게 해물요리 전문점을 하게 되었다.

손님들 중에는 지인들이 많았으나 동물원 원숭이 구경하는 심정으로 들른 손님들도 적지 않았고, 아직 정권의 위세가 서슬 퍼렇게 살아있던 시절이라 특히 공직자들은 출입을 삼갔다. 아내가 사장이었고, 난 홀 서빙 담당이었다. 당시만 해도 최소한 박근혜 대통령의 남은 임기 동안에는 자영업자로 살 줄 알았다.

그러다 잘 알려진 대로 새정치민주연합(나중에 민주당) 인사들의, 그리고 최종적으로는 문재인 대표의 설득으로 민주당에 입당했다. 당시도 정부 여당은 친박 논쟁이나 하고 있었음에도 새정치민주연합은 당권 싸움에 몰두하여 민심을 얻는 데 역부족이었다. 박근혜 청와대 비서관 출신인 나는 새정치민주연합 인사들에게 '수권(授權)에는 관심도 없고 당권(黨權)에만 몰두하는 당신네 정당에 내가 왜 들어가겠냐?'며 민주당 비판을 여러 번 했다. 결국 "민주당이 수권 정당으로 거듭나기 위해서는 당신 같은 이질적인 사람들이 들어와 당의 스펙트럼을 넓혀주는 게 필요하다."는 간청과 "당신이 겪은 아픔을 다른 사람들은 겪지 않도록 하는 게 우리가 해야 할 정치가 아니겠느냐?"는 말에 동의하여 입당을 결심하게 되었다. 입당한 그날부터 오늘까지 민주당 내에서 내 역할은 '변하지 않는 비판의 목소리'였고, 이제는 '당내 다른 비판의 목소리를 보호하는 것'까지 조금 더 나아가야 한다는 생각이다.

아래는 2016년 2월 2일 입당하면서 기자들에게 밝힌 입당의 변 전문이다.

저는 오늘 '더불어민주당'에 입당합니다. '대구 출신 현 정부 청와대 비서관에게는 어울리지 않는 당', '미래가 불확실한 당'이라는 이유로 만류하고 걱정하는 분들도 있었습니다. 아내는 정치 입문이 몰고 올 파장을 두려워하며 저를 원망하고 있습니다. 오늘이 바로 '레테의 강'을 건너는 순간일지도 모르겠습니다.

저는 '90년대 초 검사 임관 이래 법무부 장관 정책보좌관, 국정원장 특보, 변호사, 청와대 비서관까지 얕은 지식으로 법조에서 경험을 쌓아 왔습니다. 그러나 '파사현정(破邪顯正)', '억강부약(抑强扶弱)'의 초심이 있었고, '부정'과 '불의'에 맞서 싸우고 '정의'와 '진

무엇과 싸울 것인가

실'을 세우고자 노력했다고 자부합니다. 그리고 최근 1년간 아내와 함께 작은 식당을 운영하며 자영업자들의 삶과 애환을 직접 겪기도 하였습니다.

저에게도 정치는 무시와 비난의 대상이었습니다. 하지만, 지천명(知天命)의 나이를 먹고서야 '그래도 정치가 희망이다.' '세상의 큰 변화와 발전은 정치를 통해서만 이뤄낼 수 있다.'는 것을 깨달았습니다. 불의한 권력과 잘못된 정치는 우리 모두를 절망하게 만듭니다. 그러나 절망의 늪에서 우리를 건져낼 수 있는 것도 정치일 수밖에 없습니다. 현실 정치가 아무리 욕을 먹어도 누군가는 그 진흙탕에 뛰어들어 희망의 정치를 만들어야 합니다. 그것이 잘못된 권력을 바로 세우고 국정을 바로 세우고 나라를 바로 가게 하는 길이라고 확신합니다. 희망을 일구고 싶습니다.

그동안 여당뿐 아니라 야당이 보여준 모습은 전혀 매력적이지 않았습니다. 수권(授權)보다는 한 줌도 안 되는 당내 헤게모니에 골몰하는 사람들, 긍정보다는 부정의 에너지가 넘치는 사람들에게서 안정감을 찾을 수 없었습니다. 절박한 살림살이에 대한 공감도 없는 사람들, 암울한 경제 현실에 대한 해법도 없고 고민하는 모습도 보이지 않는 사람들에게서 희망을 발견할 수 없었습니다.

야당은 책임을 통감해야 합니다. 입만 열면 시대를 거꾸로 돌리고, 경제를 엉망으로 만들고, 외교·안보에 무능하다고 대통령을 비판하면서도 무기력한 야당 때문에 정작 국민들이 기댈 곳은 어디에도 없었습니다. 사회 전반의 정치 불신, 희망의 상실, 무기력의 원인 중 상당 부분은 야당의 몫입니다. 강한 야당만이 강한 여당, 강한 정부 그리고 강한 나라를 만들 수 있다고 믿습니다. 이제 야당은 바로 서야 합니다. 그래야만 국민들은 실낱같은 희망이라도 가질 수 있다고 믿습니다. 그래야만 브레이크 없는 역주행을 막을 수 있다고 믿습니다.

최근의 '더불어민주당'에서 저는 희망을 보았습니다. 처절한 반성과 혁신을 통해 새로 거듭나고, 유능한 경제정당으로 변화하려는 노력을 보았습니다. 그리고 새로운 사람의 마음을 얻고자 부끄럽고 아픈 곳도 드러내며 "새로 태어날 수 있게 도와 달라."고 거듭 부탁하는 과정에서 진정성을 보았습니다. 그래서, 유일한 대안세력, 제1야당인 더불어민주당에 제가 살아온 일생을 모두 맡기기로 했습니다. 더불어민주당의 혁신과 신뢰 회복을 위한 노력에 힘을 보태고 성공의 밀알이 되고자 합니다.

공자(孔子)께서는 '선비의 본무(本務)'인 사회정의의 실현에는 아무 관심 없이 이쪽, 저쪽의 가운데에 서서 자신이 옳다고 주장하는 사람을 '사이비 지식인', 즉 '향원(鄕原)'이라고 했습니다. 이쪽과 저쪽의 가운데가 아니라, 의로운 쪽에 서는 것이 옳은 것이며, 그것이야말로 진정한 중도(中道)입니다. 저는 그 중도에 서서 야당을 혁신하고, 정치를 살리고, 대한민국을 살리는 데 미력이라도 보태겠습니다. 온당(穩當)하지 않은 것을 본다면 과감히 맞설 것입니다.

그리고 자영업자로 살면서 겪은 서민들의 아픔에도 민감하게 귀기울이고 공감하는 노력을 게을리하지 않겠습니다.

지겹도록 그리고 진심으로 저희 부부를 설득한 몇 분이 있습니다. 현실정치 참여를 주저하는 저와 혹시 제가 결심할까 봐 두려워하는 아내의 마음을 돌려세우기 위해 수없이 저희 식당을 찾아주셨습니다. 마지막 결정 과정에 저희 부부 마음을 움직인 말이 있었습니다. "내가 겪은 아픔을 다른 사람이 겪게 하지 않는 것, 그것이 바로 우리가 해야 할 정치의 시작 아니겠습니까." 열심히 해보겠습니다. 감사합니다.

좌우 모두로부터의 비난

방송을 나가거나 언론 인터뷰를 하고 나면 곧장 의원회관 사무실로 수많은 항의전화가 오곤 한다. 문자폭탄도 역시 피할 길이 없다. 검정색 바탕에 흰색 큰 글자로 욕설을 써넣은 팩스도 온다. 왜 이런 식으로 팩스를 보내는지 보좌진에게 물었더니 대답이 황당했다. "우리 의원실 복합기 토너를 소진하게 하려고요." '웃픈' 상황이다.

2021년, 대선을 앞둔 경기도 국정감사 때 일이다. 대선 후보인 이재명 경기도를 대상으로 국토위 국정감사가 있었다. 국토위 지자체 국감은 두 개 반으로 나뉘어 진행됐다. 같은 날 1반은 서울시로 갔는데 여기는 국민의힘 소속인 이헌승 위원장이 반장을 맡고, 경기도로 간 2반 반장은 제1당의 간사인 내가 맡았다.

경기도 국감 전에 민주당 임시간사인 김윤덕 의원과 송석준 국민의힘 간사가 의사진행에 관한 합의를 했는데 개략적인 내용은 "질문시간은 주 질의 7분. 보충 질의 5분. 재보충 질의 3분으로 하고 추가 질의는 간사 간 합의로 한다. 피켓 등 국감에 방해되는 물건은 반입하지 않는다. 녹취록 등은 가능한 방송에 나온 것으로 한다." 등이었다.

국토위 국감 이틀 전에 있었던 행정안전위원회의 경기도 국정감사를 보면서, 반장으로서 '국회법과 선례, 그리고 여야 합의 이 세 가지를 준거로 원칙을 지키자.'라는 게 내 마음이었다. 스톱워치를 준비하여 위원들뿐 아니라 이재명 도지사의 답변시간도 체크했다. 간사 간 합의사항을 벗어나는 것은 여야를 불문하고 경고하고 제지했다. 합의에 어긋나는 항의는 받아들이지 않았다. 간사 간 합의 내용을 어길 때마다 주의를 주고, 발언을 끊고, 마이크도 끄고 여야불문하고 공정하게 진행하려고 나름으로는 최선을 다했다.

저녁 7시가 지나 재보충 질의까지 끝난 후 재재보충 질의에 대해 양당 간사들이 '여야 1명씩 3분 질의'를 하기로 합의하여 회의를 진행하는데 야당 위원들이 야당 간사에게 "왜 맘대로 1명씩으로 합의해주냐?"며 힐난하는 소리가 들렸다.

명단을 제출한 여당 위원에게 우선 질의하게 하면서 야당 간사에게 질의 위원명단과 간사 간 재재재보충 질의를 할지 추가합의를 요구하였으나 둘 다 거절당하게 되자 의사일정에 합의가 없는 상황에서 더이상 국감을 진행할 수는 없는 노릇이어서 국회법에 따라 국감 종료를 선언했다. 나는 원칙을 지키고 싶었고, 끝까지 지키려 애썼다. 설령 피감기관장의 자리에 이재명 지사가 아닌 다른 사람이 앉아 있었어도 마찬가지였을 것이다.

경기도 국정감사를 마치고 난 다음 날 매우 상반된 반응을 들었다. 그동안 민주당 내부에서 비판적인 의견을 낼 때 '민주당에도 이런 의원이 있어야지.' 하던 분들은 '실망했다.' 라고 하고, 반대로 민주당을 너무 비판한다고 삐딱하게 보던 분들은 '조응천의 재발견'이라며 환호작약했다.

대부분의 반응은 개개인이 지지하는 정치인의 입장, 진영의 입장에서 유·불리를 따져 나의 발언과 행동을 평가하는 것이다. 어느 한쪽을 무조건 편들지 않는 이상 좌우 모두로부터의 비난은 피할 수 없는 숙명이다.

실질적인 민생정치,
민생 입법

정치인들에 입에서 많이 언급되는 단어 중 하나가 바로 '민생'이다. '민생'이라는 마법의 단어는 상대방을 정치적으로 공격을 할 때도 사용되고, 반대로 방어할 때도 이용된다. 예를 들어 상대 당이 이념 논쟁을 하려 들 때 '민생에나 신경을 쓰라.'라고 한다든가 대통령의 외교 성과를 자랑할라치면 또 '민생에나 신경을 쓰라.'라는 식이다.

그래서 정치인에게, 특히 국회의원에게 '민생은 무엇일까?'하는 진지한 고민을 항상 하게 된다. 통상 민생 행보라면 떠오르는 보여주기식 전통시장 방문이나 소상공인과의 간담회가 민생의 전부는 아니니까 말이다.

고심 끝에 내린 결론은 '민생'이라고 하여 특별히 다른 활동이 요

무엇과 싸울 것인가

구되는 것은 아니고 국회의원의 본연의 역할을 수행함에 있어 애정을 갖고 국민의 삶에 좀 더 천착하는 것이야말로 제대로 된 '민생 행보'라는 것이다. 민생(에 도움이 되는) 입법 발의, 민생과 직결된 예산 심의, 민생(의제에 충실한) 국정감사 같은 것들이 국회의원들에게 요구되는 민생 행보의 실체라고 생각한다. 민생은 뜬구름 잡는 방패막이가 아니다.

21대 국회 들어 81개의 법안을 대표 발의했다. 많은 숫자는 아니지만 그중 35개의 법안이 본회의에서 처리되어 높은 처리율은 자랑할 만하다. 솔직히 다른 이들이 알아줬으면 하는 것은 발의 법안의 개수나 처리율은 아니다. 입법하면서 내 나름의 '민생 입법'을 하려 노력했다. 여기에 내가 생각하는 민생의 방향을 보여줄 수 있는 법안과 관련하여 이미 언론에 게재한 글이지만, 민생에 대한 생각을 나누고자 여기에 다시 소개하고자 한다.

공무원의 나라, 정규직의 나라

지난(2022년) 4월 사회적 거리두기 조치가 해제되면서 코로나19로 인한 사회 통제와 국민들의 고통 분담도 끝이 보인다. 이제는 평가의 시간이고, 방역에 협력한 국민들에 대한 보상의 시간이다. 코로나19와의 전쟁에서 모든 국민들은 정부의 방역 조치에 자기 비용으로 협력을 아끼지 않았고, 방역 성과의 가장 큰 공은 국민 개개인에게 돌려야 마땅하다. 지금도 우리는 매일 마스크를 구매하고, 증상이 있으면 자가진단키트를 사서 검사한 후 방역당국에 신고한다.

정부는 누구보다도 소상공인과 자영업자의 협력에 감사해야 한다. 정부의 사회적 거리두기 조치에 따라 2020년 3월부터 무려 2년간 영업시간 제한과 집합 금지의 대상이 됐다. 영업손실은 물론이거니와 방역 패스 정책에 협조하기 위해 스마트폰 단말기, 태블릿 PC 같은 QR 인증기기와 스탠드형 열화상 체온기와 같은 방역물품을 자비로 구매해야만 했다. 식당에는 아크릴 가림판을 설치해야 했고, 손소독제 같은 물품도 비치했다. 소상공인과 자영업자들이 정부의 방역 비용을 대신 부담하는 동시에 영업손실을 감수하는 지난 2년을 보내온 것이다.

다행히 지난해 '소상공인 손실보상금' 제도가 도입되었다. 집합금지, 영업 제한 등 코로나19에 따른 방역 조치로 피해가 발생한 소상공인과 소기업에게 보상금이 지급되었다. 그동안의 협력과 손실보상에는 턱없이 부족한 조치지만 소상공인과 자영업자의 영업손실에 대해 국가 차원에서 기준을 만들고 관심을 기울이기 시작했다는 면에서는 긍정적이다.

사실 그동안 복지국가 대한민국에서 소상공인과 자영업자는 제도권 밖의 사각지대에 놓이기 일쑤였다. 일하는 사람들을 위한 대표적인 복지제도라 할 수 있는 실업급여, 출산휴가, 육아휴직 같은 제도들이 대표적인 사례다. 소상공인과 자영업자도 고용보험 임의가입이 가능하지만, 실제 실업급여를 받기는 어렵고, 유급 육아휴직이나

출산휴가는 상상조차 어려운 일이다.

모두에게 필요한 국가적 과제들이 시행되는 순서들과 혜택 차이를 보면 소상공인과 자영업자의 지위는 더욱 뚜렷해 보인다. 대표적인 저출산 정책 중 하나인 난임치료휴가와 난임휴직 관련 법 개정을 예를 들어 보자. 난임부부에 대한 지원은 당연히 그 직업을 중심으로 이루어져서는 안 된다. 하지만 법이 개정되는 순서는 공무원, 군인, 교직원과 같은 순이었다. 그다음이 근로기준법 같은 일반법이 바뀌어 대기업 근로자와 정규직 근로자까지 제도로 편입된다. 물론 이 안에서도 공무원들과 일반 근로자 사이에는 유급일수나 휴가일수가 차이가 난다. 하지만 정작 우리가 놓치지 말아야 할 것은 우리 주변의 수많은 소상공인과 자영업자는 하루도 영업장 문을 닫을 수 없는 처지라는 점이다.

작년(2021년) 기준 우리나라 자영업자는 551만 명으로 전체 취업자 다섯 명 중 한 명이 자영업자다. 이 중 고용원 없이 혼자 일하는 자영업자의 수가 무려 421만 명이다. 앞서 말한 방역 정책뿐 아니라 일하는 국민으로서의 모든 의무 또한 빠짐없이 이행하는 국민이지만 의무 이행에 따른 국가의 보호나 보상은 보다시피 형편없이 부족하다.

나는 최근에 '예비군법 개정안'을 발의하기 위해 동료 의원들을 설득하고 있다. 공무원이나 직장인들은 예비군 훈련기간을 공가로 인정받아 임금 전액을 보전받지만, 개인사업자 같은 소상공인과 특수형태 근로자들은 훈련기간 동안 생계를 포기해야 한다. 그래서 훈련 참가로 인한 경제적 손실에 대해 국가가 정당한 보상을 하자는 것인데 동의하는 의원들이 많지 않다.

아이를 낳아 기르고, 병역의 의무를 이행하고, 실업의 위기를 대비하는 것 등은 모든 국민에게 해당하는 일이다. 하지만 이 모든 것들이 어떤 이들에게는 휴가신청서로 가능하지만 다른 이들에게는 생계를 걸어야 하는 것이라면 과연 국가가 모든 국민을 위한 나라라고 할 수 있을까?

* 출처 2022년 10월 17일 영남일보

700원에 담긴 소소하지만 확실한 권리

본격적인 이사철이 다가왔다. 공인중개사를 통하거나 직접 발품을 팔아 어렵사리 이삿집을 정하고 나면 반드시 확인해야 하는 서류가 있다. 부동산 등기부등본과 건축물대장이다. 등기부등본을 떼서 실소유주를 확인하고, 대출은 얼마나 받았는지, 보증금은 제대로 돌려받을 수 있을지 따져 봐야 한다. 권리관계를 꼼꼼히 따지지 않으면 임대차보호법이 있어도 나중에 낭패를 보기 십상이다. 건축물대장도 중요하다. 건축물의 용도, 세대수 등을 확인하여 불법 증축, 용도변경 여부를 살펴봐야 한다. 위반건축물 여부를 모르고 취득하면 철거를 해야 하거나 이행강제금을 내야 하는 경우도 있다. 그래서 이 서류들은 계약 전에 반드시 열람하고, 잔금일에 다시 한번 확인해야 한다.

두 서류 모두 온라인을 통해 간편하게 열람하고 발급받을 수 있다. 그런데 불편하다. 부동산 등기부등본은 '대법원 인터넷 등기소'에서, 건축물대장은 행정안전부가 운영하는 '정부24'에서 받아야 한다. 또 이상하다. 바로 '수수료'다. 부동산 등기부등본은 열람은 700원, 발급은 1천 원을 내야 한다. 반면 건축물대장은 공짜다.

겨우 700원? 매년 법원이 부동산 등기부등본 수수료로 거두어 들이는 수입이 823억 원에 달한다. 이 중 인터넷 발급 수수료는 138억 원, 열람 수수료는 이에 4배가 넘는 602억 원이다. 국민 입장에서 생각해 보면 국가가 관리·제공하는 서류인데 왜 법원만 수수료를 부과하는 건지 의문이 들지 않겠는가?

정보공개법에 따르면 공공기관이 보유·관리하고 있는 정보는 '국민의 알권리 보장'을 위해 공개해야 하고 비용은 '실비의 범위'에서 부과하여야 한다. '공공데이터법'상에도 공공기관이 관리하는 데이터는 '필요 최소한의 비용'만 부담시키도록 규정되어 있다. 우선 실비. 행정안전부는 정부24를 운영하며 연간 약 1억3천700만 건(2019년 기준)의 민원 서류 열람·발급 업무를 처리하지만, 주민등록등본 등 대부분의 증명서류에 수수료를 부과하지 않는다. 시스템 유지관리 등에 드는 비용은 법원이 더 많이 들까? 이쯤되면 열람 수수료 700원이 비싸다는 의심이 들기 시작한다. 다음은 필요 최소한의 비용. 2015년에 법원행정처는 사실상 직원들이 교육적·개인적 용도로 사용하는 연수원인 사법문화역사교육관을 꽃지해수욕장에 짓는 데 등본 수수료 수입을 사용했다. 그럼에도 법원은 자체 내규를 통해 수수료를 정하고 있다.

부동산 등기 정보는 부동산의 진정한 권리자를 확인함으로써 거래의 안전을 도모하기 위하여 국가가 국민에게 공개하기로 한 공시의 대상이다. 따라서 전자적 방식으로 관리되는 부동산 등기 정보 자체는 공공데이터법 및 정보공개법의 취지와 알권리 보장 측면에서 필요 최소한의 비용 또는 무료로 제공되어야 한다.

이런 고민의 결과 지난(2021년) 2월 22일에 인터넷으로 부동산 등기부등본을 열람하는 경우에는 수수료를 면제하는 '부동산등기법 일부개정법률안'을 대표발의했다. 단순히 700원을 아끼자는 게 아니다. 너무나 당연시하고, 어쩌면 등한시 여겼던 700원에 담긴 우리의 권리를 되찾자. 소소하지만 확실한 권리 말이다. 이사철만 되면 국민 모두가 올라가는 보증금뿐 아니라 이사비용에, 공인중개사 수수료에, 속 터지는 일투성이다. 법원도 이런 국민들의 마음을 조금이라도 위로해줄 수 없을까?

* 출처 2021년 03월 22일 영남일보

층간소음 전쟁

"겪어 보지 않으면 모른다." 아파트 층간소음으로 인한 갈등이 폭력이나 살인사건으로 번져도 공감하는 여론이 적지 않다. 아무리

'이웃사촌'이란 말이 무색해진 시대라지만 윗집에서 내는 소음 때문에 흉악 범죄로 이어질 정도라니. 도대체 정신적 고통이 얼마나 심하길래 무조건 지탄받아야 할 범죄가 일부에서나마 여론의 공감을 받는 것일까?

지난해(2020년) 한국환경공단에 접수된 층간소음 민원은 4만2천250건으로 2019년 대비 60% 넘게 증가했다. 폭발적으로 증가한 배경에는 코로나19로 인해 재택근무, 온라인 수업 등이 늘어나 '집콕' 시간이 길어진 영향도 있다. 대한민국은 코로나19로 인한 전쟁과 더불어 층간소음 전쟁 중이라고 해도 과언이 아니다.

층간소음의 원인은 배려 없는 이웃에게만 있는 것은 아니다. 개인의 문제가 아닌 사회적, 구조적 문제로 접근해야 한다. 우리나라 전체 주택의 77.2%가 공동주택이니 층간소음은 국민 대부분이 관련된 공통의 문제다. 우리나라 아파트들은 1980년대부터 비교적 공사기간이 짧고 저렴한 '벽식 구조'로 건설됐다. 벽이 천장을 받치는 구조로 위층에서 발생한 소음과 진동이 벽을 타고 고스란히 아래층에 전달돼 층간소음에 취약하다. 반면, 기둥과 보를 통해 소음이 분산되는 '기둥식 구조'로 지어지는 주상복합에서는 분쟁이 적은 이유이기도 하다. 구조가 이러하다 보니 거의 모든 아파트에 붙어 있는 "우리 집의 바닥은 아랫집의 천장입니다."라는 안내문은 당연히 받아들이고 지켜야 하는 공동주택 생활규범의 한 부분이 되었다. 층간소음에 취약한 구조로 아파트를 지어 놓고 피해는 온전히 입주민이 보고 있으니 참으로 답답한 노릇이다.

이러한 구조적 문제에 더해 정부가 정해 놓은 최소한의 기준도 지켜지지 않고 있다. 정부는 최소성능기준(경량충격음 58db, 중량 50db)을 마련하고 사전에 인정받은 바닥자재로 시공하면 기준을 충족한 것으로 보는 '사전인정제도'를 운영하고 있다.

하지만 2019년에 감사원이 입주 예정 단지를 조사했더니 놀랍게도 무려 96%가 인정받은 등급에 못 미치는 자재로 시공을 해왔고, 이 중 60%는 최소성능기준에도 미달됐다. 더욱 충격적인 것은 우리나라의 주거복지를 전담하고 있는 LH와 SH의 126개 현장 중 88%가 품질 기준에 못 미치게 시공하거나 절차를 위반했다. 앞으로도 사전인정제도가 이렇게 부실하게 운영된다면 층간소음 갈등이 줄어들리 만무할 것이다.

현행 기준들을 강화하여 건설사들이 각종 꼼수를 부리지 못하게 방지하는 제도 개선이 시급하다. 이를 위해 공동주택의 사용검사 전에 바닥충격음 차단구조 성능을 측정하는 '사후확인제도'를 도입해야 한다고 믿는다. 그래서 기준에 미달하는 경우 보완 시공을 하게 하거나 입주민들에게 손해배상을 하도록 해야 한다. 이달 중으로 나는 이러한 내용을 담은 '주택법 일부개정법률안'을 발의할 예정이다.

물론 근본적인 해결책이 될 수는 없다. 빨리, 쉽게, 싸게 짓는 방식에서 탈피해야 한다. 이제는 주거 환경이 먼저다. '기둥식 구조'에 인센티브를 부여하는 방식도 고민해야 하는 이유다. 천장은 천장이고 바닥은 바닥이지, 어떻게 천장이 바닥이고, 바닥이 천장인가. 층간소음 전쟁에서 벗어나 내 집에서 마음껏 걷고 뛸 수 있는 날을 위해서는 아직 갈 길이 멀다.

* 출처 2021년 09월 06일 영남일보

판결문 공개, 전관예우 근절의 시작

국회 법제사법위 의원들은 가끔 판결문을 구해 달라는 기자들의 부탁을 받는다. 중요 사건에 대한 국민의 알권리를 추구하지만 법원이 공식적으로 브리핑하지 않은 판결문 확인이 필요한 경우 어쩔 수 없이 도움을 청한다. 국회는 공적 시스템을 통해 법원에 판결문을 요구할 수 있기 때문이다.

이처럼 공개된 법정에서 선고된 판결문을 기자도 구하기 쉽지 않은데 일반 국민은 어떨까? 헌법 제109조는 재판의 심리와 판결은 공개하라지만 원하는 판결문을 확인하는 것은 어렵다. 소송 결과를 예상할 수 없으니 국민들은 변호사에 의존할 수밖에 없고, 사안이 중대하고 민감할수록 과도한 비용을 들여서라도 전관 변호사를 찾는다.

판결문을 확인하는 방법은 크게 세 가지다. 먼저 대법원 '종합법률정보시스템'에서 확인 가능하지만 대법원 판결문의 9.75%, 각급 법원 판결의 0.19%만 공개되고 있다. '판결문 통합검색·열람시스템'을 통해 미확정판결문을 확인할 경우 사건번호와 당사자 이름을 알아야 하고 검색 기간도 1년으로 제한된다. '대법원 특별열람실'에 직접 가서 판결문을 확인할 수 있지만 자리 예약은 수강신청보다 어렵고 사진 촬영이나 메모가 금지되고 시간도 제한된다. 판결문 복사를 위해선 한 건당 1천 원의 수수료를 부담해야 한다.

이처럼 법원이 판결문 공개에 소극적인 이유는 뭘까? 표면상으로는 사건 당사자의 개인정보 침해, 상업적 이용, 비실명화 작업에 따른 비용 문제를 든다. 하지만 법원은 기본적으로 외부의 관여와 견제를 거부하는 생리가 있다. 판결의 오류나 모순에 대한 지적이 불편하다. 전관 출신 변호사와 일반 변호사가 대리하는 사건의 처리 과정과 결과를 비교해 보면 그 차이가 드러나기도 한다. 다른 나라에서는 논란이 되지 않는 전관예우가 유독 우리나라에서 발생하는 건 이처럼 우리 사법시스템 특유의 불투명함 때문이다. 감추는 자가 범인인 것과 같은 이치일까? 일반 국민과 달리 전관 출신 변호사들은 친분 있는 판사나 법원 직원들을 통해 미확정 실명 판결문까지 구해 볼 수 있다. 소송 당사자는 어떤 변호사를 수임하느냐에 따라 정보 격차가 있는 상태에서 재판을 받게 된다. 전관예우가 없어지지 않는 중요한 이유다.

따라서 전관예우 근절과 공정한 재판을 위해 판결문을 투명하게 공개해야 한다. 국민의 관심이 높고 공익적으로 중요한 사건일수록 신속하고 적극적으로 공개해야 한다. 판결문이 공개되면 시간과 비용을 줄일 수 있다. 자기 사건과 유사한 판례 확인을 통해 판결 결과를 예측할 수 있다면 전관 변호사를 찾을 일도 없고 소송 자체도 줄어들 수 있다. 법원이 하는 일을 국민에게 정확히 알려야 국민들이 나서서 법원 내외부의 부당한 압력으로부터 재판의 독립을 지켜줄 수 있다.

작년(2020년) 11월 국회 본회의에서 내가 대표발의한 미확정 민사 판결문 공개 확대를 담은 민사소송법 개정안이 통과됐다. 2023년 1월부터 시행이 된다. 국민의 알권리와 사법접근권 향상에 기여하는 출발점이 되길 기대한다. 판결문 공개는 사법 불신 해소와 전관예우 근절의 시작이자 가장 확실한 방법이다. '햇빛은 최고의 살균제'라는 루이스 브랜다이즈 미 대법관의 말을 새기기 바란다.

* 출처 2021년 01월 25일 영남일보

클릭 한 번으로 챙기는 소중한 권리

제20대 대통령선거일이 코앞으로 다가왔다. 중앙선거관리위원회는 유권자가 투표를 원활하게 하기 위한 모든 노력을 기울이고 있지만, 코로나19라는 난관에 부딪혔다. 확진이나 자가격리라도 하게 되면 투표가 쉽지 않기 때문이다. 국회는 다급하게 대책 마련에 나섰고, 정규 투표시간 이후 별도의 시간에 투표하도록 선거법을 개정했다.

우리는 코로나19 확산 이후에도 두 차례의 선거를 안전하게 치렀지만, 코로나19의 장기화 가능성에 따라 전자투표를 도입하자는 목소리가 곳곳에서 나오고 있다. 그러나 전자투표 도입은 그리 간단한 문제가 아니다. 기술과 보안에 대한 안전성과 이에 대한 신뢰, 무엇보다 국민의 공감대도 이뤄져야 한다. 그렇다면 정치 영역이 아닌 다른 분야는 어떨까?

주거 공간인 아파트(공동주택)는 함께 생활하는 공간인 만큼 함께 결정해야 할 것도 많다. 특히 비대면 활동의 증가와 재택근무로 집에서 보내는 시간이 늘어나면서 층간소음 등으로 인한 분쟁, 아파트 운영에 대한 민원도 증가하고 있다. 동 대표 선출부터 관리규약, 경미한 관리방법 개정까지 입주민들의 총의를 모아 결정할 것들투성이다. 문제는 바쁜 생활 속에서 따로 시간을 내어 투표소에 가는 번거로움을 감수하는 입주민이 많지 않다는 것이다. 서면투표는 투표소를 마련하고 현장 인력을 배치하기 때문에 비용과 시간이 많이 들고 투명성에 대한 우려도 있다.

2019년 중앙공동주택관리지원센터의 성과분석에 따르면 서면투표는 세대당 평균 1,948원이 드는 반면 전자투표(아파트 e투표)는 440원이 든다. 대부분의 지자체가 전자투표 비용 일부를 지원하니 실제로는 더 적다. 투표 운영 기간은 3일에서 2.8일로 줄어들었다. 본인인증만으로 PC·휴대폰을 통해 언제 어디서든 투표가 가능해 전자투표의 편리성은 말할 것도 없다. 투표율도 소폭이나마 올랐고, 블록체인 기술 적용으로 위변조도 불가하니 입주민의 투표결과에 대한 신뢰도도 높아진 것으로 나타났다.

공동주택 전자투표 활성화를 위해 나는 공동주택 의사결정시 전자투표를 우선적으로 이용하도록 노력 의무를 부과하는 법률 개정안을 냈고, 지난해 국회 본회의를 통과하여 이미 시행 중이다. 많은 공감을 받은 덕일지 모르겠으나 이 법은 2021년 대한민국 최우수 법률상을 수상하기도 했다. 그러나 갈 길이 멀다. 아직 전자투표를 도입하지 않은 아파트들이 많다. 여기에는 전자투표 시스템의 신뢰 문제가 깔려있다. 법안 통과 후 여러 전자투표 서비스가 새로 생겨났지만, 중앙선거관리위원회가 요구하는 높은 기술 수준을 충족하는 시스템은 드물다. 전자투표는 '선거의 4대원칙'을 충족하기 위해 투표의 비밀보장 기술, 투표 관리자의 부정방지 기술, 위변조 여부 검증 기능 등이 포함되어야 하기 때문이다.

이제 공동주택 전자투표의 정착을 위해 남은 과제는 국토교통부가 공동주택 전자투표 가이드라인을 만들어 신뢰성을 높이고, 서울시의 사례와 같이 전자투표 비용을 지원하는 방안을 마련해야 할 것이다.

앞으로도 기술을 통해 권리를 지키고, 기술의 발전을 국민의 소중한 권리를 지키는 데 이용하는 법제도 개선에 노력을 다하고자 한다. 그러다 보면 다음번 대통령선거는 전자투표가 가능한 시대가 오지 않을까 하는 기대도 해본다. 클릭 한 번으로 내 소중한 주권을 챙기는 시대 말이다.

* 출처 2022년 02월 28일 영남일보

빨리빨리

"시간은 금이다." 우리나라에서는 초등학생도 알 정도로 유명한 미국 정치인 벤자민 프랭클린의 명언이다. 급속한 산업화와 압축적인 성장을 겪으면서 사회 구석구석, 아니 우리 생활 깊숙하게 시간을 아끼면 돈이 된다는 문화와 습관이 배어 있다. 누구나 커피자판기에서 커피가 다 나오기도 전에 손을 넣어 "앗 뜨거워!"라고 외친 경험이 한 번씩은 있을 정도 아닌가? 빨리빨리 문화는 우리나라 경쟁력의 뿌리이기도 하다. 세계 최고 인터넷 속도, 빛과 같은 업무 처리 속도, 신속배달, 눈 깜빡할 사이에 지어지는 초고층 빌딩까지도 말이다.

공기(工期) 단축은 건설산업에 있어서는 막강한 경쟁력이다. 시간은 수익과 직결되므로, 공기를 줄일 수 있으면 경쟁사보다 낮은 금액으로 수주가 가능하다. 그래서 적법하게 안전규정을 다 지켜 가며 공기를 단축하는 것은 그 자체가 기술력의 지표이기도 하다. 반대로 무리한 공기 단축에는 건설근로자와 국민의 안전사고, 각종 불법과 편법 등의 문제가 따른다.

지난(2022년) 1월 광주 화정동에서 발생한 아이파크 붕괴사고가 대표적인 사례이다. 공사 기간을 앞당기라는 무리한 지시 때문에 기본적인 공정을 지키지 않고 무리하게 속도를 냈다는 현장 관계자의 증언이 있었다. 결국 구조물은 처참하게 붕괴되었고 무고한 근로자 6명이 사망했다. 평소처럼 버스를 타고 가던 시민 9명이 사망한 광주 학동 사고가 발생한 지 7개월 만이었고, 공교롭게도 학동 대책 법안을 국회 본회의에서 통과시킨 날이기도 하다. 건설사고가 발생할 때마다 국회와 정부는 대책을 마련하고 또 마련했다. 2017년 이후 총 12차례 대책을 냈고, 관련법들을 손보며 이중삼중 장치를 마련했다. 그러나 사고가 날 때마다 임기응변식으로 제도를 보완하다 보니 건설사고 사망자는 줄어들지 않고 여전히 전체 산재 사망자의 절반을 차지한다.

건설공사 전 과정을 일일이 법에서 규제할 수도 없는 노릇이니 근본적인 원인부터 파악하고 전반적으로 개선하는 것이 필요하다. 무엇보다 안전과 시간을 비용으로 여기는 인식부터 개선해야 한다. 건설업은 발주자, 설계자, 시공자, 감리자 등 다양한 건설 주체들이 참여한다. 주체별로 안전 책무를 부여하고 충분한 공사 기간과 비용을 보장해야 한다. 너무나 당연한 이 말이 그동안 건설현장에서는 지켜지지 않았다. 세계에 자랑하는 선진 건설기술을 보유하고서도, 대한민국에서 후진국형 참사가 계속 일어나는 이유이다.

안전책무를 위반했을 때 부과되는 제재가 사고예방 비용보다 크고 무섭다는 인식을 심어줘야 할 필요가 있다. 실제 광주 학동 사고의 시공사인 HDC현대산업개발은 서울시로부터 총 1년 4개월의 영업정지 처분을 받았고, 그중 8개월은 과징금 4억 원으로 대체했다. 9명의 무고한 시민의 목숨을 앗아간 대가가 4억 원이라니, 분통 터질 노릇 아니겠는가? 과연 제재 수준이 업계에 얼마만큼 부담을 주고 있는지, 경종을 울릴 만한 수준인지 되돌아볼 필요가 있다.

다행히 윤석열 당선인도 대선 과정에서 건설공사 안전관리체계의 개선을 위하여 건설사업 참여자별 안전관리 책임 및 역할 분담 강화, 적정 공사비 확보와 충분한 공사 기간 보장, 감리자의 감리권과 공사 중지권 보장을 공약했다. 윤석열 당선인의 대선 공약을 담은 '건설안전특별법안'이 이미 국회에 제출되어 있다. 지금 빨리빨리 해야 할 일은 입법이다. 자~빨리빨리!

* 출처 2022년 04월 25일 영남일보

무엇과 싸울 것인가

검수완박의
한가운데에 서다

검경 수사권 조정, 검찰개혁, 공수처 같은 논쟁이 있을 때마다 "조웅천은 검찰 출신이라 검찰 감싸기를 한다."라는 비판을 들었다. 억울했다. 항상 공공의 최대 이익의 측면에서 권력기관 간 견제와 균형이 시스템적으로 작동되도록 해야 한다고 주장했을 뿐이었다. 2020년에는 그런 측면에서 검경 수사권 조정과 공수처에 기소권한을 준 것에 대해 반대의견을 표명했다.

수사기관이 재판을 할 수 없다는 건 당연히 받아들이면서 수사기관이 소추를 담당하는 건 왜 당연하다고 생각할까? 서류재판 과정에서는 수사기관의 불법, 탈법을 소극적으로밖에 바로잡을 수 없다. 수사기관과 소추기관을 분리하고 소추기관에서 선제적이고 적극적으로 수사기관을 견제해야만 시민의 자유와 재산을 보호할 수 있다는 것이 나의 신념이다. 검찰로부터 1차 수사권을 빼앗아 소추 및 2차 수사기관으로 만들고, 검찰과 경찰의 수사 기능을 한곳에 합쳐야 공공의 이익에 부합한다.

현재의 검찰개혁은 검경 간에 적당히 수사권한을 분배하고 검찰이 수사와 소추를 계속 담당하면서 더 광범위한 수사기관인 경찰에 대한 감독을 못 하게 할뿐더러, 또 다른 수사기관인 공수처에도 소추 권한을 주는 건데 국민의 입장에서는 한마디로 뒤죽박죽이다.

대공수사권도 마찬가지다. 국내정보기관이던 국정원이 일반범죄 수사를 담당한다면 난리가 나지 않았겠나? 그런데 국내정보 수집권을 경찰에게 주고 그 경찰이 일반범죄 수사를 담당하는 것은 당연한 일인가? 정보와 수사가 결합하면 권력자의 의도에 따라 국내정보가 수사단서로 변신할 경우 상상하지 못한 결과가 나올 수 있다. 철저히 분리할 방책을 마련해야 한다.

민주당의 검수완박 추진

대선 패배 한 달 후인 2022년 4월 12일, 민주당 의총에서 검수완박 법안이 성안되지 않은 채 큰 얼개만 있는 상태로 보고가 되고 여러 우려에도 불구하고 당론으로 채택되었다. 두 가지 걱정이 앞섰다. 가능한지, 그리고 효과적인지.

일단 가능할 수는 있다. 이러려면 국회 파행을 무릅쓰고 단독강행처리를 해야 하는데 대선 공통공약의 입법, 정치개혁 과제 입법,

코로나 추경예산, 새 정부가 내놓을 정부조직 및 국정과제 입법, 상임 위별 민생의제까지 우리 앞에 놓인 다른 민생과제들을 포기해야 한다. 이게 현명한 일인지 모르겠다. 지방선거에도 악영향을 끼칠 게 뻔했다.

두 번째는 검수완박의 내용이 효과적 인지이다. 6대 범죄 수사권을 검찰에서 뺏어서 '중대범죄수사청'에 넘기면 검수완박된다는 거다. 검찰만 피하면 된다는 논리인데, 그러면 행정부에 속하는 중수청은 누구의 자장 아래 있는 건가?

황운하 의원이 발의한 중수청법은 공수처법과 구조가 똑같다. 중수청장 후보 추천위 7명은 법무부 장관, 법원행정처장, 대한변협 회장, 여당 추천 2명, 여당 외 정당 추천 2명이다. 그런데 각 정당이 10일 내 추천하지 않으면 국회의장은 한국법학교수회 회장, 법학전문 대학원협의회 이사장을 위원으로 위촉한다. 야당의 비토권을 무력화하는 구조다. 그리고 중수청 차장에서 4급 수사관까지는 중수청장이 제청하고 대통령이 임명한다. 그 이하는 중수청장이 임명한다.

결국 대통령과 여당 마음대로 중수청을 구성할 수 있도록 설계되어 있다. 여기에 더해 검찰도 중앙지검, 부산지검 외에는 전담 인지수사 부서가 없는데 중수청은 고등법원에 대응하여 지방중수청을 설치한다. 인지 수사 총량이 증가할 우려가 농후하다. 현직 특수검사, 특수부 출신 변호사, 광역수사대, 지능범죄수사대 소속 경찰관, 각 부처 조사업무를 담당했던 공무원 등이 중수청에 총집결할 경우

마치 파출소 피하려다 경찰서 만나는 꼴이 될 게 뻔했다.

검수완박의 원조는 나다

수사-기소 분리 대원칙에 당연히 찬성한다. 그러나 악마는 디테일에 있었다. 검수완박? 이거 내가 원조다. 20대 국회 법사위원 할 때 처음부터 '수사-기소 분리'를 주장했다. '국가수사청'(일명 K-FBI)에 중대범죄 수사권을 주고, 자치경찰에게는 기타범죄 수사권을, 검찰은 1차 수사기관의 통제와 영장 청구, 기소권, 형집행권을 가지게 하여 상호견제를 하는 모델이었다.

검찰의 수사권은 박탈하고 수사지휘통제권을 행사하는 것을 통해 기관 간 견제와 균형이 이뤄지게 해야 한다. 검찰이냐 경찰이냐, 공수처냐가 중요한 것이 아니라, 핵심은 '소추기관은 수사를 해서는 안 된다.'는 것이다. 그것만 지키면 된다. 검찰 인지 부서와 경찰 국가수사본부를 통합한 수사기관을 신설하고, 검찰은 기소와 수사기관에 대한 사법적 통제만 하면 된다. 그런 이유에서 공수처도 소추기능은 뺏어야 한다.

그런데 조국 수석이 '수사권' 조정 대신 '수사종결권' 조정에 집중하여 경찰에게 수사종결권을 주는 대신 검찰에 6대 범죄 수사권을 남겨두는 바람에 오늘날 모든 문제가 발생한 것이다. 수사 총량은 늘어났는데 수사 역량은 줄어들고, 수사 종결만 늘어나고 분쟁 종결은 줄어드니 국민만 골병들고 사건해결은 안 되는 총체적 아이러니 상태였다.

차분히 이런 문제를 해결할 시기였지만, 문재인 대통령이 계시는 동안 끝을 보아야 한다는 이유로 다시 형사사법시스템을 뒤흔드는 작업을 '검수완박' 개혁이랍시고 밀어붙이니 난리가 날 수밖에 없었다. 그것도 윤석열 대통령 임기 시작 전인 5월 9일까지 못 박아서 군사작전 하듯이 추진했다. 후속 조치에 대한 고민도 없었다. 처음엔 검찰의 6대 범죄 수사권을 중수청에 준다고 하다가 내가 중수청 신설의 문제점을 제기하자 중수청 신설은 없어지고 '검찰 수사권만 증발시키고 후속 조치는 나중에 차분히 논의하면 된다.'라는 식의 주장으로 흘러갔다.

아직까지 거악척결은 주로 검찰의 몫이다. 거악이 활개를 치는 세상을 용인하는 것이 아니라면 들어갈 집을 마련하고 이사하는 게 상례다. 하물며 형사사법시스템을 건드리면서 '나중에 이사갈 곳을 검토하면 된다?' 이해하기 힘들었다. 우선 단기적으로는 공수처와 국가수사본부가 6대 범죄 중 꼭 필요한 반부패수사 등을 담당하고 중장기적으로는 중수청이든 국수청이든 새로운 전문화된 수사기관을 만들어 기존 검찰인력을 이관받으면 될 일이었다.

열 명 이상의 의원들이 의원총회에서 신중론, 반대의견을 개진했지만 크게 개의하지 않았고 형사사법시스템에 대한 전문적인 지식이 없는 대부분의 의원들은 목소리 큰 쪽의 대세에 따랐다. 의총 직후 원내 지도부는 만장일치로 당론 채택했다고 발표해 버렸다. 사실이 아니거나 대단한 과장이었다. 대부분 의원들은 수사-기소 분리 이슈에 대해 상세한 내용을 잘 모르는 상황에서 검수완박 강행이 지방선거 미칠 악영향에 대한 염려 정도만 고민하던 중 검찰의 집단 반발이 일어났다. 민주당과 검찰 간의 대결구도가 생기고 나 같은 온건파의 입지는 축소되어 진지한 토론의 기회를 상실하게 됐다. 민변, 참여연대 등 진보단체의 우려의 목소리도 묻혀 버렸다.

위헌 소지, 법체계상 상호 모순, 실무상 문제점 이렇게 세 가지 방향으로 우려가 됐다. 가장 큰 문제는 민생 사건에서 발생할 것이다. "6대 범죄 수사권을 떼어 간다고 하면서 정작 가장 중요한 송치 사건 '보완 수사'까지 못하게 건드리는 것은 수사권 조정과 무관한 것이고 검찰에서 박탈할 수사권의 영역이 아니다." 라는 내 질문에 의총에서 법안을 설명하던 박주민 의원으로부터 "보완 수사도 수사니까 검찰은 하면 안 된다."라는 답변을 들었다. 어안이 벙벙했다. 이렇게 되면 검찰은 경찰의 수사에 대해 의견만 낼 수 있고, 영장의 필요나 보완 수사 필요가 있다고 여겨지면 경찰에 사정해야 하는 상황이 발생하게 된다. 그 피해는 고스란히 국민에게 돌아갈 것이 뻔했다.

검수완박을 하겠다고 나선 이유는 검찰의 선별적 수사, 자의적 기소가 문제가 된 인지 수사, 속칭 특수 수사를 못 하게 막겠다는 것이다. 그런데 경찰 송치 사건도 함께 못 하게 한다? 경찰 송치 사건은 대부분 교통사고, 폭력, 절도, 사기 같은 민생 사건이다. 그동안 공소유지에 필요할 경우 검찰이 직접 보완 수사를 해왔는데 이런 보완 수사야 말로 경찰의 무리한 수사권 남용 가능성을 견제하고 점검하는 수단이었다. 그간 검찰의 잘못된 특수 수사로 인한 문제점은 그동안 끊이지 않았지만 경찰 송치 사건의 보완 수사로 인한 문제점은 들어 보지 못했다.

수사-기소 분리는 맞는 방향이다. 문제는 '통제받지 않는 수사', '아무 권리 없는 기소'다. 경찰이 수사해온 것을 그냥 받아 기소만 하는 검찰이 무슨 존재 이유가 있겠는가? 그런 건 타이핑 잘하는 일반 공무원이 해도 된다. 검찰개혁을 하겠다고 경찰의 비대화를 모른 척할 수는 없다. 통제받지 않는 수사기관은 과거 검찰의 모습이다. 통제받지 않는 수사를 전담하는 경찰? 오래지 않아 또 개혁의 대상이 될 것이 분명하다.

수사-기소 분리를 저지할 생각은 없었다. 다만 지금 진행하고 있는 입법이 취지와 다르게 가고 있다는 것을 지적해야 한다고 생각했고, 방향이 제대로 갈 수 있도록 계속 말을 해야 했다. 속도가 중요한 게 아니다. 방향이 맞아야 한다.

검수완박 법안에 반대한 이유

일반인에게 수사와 재판은 일생에 한 번 겪을까 말까 하는 희귀한 일이긴 하다. 하지만 일단 당사자가 되면 생사를 걸 만큼 중요한 일이 될 가능성이 높다. 그런데 수사도 재판도 모두 사람이 하는 일이다. 사람은 완벽하지 않기 때문에 오류가 없으리라고 확신할 수 없다. 또한 직접 겪은 일에 대해서는 선입관 또는 예단(豫斷)을 가지지 않을 것이라고 확신할 수도 없다.

수사기관과 재판기관은 이른바 권력기관 중에서도 일반 국민의 삶과 밀접하게 닿아 있다. 견제 장치 없이 권력기관을 그냥 두면 그 속성상 권한을 남용하거나 인권을 침해할 가능성이 높다. 그래서 입법자들은 수사와 재판기관의 오류와 선입관을 최소화하고 권한 남용을 방지하기 위한 입법적 노력을 계속하여야 할 책무가 있다.

법원 재판의 경우 '검사가 공소를 제기할 때 공소장 하나만을 법원에 제출하고 기타의 서류나 증거물은 일절 첨부·제출해서는 안 된다.'는 원칙, 즉 '공소장일본주의(公訴狀一本主義)'를 원칙으로 삼고 있다. 법관에게 어떤 선입관이나 편견을 미리 가지지 않게 하고 모든 당사자의 주장과 입증은 공판정을 통해서만 하게 하여 법관이 백지의 상태로 공판에 임하게 함으로써 재판의 공정을 기하기 위해서이다. 하물며 법원보다 훨씬 인권침해 가능성이 높은 수사기관의 권한을 다루는 '검경 수사권 조정' 또는 '검수완박'을 대하는 나의 기준은 오로지 '오류를 최소화하고 권한 남용을 통제하는 데 도움이 되는 것이냐?'였다.

검찰이 무소불위의 권력기관으로 군림하게 된 것은 수사와 기소를 한꺼번에 할 수 있었기 때문이다. 여기에서 검찰 수사는 '6대 중대범죄 수사'와 같이 검찰이 처음부터 담당하는 이른바 '특수 수사'를 말한다. 정보 입수에서부터 내사를 거쳐 수사까지 담당한 검사는

무엇과 싸울 것인가

그 사건을 자기 사건으로 생각하기 마련이다. 그리고 자기 사건에 대해 이른바 '확증편향'을 가진 상태로 기소하기에 십상이다. 수사 과정에서 내포된 문제점, 모순, 피의자의 억울한 점 같은 것들은 공소장을 작성하는 과정에서 여간해선 눈에 들어오지 않을 것이다.

검찰 특수 수사의 확증편향을 통제하는 데 필요한 것이 '수사-기소의 분리'다. 물론 일부 범죄에 대한 효율적 대응이 어렵다는 문제점은 분명히 있지만 현 단계에서는 그 정도의 말도 꺼내기 힘든 것이 엄연한 현실이었다. 따라서 원칙적으로 '중대범죄수사청' 같은 기관이 소추기관인 검찰 대신 특수 수사를 전담하고 검찰은 1차 수사기관의 수사에 대한 철저한 사법통제와 기소를 담당하도록 하는 것이 옳다는 게 내 주장의 요지였다. 여기까지는 민주당의 입장과 대략 방향이 같았다.

그런데 나는 경찰 수사 사건에 대한 검찰의 보완 수사도 수사의 일종이므로 금지해야 한다는 검수완박 법안에 대해서는 왜 반대를 했을까? 경찰 수사 사건을 기소하기 위해서는 검찰에 송치하게 된다. 대부분의 민생 사건이 여기에 해당한다. 그리고 고소인이 이의를 신청하는 사건 등 몇몇 유형의 불기소 사건도 송치하게 된다. 그런데 경찰관도 사람인지라 경찰이 처음부터 수사를 담당한 사건에 대해서는 어쩔 수 없이 '확증편향'을 가지게 마련이다. 그런데 경찰이 송치한 사건에 대해 검찰이 직접 보완 수사를 할 수 없고, 경찰관에게 보완 수사 요구만 할 수 있다면 경찰관으로서는 확증편향에 따라 검사의 요구를 무시할 가능성을 배제할 수 없다. 또한 검사의 요구를 따라야 할 강제 장치가 없다면 경찰 수사의 '확증편향'을 통제할 기회가 사라질 우려가 크다.

검수완박법 개정안은 그나마 경찰 수사의 '확증편향'을 통제하는 최소한의 장치로서 역할을 해오던 검찰의 직접 보완 수사와 구속영장 청구를 아예 봉쇄하려 하였기 때문에 나는 반대의견을 표명한 것이었다. 통제받지 않는 권력기관은 권한을 남용하기 마련이다. 그래서 법과 제도 그리고 관행으로서 서로 견제와 균형을 이룰 수 있도록 잘 설계해야 한다.

그런데 검수완박 개정법률안은 경찰 권한이 지나치게 비대해지지만 통제 수단을 무력화시키는 내용을 담고 있다고 판단되었기 때문에 반대의사를 명확히 한 것이다. '절대악도 없듯이 절대선도 없다, 다만 견제받지 않는 권력은 반드시 그 권한을 남용한다.'라는 것만이 진실이라 믿는다. 그 진실에 기대어 양심에 따라 의정 활동을 할 뿐이고, 그에 따른 정치적 책임은 오롯이 나의 몫이다.

검수완박 수정안이 만들어지다

최초 '검수완박법'은 2022년 4월 12일 민주당 의총에서 당론채택으로 시작되었다. 그러나 당시에는 구체적 법안도 없었고, 이후 성안된 법안들은 내 기준으로는 위헌 가능성과 법 체계상 상호 모순되거나 실제 운용상 충돌이나 문제점이 발생할 가능성이 컸다. 그래서 나는 민주당 모든 의원들에게 보낸 친전을 통해 검수완박법 '원안'의 문제점을 지적했다. 법조계와 시민단체, 학계에서도 유사한 문제 제기가 나왔다. 정의당의 반대도 있었다.

그러던 중에 박병석 국회의장은 출신 정당인 민주당의 강력한 직권상정 요구에도 불구하고 중재안을 마련했다. 또한 양당 원내대표들도 이 안에 잠정 합의를 했다. 물론 이 중재안에 대해 양당 모두 불만족스러웠고 부족한 것이 많았다. 하지만 절차적 하자를 치유하고 논의의 시간을 벌어 향후 이성적 토론을 하기 위한 측면도 컸다. 결국 양당 의총에서 의장의 중재안을 추인하여 본회의 통과 전 필요한 모든 절차를 마치고 별 탈 없이 합의 처리될 것으로 기대했다. 그러나 의외로 국민의힘이 의총 과정에서 합의를 파기하는 바람에 다시 격랑으로 빠져들고 말았다.

한편 의장의 중재안에 대해 형사실무 변호사들과 학계에서는 여러 문제점을 지적하고 나섰다. 많은 타당한 지적들에 대해 물밑 작업이 있었고, 법사위 심사 과정에서 조금이라도 개선해 보려고 많은 의원들이 노력했다. 여러 우여곡절을 겪은 끝에 경찰 송치 사건에 대한 검찰의 보완 수사권과 영장 청구권 등이 부활한 수정안이 나왔다.

국회의장은 야당의 합의 파기에 유감을 표하고 합의를 수용한 민주당의 본회의 의사진행에 힘을 실어주어 본회의 표결을 하기로 했다.

검수완박 수정안에 찬성하다

본회의 표결에 참여하여 일명 검수완박법이라고 불리는 검찰청법과 형사소송법 개정안에 찬성 표결했다. 사실 나는 개정안의 전반적인 취지에 동의하지 못했다. 2020년 수사권 조정의 첫 단추가 오히려 수사지휘권 조정 위주로 잘못 꿰어져서 방향성을 상실한 측면이 있고 인권 보호 측면에서 부족한 부분이 분명했다. 더구나 국민적 공감대가 크지 않은 입법작업을 시한에 쫓겨 가며 수정에 수정을 거듭하다 보니 놓치는 게 많을 수도 있었다.

하지만 내가 본회의장에서 찬성 표결을 한 이유는 '의회민주주의'의 절대적 가치 때문이다. 나는 당론으로 채택된 검수완박법에 친전을 돌리면서까지 반대의견을 내면서 반대에 대한 정치적 책임을 지겠다고 했다. 당론 법안에 반대하는 내 판단에 대한 책임을 지는 것으로 끝날 일이지 민주주의의 근간을 흔드는 일은 절대 안 된다고 생각했다. 하지만 국회 내 양대 교섭단체가 의총에서 추인까지 한 합의안을 거부하는 것은 다른 차원의 문제였다. 이것은 내가 민주당 국회의원으로서의 정치적 책임을 지는 것을 넘어 의회민주주의와 정치의 본령을 부정하는 문제라고 생각했다.

국회법은 모든 회의법의 기본법이다. 우리는 평범한 일상생활에서부터 복잡한 조직 운영까지 많은 단위에서 민주주의 작동원리에 부합하는 의사결정 구조를 따른다. 대개 회의를 통해 의사결정을 하게 되는데, 그 많은 회의는 알게 모르게 국회법의 내용을 따르고 있고, 국회의 운영방식을 쫓아간다.

국회법은 숙려 기간을 비롯한 많은 절차적 제한규정을 두고 있지만 또한 거의 대부분 단서 조항을 두고 있다. '다만, 교섭단체 간 합의가 있는 경우에는 그 제한이 적용되지 않는다.'라는 식이다. 그래서 나는 교섭단체 간의 합의는 국회법의 제한을 뛰어넘는 상위개념으로 이해하고 있고 더구나 의원총회에서 추인까지 받은 합의는 두말할 나위가 없었다.

국회가 스스로 합의안을 깨고 부정한다면 국회의 권위뿐만 아니라 대의민주주의의 발등을 찍는 행위라 생각했다. 그런 의미에서 국민의힘의 합의안 파기는 향후 여야관계의 차원을 넘어 의회 운영, 의회민주주의에 두고두고 부담으로 작용할 것이다. 비록 이번 수정 법률안이 최선의 안이 아니지만 최후까지 좀 더 좋은 수정안이 나오도록 노력해 보고, 정 안 되면 사개특위에서라도 수정할지언정 찬성 표결을 할 수밖에 없었다는 변명을 길게 쓴다.

수박과 홍시

대왕수박

내가 민주당에 입당하던 시기와 지금은 정부 여당의 실정과 당내 갈등이라는 상황은 비슷하지만 우리 내부의 문제라는 더 큰 짐이 하나 더 있어서 지금이 더 어렵다. 당시 나는 문재인 대표의 설득에 동의했다. 민주당에서 분명히 내 역할이 있을 거로 생각했고, 문 대표의 제안도 그 역할을 해달라는 것이었다. 그래서 지금 이 자리에 아직도 이 모습으로 있는 것이다.

문재인 대표의 마지막 인재 영입이었고, 당시 여권 출신 첫 인재 영입 케이스였다. 당연히 민주당 지지자들에게는 환영을, 당시 여당으로부터는 엄청난 비난을 받았다. 난 대부분의 민주당 의원들과는 다른 경로로 살아왔다. 대구 출신 서울대 법대, 주로 공안 검사, 박근

312   무엇과 싸울 것인가

혜 청와대 비서관 아니었나? 그 중간에 법무부, 국정원에서도 근무했고 김앤장에서 변호사로도 근무했다. 경력만 두고 보면 민주당과는 안 어울리는 사람이라고 할 수도 있다.

그래서 거꾸로 민주당 내에서 나만의 역할이 있다고 생각했고, 그 역할에 충실했다. 2022년 4월 말인가 문 대통령 임기 1주 남았을 때 비대위 구성원으로 청와대에서 오찬을 한 적 있다. 그때 문 대통령에게 "욕은 엄청나게 먹고 있지만, 입당 조건을 지키고 있습니다." 라고 말씀드렸다. 대통령께서는 빙긋이 웃으셨다. 지금도 그 생각은 변함없고, 그래서 그 결과가 '대왕수박'이란 멸칭(蔑稱)이다.

처음에는 윤석열 검찰총장의 임명을 반대하다가 지지자들로부터 욕을 먹기 시작해 본격적으로는 조국 장관 때문에 욕받이가 된 것 같다. 당시 지지자들에게 조국은 문재인 대통령의 '페르소나'로 추앙받던 상황이었다. 이 지점을 대놓고 비판했으니 반문, 배신자로 찍힌 것도 무리가 아니었다.

나를 배신자라 부르던 사람들은 '우리 진영의 무오류'를 믿었다. 윤석열 총장 반대한다고, 윤 총장을 문재인 정부 적폐청산의 상징처럼 떠받들며 나에게 엄청난 공격을 하던 사람들이 지금은 '윤석열 대통령 물러나라.'라는 주장에 동조하지 않는다고 또 비난한다. 내내 다 같은 사람들인 것 같다.

홍시 맛이 나서 홍시라고 한 것일 뿐

사실 난 나서는 걸 별로 좋아하지 않는다. SNS도 몇 달에 한 번 할까 말까 할 정도이고, 방송은 라디오 출연 위주로 하는데 수시출연 요청은 아예 거절하기 위해 6개 라디오 방송사별로 월에 1회, 월간 고정출연으로만 나가는 걸로 각 방송사와 합의해 버렸다. 언론에 목소리를 내고 싶으면 이슈가 불거졌을 때마다 수시로 출연하는 게 더 도움이 될 것이다. 그렇기에 내가 내부총질을 해서 자기 정치한다는 비판에는 전혀 동의할 수 없다. 자기 정치하려면 모든 이슈마다 빠지지 않고 의견을 제시하지 않았겠나?

단, 출연한 이상 질문을 피하지는 않는다. 정치인은 하고 싶은 말만 하는 자리가 아니지 않는가? 국민들이 궁금해하는 이상 정치인은 답해야 한다. 방송 진행자가 묻는 질문은 어떤 질문이라도 피하지 않고 답한다. 진영의 이익이나 나의 유불리를 따져서 답하지도 않는다. 그렇게 몇 년 쌓이다 보니 혼자서 다른 목소리를 내는 것처럼 보이는 것 같다.

종종 외롭다고 느낀다. 국토교통위원회 간사, 정책위원회 제5정책조정위원장 등 당직도 맡았고, 대선 직후 비대위원으로 일하기도 한 것을 보면 소위 '아싸'는 아니다. 상식과 양심에 따라 언행하고 결과적으로 일관성을 유지하려는 것뿐이다. '옳은 것을 옳다.'고 말하고, '그른 것을 그르다.'고 말하는 것이 소신이라면 소신파다. '홍시 맛이 나는 감을 홍시다.'라고 하는 것일 뿐이다.

가장 경험하고 싶지 않은 순간을 물어 본다면 내가 뱉은 말을 뒤엎는 경우이다. '그때는 맞고 지금은 틀리다.' 이런 식은 곤란하다. 의정 활동 8년 동안 양심과 상식에 따라 입장을 밝혀 왔다고 자부한다. 결국 나는 항상 같은 방향으로 가는데 상황에 따라서 지지도 받고 비난도 받는다. 앞으로도 기회가 주어진다면 정치에서 가야 할 길과 가지 말아야 할 길을 분명히 하는 역할을 하고 싶다. '여의도의 나침반'으로 인정받는 것이 소박한 바람이다.

무엇과 싸울 것인가

법 위의 권력, 팬덤정치
그리고 진영과 극단을 넘어서

조응천 지음

ⓒ 조응천, 2023

초판 1쇄 인쇄일 2023년 12월 19일
초판 1쇄 발행일 2023년 12월 26일

ISBN 979-11-5706-327-7 (03340)

만든 사람들

책임편집   에디터스랩
디자인   푸른나무디자인
홍보 마케팅   최재희 신재철 김예리
인쇄   천광인쇄사

펴낸이   김현종
펴낸곳   ㈜메디치미디어
경영지원   이민주 김도원
등록일   2008년 8월 20일 제300-2008-76호
주소   서울시 중구 중림로7길 4, 3층
전화   02-735-3308
팩스   02-735-3309
이메일   editor@medicimedia.co.kr
페이스북   facebook.com/medicimedia
인스타그램   @medicimedia
홈페이지   www.medicimedia.co.kr